세월호가 묻
고
사회과학이 답
하
다

세월호가 묻
고
사회과학이 답
하
다

초판 1쇄 발행 | 2017년 4월 11일
초판 2쇄 발행 | 2019년 1월 7일

저 자 | 이재열·홍찬숙·이현정·강원택·박종희·신혜란
발행인 | 부성옥
발행처 | 도서출판 오름
등록번호 | 제2-1548호 (1993. 5. 11)

주 소 | 서울특별시 중구 퇴계로 180-8 서일빌딩 4층
전 화 | (02) 585-9122, 9123 / 팩 스 | (02) 584-7952
E-mail | oruem9123@naver.com
ISBN   978-89-7778-472-7   93340

이 도서의 국립중앙도서관 출판예정도서목록(CIP)은 서지
정보유통지원시스템 홈페이지(http://seoji.nl.go.kr)와 국가
자료공동목록시스템(http://www.nl.go.kr/kolisnet)에서
이용하실 수 있습니다. (CIP제어번호: CIP2017008397)

이 저서는 2015년도 서울대학교 미래 기초학문분야 기반조성
사업의 지원을 받아 수행된 연구 결과물임.

세월호가 묻고 사회과학이 답하다

이재열 · 홍찬숙 · 이현정
강원택 · 박종희 · 신혜란 지음

The Sewol Ferry Disaster:
Social Science Perspectives

YEE Jaeyeol · HONG Chan-Sook · LEE Hyeon Jung
KANG Won-Taek · PARK Jong Hee · SHIN HaeRan

ORUEM Publishing House
Seoul, Korea
2017

"세월호 참사 희생자에 대한
사회과학자들의 작은 추모"

　　　　　　　삼 년이 흘렀지만, 아직도 우리는 정확히 알지 못합니다. 무엇이 수학여행을 앞두고 기대에 부풀었던 250명의 아이들을 바다 속으로 수장시켰는지. 무엇이 아비규환 속의 배를 겨우 빠져 나온 75명의 학생들을 밤마다 죄책감과 악몽에 시달리게 하는지. 왜 아직도 유가족들과 많은 시민들은 '세월호'라는 단어만 들어도 분노와 가슴통증을 느낄 수밖에 없는지. 삼 년이 지난 지금도 우리는 세월호 참사의 원인이 선장과 선원들의 태만과 실수 때문인지, 청해진 해운의 과도한 이윤추구 때문인지, 정부나 해운 감독기관의 부실한 관리 때문인지, 청와대와 정치인들의 탐욕과 권력 추구 때문인지, 해경의 무능력과 거짓말 때문인지, 순종과 일치단결을 미덕으로 삼는 교육 때문인지

알지 못합니다. 우리는 알지 못하지만, 동시에 이 모든 것들이 사실 상 서로 무관하지 않으며, 어쩌면 한 덩어리일지도 모른다는 두렵고 불안한 마음을 느낍니다. 바다 속으로 가라앉은 세월호 뒤로 우리는 그동안 잘 안다고 생각했던 검고 질척한 물체를 직면하고 있습니다. 바로 한국사회입니다.

이 책의 저자들도 처음에는 충격의 회오리 속에 망연자실할 수밖에 없었습니다. 분노와 자책으로 괴로워하기도 하였습니다. 그렇지만, 우리는 세월호 참사와 이후의 진행 과정이 한국사회를 돌아보는 귀하고 중요한 질문의 계기가 될 수 있다는 사실에 공감하기 시작하였습니다. 한국사회에 대해 진일보한 이해와 분석을 제시하는 것이야말로 우리가 죽은 아이들에게 덜 미안할 수 있는 방법이 될 수 있으리라 생각하기도 하였습니다.

그리하여 서울대 몇몇 학자들을 중심으로 세월호 참사에 대한 논의를 시작하였고, 2015년 5월 7일 서울대학교 사회과학연구원 주최로 이 책의 제목과 동일한 〈세월호가 묻고 사회과학이 답하다〉는 심포지엄이 열렸습니다. 그날 사회과학자뿐 아니라, 많은 학생들, 그리고 시민들이 참여하여 발표, 질문과 토론을 진행하였는데, 그곳에서 조금은 나은 한국사회를 만들고자 함께 나눈 고민과 성찰이 바로 이 책의 시작입니다.

그 이후, 학제간 또는 융복합 연구를 확대함으로써 기초학문으로서 사회과학 연구 역량을 강화하고자 마련된 서울대학교 사회과학대학의 '사회과학분야 융복합 연구' 지원 덕분에 추가적인 연구를 진행할 수 있었습니다.

이 책은 총 6장으로 구성되어 있으며, 사회학, 인류학, 정치학, 지리학 등 다양한 학문 분과에 속한 학자들이 세월호 참사를 통해 '발견하거나 깨닫게 된' 한국사회의 특징을 분석하고 있습니다.

제1장 이재열의 "세월호 참사, 시스템 이론으로 본 원인과 대책"은 세월호 참사의 원인을 시스템의 관점에서 분석합니다. 저자에 따르면, 세월호 참사는 반복되는 재난 경험 속에서도 여전히 위험 감수를 통한 이윤 극대화를 당연시 여기고, 제대로 된 진상 규명을 통한 시스템 개혁보다는 희생양을 찾아 문제를 해결하려는 한국사회의 조직 문화에 그 주요한 원인이 있다고 할 수 있습니다.

제2장 홍찬숙의 "위험사회의 정보유포매체와 세월호 참사의 '국민재난' 되기"는 울리히 벡과 루만, 그리고 벤야민의 근대 매체에 관한 논의를 바탕으로, 세월호 침몰 당시 TV의 보도영상 및 인터넷·SNS를 통한 시민적 공론장의 형성이 어떻게 세월호 참사를 '국민재난'으로 만들어 왔으며 궁극적으로 새로운 정치적 주체를 형성해왔는가를 분석합니다.

제3장 이현정의 "세월호 참사와 사회적 고통: 표상, 경험, 개입"은 세월호 참사가 한국사회에 야기한 고통의 다면적이고 중층적인 성격을

드러냅니다. 피해자들의 고통이 미디어에 의해 정치적 찬반의 문제로 성격 지워진 이후, 유가족, 생존자, 시민을 아우르는 점점 더 심각한 고통의 경험으로 확산되고, 심지어 의료계·종교계를 비롯한 전문가의 개입이 그러한 고통을 악화시켜온 측면이 있다고 주장하고 있습니다.

제4장 강원택의 "사회적 이슈와 정치 갈등: 세월호 사건을 중심으로"는 세월호 참사가 결과적으로 한국사회의 정치적 갈등을 격화시키게 된 원인을 탐색합니다. 저자에 따르면, 그 원인의 일부는 대통령의 막강한 권력과 양당제적 특징을 갖는 승자독식의 한국 정치구조에서 찾을 수 있습니다.

제5장 박종희의 "왜 세월호 참사는 극단적으로 정치화되었는가? — 재난정치의 딜레마"는 재난정치 이론을 바탕으로 세월호 참사가 양 극단의 정치화를 생성하게 된 시점과 사건들, 그리고 공식화된 담론을 세세히 분석합니다. 저자는 세월호 참사가 당파적 재난정치의 문제로 바뀌어 버린 것은 정부의 대응 실패를 감추고자 하는 대통령과 행정부의 전략적 선택일 수 있음을 결론에서 암시하고 있습니다.

마지막으로 제6장에서 신혜란은 "기억의 영토화: 세월호 기억공간의 형성 과정을 사례로"에서 안산 단원고 기억교실, 서울 광화문 광장, 제주도 기억공간 리본에서 나타나는 세월호 참사를 둘러싼 기억의 형성과 공간과의 관계를 분석하고 있습니다. 저자에 따르면, 세월호 참사에 관한 기억의 장소는 물리적 특징 및 행위 주체의 기억의 욕망을 둘러싼 갈등을 통해 각각 독특한 의미와 성격을 갖는 공간으로 자리매

세월호가 묻고 사회과학이 답하다

김을 하고 있습니다.

이 책의 논의는 앞서 우리가 세월호 참사에 관해 궁금해 했던 수많은 질문들에 대해 충분히 답해주지는 못합니다. 안타깝지만 그것이 현재 사회과학이 갖고 있는 한계이며, 동시에 사회과학자들이 앞으로 세월호 참사에 대해서 더 많은 연구를 수행해야 하는 이유이기도 합니다. 그렇지만, 세월호 참사를 통해 적나라하게 드러난 한국사회를 분석하고 문제를 해결하고자 함께 고민하기 시작했다는 점에서, 이 책은 작게나마 의미 있는 시도일 수 있을 것입니다. 좀 더 바란다면, 우리의 작업이 앞으로 사회과학이 새롭게 자리매김하고, 한국사회를 조금 나아질 수 있도록 기여하는 데 역할을 했으면 합니다. 우리의 글이 비록 부족하지만 세월호 참사 희생자를 향한 작은 추모가 되기를 기원합니다.

저자들을 대표하여
이현정

---

* 이 책의 내용 중 일부분은 이전에 발표된 바 있음을 밝힌다. 제2장 앞부분은 홍찬숙, "위험사회의 정보유포매체와 세계시민사회: 재난영화, 재난보고, 디지털매체," 『인문과학논집』 27: 173-198(2014). 제3장 이현정, "세월호 참사와 사회적 고통: 표상, 경험, 개입에 관하여," 『보건사회과학』 43: 63-83(2016). 제6장 신혜란, "기억의 영토화: 세월호 기억공간 형성 과정을 사례로," 『공간과 사회』 57: 115-154(2016).

차 례

세월호 참사, 시스템 이론으로 본 원인과 대책

이재열
서울대학교 사회학과 교수

1. 세월호와 재난연구의 의미

　　재난은 그 사회의 취약성을 종합적으로 드러
내는 창이다. 평상시 사회는 연극무대와 같다. 그래서 고프만(Goffman)
은 사회를 인상관리(impression management)의 장이라고 했다. 무대
전면에서 배우들은 잘 훈련된 배역을 맡아 연기한다. 마찬가지로 사회
의 각 조직과 행위자들은 공식적으로 주어진 역할을 수행한다. 관객들
이 무대 위 연기에 몰입하듯이, 시민들은 공적인 영역에서 공식적으로
행해지는 조직과 기관들의 사회적 역할에 주목한다.

그러나 재난은 무대의 앞뒤를 구분해주던 커튼을 갑자기 걷어 젖히는 역할을 한다. 무대 이면의 적나라한 모습들을 한꺼번에 드러낸다는 점에서 재난은 한 사회의 적나라한 맨얼굴을 볼 수 있는 기회를 제공한다. 평상시에 잘 관리되는 듯 보이던 사회의 각 영역들에서, 온갖 문제들이 피해를 극대화하면서 비로소 모습을 드러낸다. 이런 의미에서 재난은 개인의 실수나 판단착오로만 이해할 '예외적 사건'이 아니라 사회의 전반적인 취약성과 결합하여 나타나는 것이다.

그래서 재난을 설명하는 패러다임들 중의 한 축은 '사회적 취약성 모델'이라고 한다. 그리고 이 모델은 전통적인 재난연구 패러다임이라고 불린 '유사전쟁모델'과는 극적으로 대비된다. 유사전쟁모델은 평화롭고 잘 통합된 공동체에 날아온 포탄과 같이, 재난은 주로 외부요인에 의해 발생하는 것으로 이해하는 시각이다. 그러나 사회적 취약성 모델에 의하면 재난은 외부 요인에 의해 촉발되기도 하지만, 사회의 내부과정에 내재한 취약성에 의해 만들어지기도 하며, 또한 그 효과가 증폭된다(이재열, 2015).

세월호는 국가적 비극이지만, 동시에 한국사회의 깊숙한 이면을 관찰할 수 있는 내시경의 역할을 한다는 점에서 사회과학자들에게는 소중한 기회이기도 하다. 세월호 참사가 한국사회에 던진 파장은 다양하다. 적나라하게 드러난 무대 이면을 목도하면서, 한국사회를 돌아보는 귀한 질문의 기회를 제공했기 때문이다. 그 질문은 다양한 수준에서 다양한 형태로 존재한다.

거시적이고 구조적인 분석을 중시하는 이들은 세월호가 산업화하고 민주화한 선진한국이라는 환상을 깨고, 이윤을 위해 개개인의 생명을 방치하는 신자유주의화의 참혹한 현실을 드러낸 것이라고 본다(지주형, 2014; 문승숙, 2014). 혹자는 '불량국가'가 원인이라고 진단한다(이병천·박태현, 2015). 신자유주의를 위해 안전 관련 규제를 완화하면서, 국가의 책임성이 공동화하고 정부의 무책임성과 무능이 결합하여 드러난 결과라는 것이다. 박명림은 이러한 입장을 종합하여 세월호 사태는 '현대 한국사회의 경제, 사회, 정치, 국가공동체, 관료기구의 능력과 행태, 가치와 윤리가 집약적으로 표출된 압축구조'이며 '산업화·민주화·정보화의 성공에 대한 기성세대의 신화적 오만의 뒤늦은 표출'로서 '자유·평등·생명·도덕·윤리·인간이 위축되고 퇴락한 결과'라고 정의한다(박명림, 2015).

거시적이고 구조적인 입장에 서면 세월호는 한국이 성취한 근대성 자체가 가진 결함 때문인 것으로 해석된다. 물론 부인하기 어려운 진단이지만, 문제는 이러한 국가의 불량성과 공공성 결여가 재난의 필요조건이기는 하지만 충분조건은 아니라는 점이다.

반면에 해양안전심판원 특별조사부에서 발표한 세월호 전복사고의 특별조사보고서(2014)나 감사원의 감사결과보고서(2014)는 모두 세월호 도입 관련 인허가업무와 선박복원성검사 관련 업무를 담당한 한국선급, 여객선 운항관리와 감독업무 관련한 해양경찰청과 한국해운조합, 사고 후 대응에 대한 전라남도와 경기도 교육청 등의 역할에 대해 다루고 있다. 이러한 노력의 결정판은 세월호 기록팀이 편집한 『세월호, 그날의 기록』(2016)이다.

이 책은 세월호 주요 재판에서 드러난 사실들을 종합하여 어떻게 세월호가 편법적으로 도입되고 부실하게 각종 검사를 통과했는지, 왜 무리한 출항을 했는지, 왜 침몰했는지, 그리고 왜 구조가 제대로 이루어지지 못했는지에 대해 확인된 사실을 중심으로 일목요연하게 정리하

고 있다. 현장수준의 분석에서는 시간별·장소별 행위자들의 판단착오
나 오류, 혹은 책임방기의 내용들이 자세히 기록되어 있다. 아마도 이
보다 더 정확하게 당시의 상황을 재현해 내기는 어려웠을 것이다. 그러
나 근본적 원인을 찾으려 하면 줌아웃하듯, 일정한 거리를 두고 보아야
총체적으로 파악할 수 있는 여지가 생겨난다.

행정학이나 위기관리를 전공으로 하는 이들은 현장 대응 과정에서
의 실패에 주목하는 경향이 있다. 초동대응단계에서 의사소통의 신속
성, 정확성, 소통경로 등에 문제가 있었으며, 현장지휘체계에서도 늦장
보고와 불합리한 의사결정, 사고대응계획의 부재 등이 문제를 악화시
켰다는 것이다(박덕규 외, 2015). 재난현장 지휘에 영향을 미치는 요인
으로 해경의 임무(mission)가 불분명했고, 구조 대상(object)에 대한 정
보 파악이 충분치 못했으며, 지형(terrain) 및 기상의 측면에서도 빠른
조류와 낮은 수온 때문에 접근이 용이하지 않았고, 구조인력이나 장비
등의 가용 자산(resources)에 대한 적절한 운용계획이 없었다고 본다(김
성근·황경태, 2014).

상황이 이러하다 보니, 일반 재난현장을 효과적으로 지휘하는 데
영향을 미치는 요소들의 관점에서 점검해보면 가용한 시간 내에서의
대응의 신속성, 사전 훈련의 정도, 민간의 요소 등이 모두 부정적이었
다는 진단이다. 대체로 미시적이고 현장을 중시하는 시각에서는 제한
된 골든타임 내에서의 재난에 대한 대응의 실패가 가져온 중요성에
대해 주목한다.

거시적-구조적 분석과 미시적-현장중심 접근은 각각의 한계를 가
진다. 물론 가장 큰 이유는 사고이유에 대한 충분한 조사와 분석이
이루어지지 않았기 때문이다. 국가적 재난이 발생했을 경우 미국이나

세월호가 묻고 사회과학이 답하다

유럽의 국가들에서는 정당 간 합의에 의해 즉각 의회 내 진상조사위원회를 구성한다. 이 위원회에서는 체계적인 조사를 거쳐 사고원인에 대한 방대한 분석보고서를 만들어내며, 그 조사 결과를 토대로 학술적 토론과 이론화를 진행하며, 다각적 진단에 따라 시스템을 바꾸기 위한 정책적인 처방을 이끌어낸다. 반면에 세월호 참사의 경우 '비난의 정치화'가 그 자리를 차지했다. 뒤늦게 구성된 세월호참사 특별조사위원회도 정치적 논란 속에 제대로 된 조사 결과를 내지 못하고 종료되었다.

비난의 정치는 '누구의 책임인가'를 중시하기 때문에 빚어진다. 그래서 희생양을 찾는 데 다양한 노력들이 집중되었다. 처음에는 청해진해운을 실질적으로 운영한 유병언이라는 인물에게 비난이 집중되었다. 다음에는 공적 자원과 규칙을 사유화한 관피아, 즉 엘리트들 간의 카르텔이 가진 부도덕성에 비난이 집중했다. 그리고 지금은 탄핵정국과 맞물려 박근혜 대통령의 세월호 참사 당일 드러나지 않은 7시간이 비난의 표적이 되고 있다.

이러한 입장들에 비해 이 글에서는 시스템 이론의 관점에서 세월호 사고의 진행 과정에 대해 살펴보고자 한다. 시스템적 관점에 설 경우에는 기존의 거시적 접근이나 미시적-현장적 접근이 가진 일차원성을 극복할 수 있고, 또한 과도하게 정치화된 비난으로 인해 주목하지 못하는 시스템의 특성에 보다 천착할 수 있다. 그래서 질문도 달라진다. 어떻게 20여 년 전 서해 위도 페리호 사건에서 이미 경험했던 재난이 거의 똑같은 방법으로 재발하게 되었는가 하는 것이다. 그래야 보다 건설적으로 시스템을 개선하기 위해서는 어떤 노력을 기울여야 하는가에 대한 논의로 이행할 수 있다. 다만, 시스템 이론이라 하더라도, 강조점의 차이에 따라 상이한 해석이 가능하다는 점을 염두에 둘 필요가 있다. 그래서 이 글에서는 먼저 시스템 이론의 몇 가지 유형들에 대해 검토하고, 이를 토대로 세월호 사고가 왜 발생했는지, 그리고 그 구조 과정은 왜 부실했는지 시스템으로 분석하고자 한다. 이어 이러한 분석의 결과가 주는 함의와 대책에 대해 논하고자 한다.

2. 시스템 이론과 패러다임들

시스템 접근이 주목을 받기 시작한 것은 2차 대전 이후이다. 전통적인 공학으로는 점점 복잡해지는 시스템의 문제를 제대로 다루기 어렵다는 데 합의가 이루어지면서 1940년대와 1950년대 현대 시스템 이론의 발전으로 이어졌다(Checkland, 1981). 사고의 예측불가능성을 설명하는 시스템 이론들은 〈표 1〉에 정리한 바와 같이 다양하게 나누어볼 수 있다. 왜 사고가 예측불가능한가를 설명할 때 각각의 패러다임은 논리를 달리한다.

1) 객관적 기술 패러다임

객관적 기술 패러다임을 대표하는 정상사고론(normal accident theory)은 기술적이고 조직적인 측면의 특성이 재난을 불러오는 부분에 대해 주목한다. 페로우의 정상사고론은 엘룰(J. Ellul)의 기술결정론과

세월호가 묻고 사회과학이 답하다

같은 맥락이다. 즉, 인간이 쉽게 통제하기 어려운 기술들이 존재하는데, 이러한 기술들을 다루는 복잡한 시스템에서는 사고를 피할 수 없다는 것이다. 이러한 기술들은 내재적으로 사고의 예측불가능성이 매우 높기 때문에, 많은 노력과 비용을 들이더라도 안전을 극대화하면서 그 기술을 유지해야 할지, 혹은 이러한 기술과 시스템이 정말로 필요한 것인지를 사회적인 논의를 거쳐 선택해야 한다고 주장한다. 이러한 사회적 선택의 대표적인 사례는 원자력발전의 기술적 위험성에 대해 사회적으로 합의하여 탈핵을 결정한 독일의 경우에서 찾을 수 있다.

　'사고'가 '정상적'이라 표현한다는 점에서 '정상사고'는 일종의 형용모순이다. 그럼에도 불구하고 '비정상적 사고의 정상성'을 논의하는 이유는 '피할 수 없는 사고'를 의미하기 때문이다. 매우 복잡하고 긴박하게 얽혀서 상호작용하는 요소들로 이루어진 시스템의 경우에는 경미

〈표 1〉 사고의 예측불가능성을 설명하는 시스템 이론들

이론 유형	사고의 특성	대표적 학자〈핵심 개념〉
객관적 기술 패러다임	통제를 벗어난 기술	Ellul〈기술의 자율성〉 Perrow〈정상사고〉
사회구성 패러다임	잘못된 사회적 구성	Turner〈숙성형 사고〉 Weick〈상식의 붕괴〉 Vaughan〈일탈의 일상화〉
자기조직화 패러다임	자기조직화한 출현적 시스템	Asyby〈자기조직화하는 시스템〉 Rasmussen〈자기조직화한 이동〉 Hollnagel〈기능적 공명〉

출처: Le Coze(2015)를 토대로 수정

한 인간적인 실수나 기계적 결함이 시스템 전체를 실패로 몰아갈 수 있다. 정상성(normality)이라고 표현하는 이유는 시스템 실패가 정규분포(normal distribution)의 양 극단에 존재하는 영역에서 발생할 오류의 가능성처럼 확률적으로 분포하며, 그 확률은 작지만 0보다는 크기 때문에 사고는 정상적이라는 의미이다.

정상사고를 이해하기 위해서는 시스템에 대한 페로우(Charles Perrow)의 유형론을 이해할 필요가 있다. 그는 시스템 구성요소들 간 상호작용과 결합의 양상을 구별한 후, 두 차원을 교차하여 시스템 유형을 도출해 내었다(Perrow, 1984). 이러한 유형화는 재난의 성격을 구분하는 데 매우 유용하다. 시스템의 하위 부문들 간 상호작용의 측면에서 그는 복합적인 것과 단선적인 것을 구분한다. 복합적 상호작용이란 예측이 어렵고, 계획한 순서대로만 일어나지 않으며, 그래서 비가시적이고 즉각적으로 파악하기도 어려운 상호작용을 말한다. 반면에 단선적 상호작용은 예측된 수순에 따라 일어나며, 그 상호작용을 가시적으로 관찰할 수 있는 경우에 해당한다. 그는 또한 긴박한 방식과 느슨한 방식의 결합(coupling)을 구분한다. 긴박한 결합은 요소들 사이의 틈이나 여유, 완충지대가 없는 결합을, 느슨한 결합은 요소들 간 결합이 이루어지지만, 각 요소들이 각각의 고유한 특성을 지니면서 물리적으로나 시간적으로도 분리되어 있는 경우를 의미한다.

조직구조들 간의 느슨한 결합은 조직 전체를 융통성 있게 운용하는데 매우 효과적이다. 특히 환경적 요소들의 이질성이 큰 분절된 환경 하에서 조직의 효과적인 적응에 도움이 된다. 조직의 하위 부분들은 느슨하게 결합되어 있기 때문에 분절된 환경 속의 변화를 제각각 자율적으로 탐지할 수 있는 민감한 기제를 발전시키게 된다. 이는 지역적

세월호가 묻고 사회과학이 답하다

환경에 대한 기회주의적인 적응도 가능하게 하며, 환경의 이질적 요소들에 의해 야기되는 상충적인 요구들에 대해서도 동시에 적응할 수 있다는 이점이 있다. 결합의 양식은 조직이나 체계가 목적을 달성하기 위해 동원해야 하는 외부환경과의 관계를 의미한다. 특히 조직이 활용하는 핵심적 기술(core technology)을 염두에 둘 때, 핵심기술이 제대로 발휘되기 위해 매우 엄격한 절차와 규정을 따라야 하는지, 아니면 비교적 자의적인 판단의 여지를 갖추고 있는지가 구분의 기준이 될 것이다. 예를 들면, 원자력 발전소는 가동을 위해 매우 엄격한 규칙과 기준을 지키지 않으면 안전한 가동을 보장받기 어렵다는 점에서 긴박한 결합구조를 갖추고 있다. 반면에 여객선 운행은 목적달성을 위해 다양한 상호 경쟁적인 논리와 방법론들이 동원될 수도 있다는 점에서 상대적으로 느슨한 결합구조를 갖추고 있다.

　합리적인 체계로서의 조직이면서 기술적인 환경과의 연계가 밀접한 경우에 긴박한 결합의 특징이 강화된다. 이는 조직의 업적을 평가하기 위한 객관적 기준이 명백히 존재하기 때문이다. 그러므로 기술적인 조건을 충족시키는 경우와 그렇지 않은 경우에 파생되는 성패나 성과의 차이가 명백하고 객관적으로 측정이 가능하기 때문에 자의적 판단에 의한 실수를 줄이는 노력이 강하게 요구된다. 반면에 느슨한 체계는 자연체계로서의 특징을 강하게 갖는다. 자연체계라 함은 조직의 목적을 명시적으로 구체화하기 어렵거나, 설사 구체적으로 명시한다 하더라도 그 목적이 매우 추상적이어서 구성원들로부터 일반적 합의를 끌어내기 어려운 경우를 의미한다.

　결합양상이 느슨한 조직에서는 위험요소가 가시적으로 드러나지 않으며, 또한 위험의 요인을 진단하기도 힘들다. 그러므로 느슨하게 결합된 조직에서는 자원의 여유가 상당히 존재하며, 동시에 한 영역에서의 결정이 다른 영역에 미치는 효과를 최소화하고 제한하는 기제들이 광범하게 작동하게 된다. 따라서 위험요소가 발생한다 하더라도 체계 실패(system failure)의 가능성은 크지 않다.

페로우가 분석의 대상으로 삼고 있는 탈근대적 유형의 위험은 복잡한 상호작용과 긴박한 결합이 이루어진 체계에서, 완전히 검증되지 않은 기술의 속성 때문에 발생하는 것이다. 그래서 그 분석의 대상이 되는 것은 대체로 원자력발전소나 대규모의 방공망 시스템, 항공관제, 우주선 발사 시스템 등이다. 인간의 문명이 산출해 낸 기술의 검증되지 않은 부분들이 가져올 부정적 효과는 환경호르몬이나 엘니뇨현상 등에서 대표적으로 드러나고 있다. 첨단의 기술을 활용하는 고도의 관리기술과 중앙집권적 통제가 요구되는 조직이나 구조물에서는 체계에 대한 관리가 조직적으로 이루어지더라도 체계 실패에 따른 재난이 일어날 가능성이 매우 높다.

반면에 한국의 대형사고는 비교적 단선적 상호작용을 요하는, 혹은 일상적 관리, 프로그램화가 잘 되어 있는 관리가 요구되는 단순한 구조물이나 단일목적의 조직에서, 이미 검증된 기술을 활용함에도 불구하고, 조직 간의 조정이나 커뮤니케이션의 실패로 발생하는 사고이다.

페로우의 정상사고론을 세월호 사례에 비추어 해석하고자 할 때는 여러 가지 질문이 생겨난다. 세월호 운항은 과연 원자력발전소나 우주선 발사와 같이 매우 복잡한 상호작용을 하면서, 동시에 긴박하게 결합되어 있는 시스템인가? 세월호 운항과 관련해서는 기계적이고 중립적인 시스템 요소들 간의 상호작용과 결합방식 자체만으로도 충분히 사고의 성격이 설명되는가? 인간적인 실수나, 기계적 결함 이외에 사고에

세월호가 묻고 사회과학이 답하다

영향을 미친 사회적이고 제도적인 측면의 문제점은 없는가?

기술 자체가 가진 위험성의 문제만으로 세월호 사건을 설명할 수 있는 여지는 많지 않아 보인다. 많은 나라들에서 채택하고 있는 여객선 운항 기술과 비교해 세월호에서 채용한 기술이 특별히 더 위험한 기술이라고 주장할 근거는 없기 때문이다. 따라서 기술의 특성이나 시스템의 객관적 성격에 따른 차이라고 설명하기는 곤란하다.

2) 사회구성 패러다임

두 번째 사회구성 패러다임은 터너(Turner)의 숙성형 사고론으로 대표된다. 사회구성론은 상황에 대한 인식과 정의가 잘못될 경우에 위험이 축적된다고 본다. 즉, 객관적으로 위험한 데도 이를 위험한 것으로 인식하지 못하는 잘못된 인식체계가 만들어지면 위험요소를 방치하게 되고, 이렇게 축적된 위험의 요소들이 특정한 시공간에 집중할 경우 대형 사고로 터지게 된다고 보는 입장인 것이다. 이러한 입장을 이론적으로 잘 정리한 대표적 이론가는 와이크(Karl Weick)이다. 그는 애초 만들어진 대로 그대로 작동하는 '구조와 체계로서의 조직(organization)'이라는 표현보다는 상호작용 속에서 만들어지는 '과정'이라는 측면에서 '조직화(organizing)'가 본질이라고 주장한 바 있다. 조직화에 영향을 주는 것은 조직 안팎에 존재하는 규범적 · 인지적 체계이다. 외부의 환경변화는 조직 내에서 분명한 인지적 프레임으로 내재화하는 과정을 거쳐야 비로소 조직적 요인으로 설정(enactment)이 되며, 다양한 경쟁하는 설정요소들 중에 특정한 것이 선택(selection)되고 난 후,

이것이 장기적으로 유지(retention)되면 안정적 조직화가 이루어진다는 것이다(Weick, 1969). 이러한 구성주의적 입장에서 보면, 세월호 사고의 원인은 객관적으로 존재하는 위험요소를 위험한 것으로 설정하여 선택하고 유지하게 하지 못한 조직 내·외부의 규범적이고 인지적 체계의 문제라는 해석이 가능하다.

사회구성적 패러다임의 대표적 사례는 보간(Diane Vaughan)의 연구에서 찾을 수 있다. 그는 챌린저호 폭발 사고를 분석하면서 고체 로케트 추진체 설계 과정에서 폭발의 직접적 원인이 된 오-링(O-ring)에 대한 엔지니어 집단들의 태도에 대해 상세한 민속지적 역사기술(historical ethnography)을 활용하여 연구하였다. 그의 연구는 위험에 대한 엔지니어 집단의 이해가 어떻게 형성되었는지를 잘 보여준다(Vaughan, 1997). 보간은 엔지니어들이 위험에 대해 내적으로 일관성 있고 합리적인 구성물을 만들어 내었지만, 그것이 결과적으로는 '일탈의 일상화(normalization of deviance)'를 낳게 되었다고 주장한다. 이는 엔지니어들이 특별히 비도덕적이고 태만하며, 비리에 휩쓸렸기 때문이라기보다는 합리적으로 '수용가능한 위험'을 설정했기 때문이라고 주장한다.

즉 오-링이라는 개별부품의 안전성을 증진시키는 것이 우주선의 안전을 증대시키는 데 기여한다는 것은 부인할 수 없는 사실이지만, 수십만 개의 부품들로 구성된 우주선의 조립과정에서 모든 부품들의 안전성을 최대한 증대시키는 것은 거의 천문학적인 비용이 들어가는 것이기 때문에, 실행 가능한 수준의 안전기준을 정하여 놓고 그 안에서 선택된 기준을 유지하는 것이 현실적이다 보니 결과적으로 그 안전기준에서 벗어난 오류가 초래하는 사고는 피할 수 없게 되었다는 것이다.

보간의 주장은 완벽한 안전투자가 비현실적인 비용의 증가를 초래하는 상황에서, 고의성이 없고 무해한 개별적 의사결정이 조직 전체를 와해시킬 가능성이 존재한다는 것이다. 또한 개별 부품이나 프로세스를 미시적으로 개선한다고 해서 시스템 전체의 안전을 기하는 데도 한계가 있다고 본다. 따라서 문제가 터지고 나서 그 발생 원인을 따지고 책임소재를 찾아 응징하는 것은 문제의 근본 원인을 제거하는 데는 그다지 도움이 되지 않는다는 것이다. 보간의 챌린저호 폭발 사고에 대한 분석은 페로우의 드리마일 아일랜드 원자력발전소 사고 분석과 비교해 볼 때 객관적인 기술에만 국한하지 않고, 기술이 조직 안팎의 인지적 구성의 과정과 어떻게 결합하느냐를 보여준다는 점에서 차이가 있다. 반면에, 매우 복잡하게 얽힌 시스템하에서는 기술적 이유에서나 인지적 이유에서 '피하기 어려운 사고'의 가능성이 있다고 주장한다는 점에서는 공통적이다.

세월호 사고는 전형적인 과거형 재난이라는 점에서 20년 전으로 한국사회의 시계바늘을 돌려놓았다. 투명성이 결여되고, 규칙이 타협되는 시스템에서는 시스템의 이완현상이 발생한다. 이처럼 안전성이 이미 검증된 기술을 규정대로 쓰지 않고 오남용할 때 생기는 것을 우리는 '과거형 재난'이라 부른다. 과거형 재난은 '숙성형 사고(incubated accidents)'라 표현할 수도 있다. 숙성형 사고는 이미 기술적으로 검증된 체계에서 발생한다. 재난이란 사전의 경고들을 무시하거나 간과하는 문화 속에서 축적된 위험의 요소들이 한꺼번에 동일한 시간과 공간에 집중하여 나타나서 한 사회나 사회의 하위체계의 존속을 위협하는 사건이라는 것이다(Turner and Pidgeon, 1997). 위험 신호가 곳곳에 널려 있으나 그 신호들을 간과하고, 최악의 경우를 가정하는 것을 두려워하며, 설령 개개인이 위험요소를 인지한다 하더라도 조직 차원에서 전체

적인 양상을 종합해 내지 못하거나 혹은 리더가 그런 상황을 이해하
는 능력이 모자라는 경우에도 재난을 피하기 어렵게 된다. 세월호 사고
는 이런 숙성형 사고의 전형적 사례처럼 보인다. 대표적인 과거형 재난
인 것이다. 원인도 알고 피하는 방법도 다 알지만, 시스템 실패로 발생
한 측면이 있기 때문이다.

3) 자기조직화 패러다임

세 번째 입장은 복잡계적인 사고에 기반에 둔 시스템 이론인데,
그 출발은 애쉬비(W. Ross Ashby)에서 찾을 수 있다. 그가 개념화한
'자기조직화(self-organization)'란 복잡하게 얽혀 있는 시스템에서는 외
부로부터의 압력이나 관련이 없이 시스템을 구성하는 다양한 요소들이
스스로 혁신적인 방법으로 스스로를 조직화해 나가는 것을 말한다
(Asyby, 1956). 즉, 한 시스템 안에 있는 수많은 요소들이 얼기설기
얽혀 상호작용이나 복잡한 관계를 통하여 끊임없이 재구성하고 환경에
적응해 나간다는 것이다. 자기조직화하는 시스템은 부분들의 합으로
환원되지 않는 출현적 속성(emergent property)을 갖는다.

자기조직화 패러다임을 대표하는 학자는 라스무센(Jens Rasmussen)
이다. 그는 점차 복잡하게 얽혀 진화하는 사회-기술시스템하에서 위험
을 담당하는 업무 프로세스에 대한 통제를 상실할 경우에 대형사고가
발생하여 결과적으로 인명피해, 투자손실, 또는 환경 손상이 초래된다
고 주장한다(Rasmussen, 1997; Rasmussen *et al.*, 1994). 그가 제안한
안전(safety)에 관련된 주장들은 안보(security) 문제와도 밀접하게 연관

세월호가 묻고 사회과학이 답하다

되어 있다. 안전 문제를 다루는 이들은 '호의적인 행위자들의 의도치 않은 행동의 결과 발생하는 사고에 대응하는 일'을 자신들의 업무로 인식한다면, 안보전문가들은 '악의를 가진 행위자들의 의도적 행동으로 인한 피해를 방지하는 것'을 임무로 인식한다는 차이가 있을 따름이다(Young and Leveson, 2014).

자기조직화 이론과 유사한 시각으로는 '중독조직론'이 있다. 강수돌은 교통사고론, 음모론, 경영실패론과 대비하여 세월호 사고는 한국사회에 만연한 '구조적 모순'으로 보아야 한다는 점에서 '중독조직이론'을 제시한다(강수돌, 2015). 개인과 조직이 움직이는 패턴이 역기능적으로 구조화한 결과가 중독조직, 또는 중독사회를 만들어낸다는 것이다. 한편 마츠모토는 '구조적 재난'이라는 개념을 제안한다. 어떤 사고가 일어났지만, 그것이 어느 한 행위자의 잘못으로만 돌리기 어려운, 그래서 처방을 찾기 어려운 사고라는 의미이다(Matsumoto, 2013: 167). 그는 구조적 재난 개념을 이용하여 후쿠시마 원전 사고가 기술과 사회적 요인이 결합하여 나타난 전형적인 재난이라고 주장한다.

3. 시스템의 출현적 속성으로서의 위험과 분석방법

시스템 이론으로 안전 문제를 접근한다는 것은 기술적이고 공학적인 수준에 머물지 않고, 보다 거시적 수준에서 사회적인 맥락과 관련시켜 접근한다는 것을 의미한다. 라스무센은 이를 전술보다는 전략적 차원에서 접근하는 것이라고 설명한다. 전술과 전략에는 중요한 차이가 있다. 전술이 특정 조치를 수행하는 제한된 수단이라면 전략은 지속적인 이점을 얻고 유지하는 총체적 기술이라고 정의할 수 있다. 전술은 물리적 위협에 초점을 맞추는 반면, 전략은 추상적 결과에 초점을 맞춘다.

라스무센의 사고유발 이론은 기술적인 결함이나 인적 오류에만 국한하지 않고, 역동적인 사회-기술 맥락에서 오류와 규칙위반을 만들어내어 결과적으로 재난을 촉발시키는 '메커니즘'에 주목한다. 그래서 그는 정부수준, 규제자와 협회수준, 기업수준, 경영진수준, 스탭과 사원수준 등 다양한 맥락을 구분할 것을 제안한다. 각각의 수준들은 의사결정과 정보의 흐름에서 서로 연결되어 있다. 의사결정은 법률, 규제, 정책 등의 형태로 위에서 아래로 흐르며, 현장의 상황에 대한 정보는 아래에서 위로 흐른다. 이러한 양방향 교환은 안전을 확보하는 데 핵심적이다. 위로부터의 지시가 아래로 먹히지 않거나, 혹은 아래로부터의 정보가 정확히 위로 전달되지 않는다면 위험에 대해 통제할 수 없기 때문이다.

따라서 안전은 재난상황에 직접 직면한 이들의 활동에만 의존하는 것이 아니라 시스템을 구성하는 다양한 수준의 개인들과, 이 다양한 수준 간 상호작용에 의해 결정된다. 주목할 것은 이 다양한 수준의 행위자들이 고정되어 있다기보다는 정치적·금융적·기술적 상황변화 등과 같은 환경의 영향에 대응하여 끊임없이 적응하는 존재라는 점이다. 그래서 안전을 유지하는 일은 전체적인 사회기술체계를 포괄하는 매우 역동적인 과정이다.

라스무센은 이러한 맥락에서 어떻게 사고가 일어날 수 있는지 설명하기 위해 '이동(migration) 과정'이라는 개념으로 설명한다(Rasmussen, 1997). 경쟁적 환경에 놓인 사람들은 비용 대비 효율을 극대화하여 일하도록 압력을 받는다. 이 비용절약경향(cost gradient)은 조직구성원뿐 아니라 시스템 전체를 효율성을 늘리는 쪽으로 밀어붙이며, '경제적 실패의 경계'로부터는 멀어지게 만든다(〈그림 1〉 참조). 동시에 작업자들은 수용할 수 없는 작업 부하에서 벗어나 보다 쉬운 작업을 택하려는 노력절약경향(effort gradient)을 띠게 된다. 이러한 압력의 결과 시스템 전반에 걸쳐 작업자들이 노력과 비용, 효율성 사이의 균형을 추구함에 따라 작업관행은 이동 과정을 거치게 된다(Vicente & Christoffersen, 2006). 결과는 '기능적으로 수용가능한 성과의 경계(boundary of func-

〈그림 1〉 안전 경계로의 이동

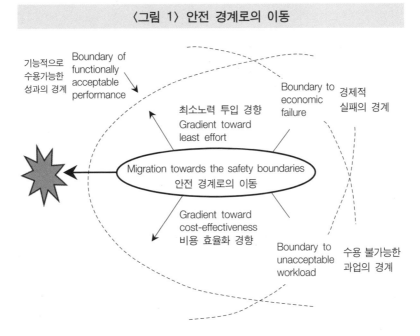

출처: Rasmussen(1997); Branford(2011)

tionally acceptable performance)'를 향한 이동이다. 문제는 이 경계를 넘으면 사고가 발생한다는 점이다(Rasmussen, 1997). 이에 보태어 보다 심각한 문제는 개인들이 자신의 활동과 관련된 안전 경계가 실제로 존재하는지 판단할 수 없다는 점이다. 왜냐하면 이러한 경계는 다른 시간에, 시스템의 다른 부분에서, 일하는 사람들의 결정과 활동에 의해 좌우되기 때문이다. 한 개인을 보호하는 시스템 방어의 효과는 시스템에 참여하는 다른 사람들이 얼마나 규칙을 위반했는가에 의해 영향을 받으며, 또한 자신들에게는 보이지 않는 이중적인 안전장치가 얼마나 작동하느냐에 의해 영향을 받는다(Rasmussen, 1997). 안전 성능의 실제 경계는 사고 이후에만 볼 수 있다. 사후적으로만 각기 다른 개인들의 독립적 활동들 간의 관계가 분명해지고 지속적으로 누적된 안전저하의 실상이 드러나게 된다(Rasmussen, 1997; Svedung & Rasmussen, 2002).

라스무센은 사고가 발생했다면, 그것은 노동자들이 노동효율적이고 비용절약적인 방식으로 오랫동안 작업하는 과정에서 '사고의 우연적 발전 단계'가 형성되었기 때문이라고 주장한다. 궁극적으로 발생한 사고는 '누군가의 일상적 범위에서의 행동'의 결과라고 본다(Rasmussen, 1997: 190). 다만, 사고를 낸 이들은 자신의 행동이 과거 문제를 낳지 않았던 행동과 크게 다르지 않았기 때문에, 무슨 일이 일어났는지 이해하지 못하는 경우가 흔하다고 주장한다(Vicente & Christoffersen, 2006).

이러한 이유로 라스무센은 시스템 사고에 대해 설명할 때 사건을 촉발시킨 행동이나 오류에만 초점을 맞추지 말고, 이러한 사고를 낳은 광범위한 사회-기술적 맥락에도 초점을 맞추어야 한다고 제안하였다 (Rasmussen and Svedung, 2000). 라스무센의 제안 이후, 여러 가지 구체적인 분석의 절차나 방법론 등이 개발되었는데, 그 대표적인 것은

세월호가 묻고 사회과학이 답하다

〈그림 2〉 라스무센의 위험관리 분석틀

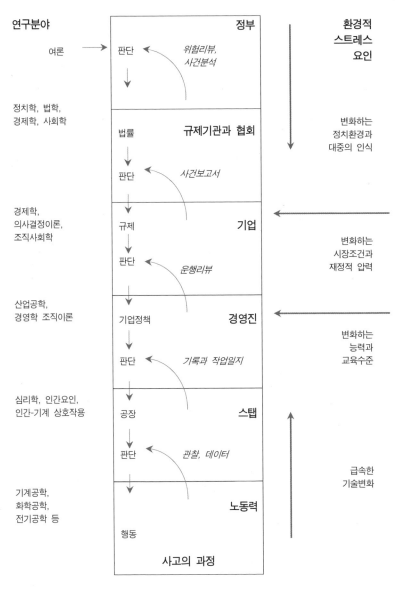

연구분야		정부	환경적 스트레스 요인

여론 → 판단 ← 위험리뷰, 사건분석

정치학, 법학, 경제학, 사회학 — 법률 — 규제기관과 협회 — 변화하는 정치환경과 대중의 인식

판단 ← 사건보고서

경제학, 의사결정이론, 조직사회학 — 규제 — 기업 — 변화하는 시장조건과 재정적 압력

판단 ← 운행리뷰

산업공학, 경영학 조직이론 — 기업정책 — 경영진 — 변화하는 능력과 교육수준

판단 ← 기록과 작업일지

심리학, 인간요인, 인간-기계 상호작용 — 공장 — 스탭

판단 ← 관찰, 데이터

기계공학, 화학공학, 전기공학 등 — 노동력 — 급속한 기술변화

행동

사고의 과정

출처: Rasmussen and Svedung(2000)

STAMP(System-Theoretic Accident Model and Processes), FRAM(Functional Resonance Analysis Method), AcciMap 등이다.

1) 시스템 이론적 사고모델
(STAMP: System-Theoretic Accident Model and Processes)

시스템 이론은 시스템 공학의 철학적 기반을 제공했으며, 사고의 인과성을 규명하는 새로운 포괄적 모델인 STAMP의 지적인 기반이 되었다. STAMP는 레버슨(Leveson, 2012)에 의해 제안된 방법인데, 그는 오늘날 소프트웨어-집약적 시스템은 점점 더 복잡해지다보니 안전한 구성요소들 간의 상호작용에 의해서도 위험해질 수 있으며, 시스템 요구나 설계상의 오류, 간접적 상호작용 등이 새로운 실패의 원인이 되기도 한다고 주장한다. 선형 인과 관계 모델이나 이를 기반으로 구축된 모델들은 이러한 새로운 사고 원인을 설명하지 못한다.

STAMP는 시스템의 출현적 속성으로 사고의 인과관계를 설명하는 모델이자 안전과 안보의 새로운 논리적 틀로 제안되었다. STAMP는 사람, 물리적 시스템 구성요소, 그리고 환경 사이의 상호작용으로 인해 사고가 발생하는 것으로 본다. 그래서 분석의 초점은 '실패 방지' 대신 '시스템 동작의 안전성 확보'로 이동한다. 시스템 동작의 안전성을 확보하려면 구성요소의 실패를 감당할 수 있어야 하는데, 그 방법은 계층적인 통제의 방법을 따라야 한다. 즉, 가장 거시적 수준에서의 통제는 그 하위수준의 구성요소의 동작에 필요한 제약조건을 구체화하며, 이는 다시 다음 하위수준의 동작에 영향을 미치는 방식으로 차례로 이어

세월호가 묻고 사회과학이 답하다

진다. 그래서 제어의 방향은 아래로, 그리고 피드백은 위로 향하면서 동시에 작동한다.

STMP는 다음과 같은 몇 가지 이유에서 라스무센의 문제의식을 잘 계승하고 있다.

첫째, 안전은 복잡한 사회 기술적 시스템의 출현적 속성이며, 그것은 현장 노동자뿐 아니라, 정치인, 경영진, 안전 관리자 및 작업 기획자와 같은 모든 행위자의 결정에 의해 영향을 받는다고 본다.

둘째, 안전에 대한 위협이나 재난은 대개 예외적인 잘못된 결정이나 의도적 행동에 의해 발생하기보다는 일상에 녹아 있는 다양한 요인들로 인해 발생한다고 본다.

셋째, 안전에 대한 위협이나 재난은 어느 한 수준의 결함만이 아니라, 복잡한 사회기술적 시스템의 다양한 수준들 간의 수직적 통합이 이루어지지 않는 수준 간 불일치 때문에 발생하는 경향이 있다고 본다.

넷째, 수직 통합의 부재는 부분적으로 복잡한 사회 기술적 시스템의 수준들 간 피드백이 없기 때문에 발생하며, 각 단계의 행위자는 자신의 결정이 다른 단계의 행위자들이 만든 행동과 어떻게 상호작용하는지를 볼 수 없기 때문에 사고가 발생하기 전에는 관련된 행위자들이 안전에 대한 위협을 분명히 알지 못한다고 상정한다.

다섯째, 복잡한 사회 기술적 시스템에서의 업무 관행은 정적이지 않다. 공격적인 경쟁적 환경에서의 재정적 압박과 최소한의 저항에 그치려는 심리적 압박에 의해 노력절약경향과, 비용절약경향의 영향이 생겨나면 시간이 지남에 따라 그 관행은 안전의 허용 한계 쪽으로 이동한다.

여섯째, 작업 관행의 이동은 한 수준에서만이 아니고 복잡한 사회

기술 시스템의 각 수준에서 이루어질 수 있다.

일곱 번째, 작업 관행의 이동은 시스템의 방어 능력을 일시에 무너뜨리는 것이 아니라, 시간이 지남에 따라 서서히 저하되고 점차 침식되도록 하며, 따라서 사고는 일회성의 새로운 위협이나 예외적인 행위에 의해서가 아니라, 체계적으로 유도된 '작업 이동'과 촉발요인에 의해 초래된다(Vicente and Christoffersen, 2006: 99).

2) 사건지도(AcciMap) 방법론

라스무센은 재난 분석에 관한 시스템적 접근은 몇 가지 주요한 특성에 대해 언급한다. 첫째, 그들이 사용하는 기술이 매우 빠르게 변화한다는 점이다(Rasmussen and Svedung, 2000). 둘째, 연속하는 낯설거나 예기치 않은 사건들로 인해 복잡한 상호작용을 하는 경우가 종종 나타나며, 이들이 주의를 기울이지 않으면 지각할 수 없거나 즉시 이해할 수 없는 경우가 있다는 점이다. 셋째, 이러한 시스템에서 우연한 사건 진행은 우발적인 사건 흐름을 유발하거나 정상적인 흐름을 전환시킬 수 있는 사람들의 활동에 의해 전파된다. 따라서 안전은 사람들, 환경 또는 투자에 해를 입히는 우발적인 부작용을 피할 수 있게 작업 프로세스를 제어할 수 있는 능력에 달려 있다(Rasmussen, 1997: 184).

이러한 복잡한 양상들을 포착하기 위해 라스무센이 제안한 사건지도(AcciMap) 분석방법은 시스템을 구성하는 다양한 부분과 요인들이 사고에 어떻게 기여했는지를 밝혀내고, 그 요인들이 결과적으로 어떻게 결합되었는지를 보여주는 논리적인 다이어그램이다. 이러한 지도

세월호가 묻고 사회과학이 답하다

〈표 2〉 STAMP 기반 인과분석의 단계

단계	단계의 설명
1	사고와 관련한 시스템과 위해(hazard) 요소 확인
2	그 위해요인과 관련한 시스템의 안전제약요건과 시스템 필요조건을 확인
3	위해요인을 통제하고 안전요건을 강제할 안전통제구조에 대하여 서술
4	사고를 유발한 근인(近因) 확정
5	물리적 시스템수준에서 사고를 분석
6	안전통제구조수준으로 올라가서 어떻게 그리고 왜 상위수준의 요소들이 하위수준을 적절히 통제하지 못했는지 분석
7	사고에 기여한 전반적인 소통구조나 조정과정의 문제를 분석
8	시스템이 더 위험한 쪽으로 이동하여 사고를 유발하도록 시스템을 이동시킨 위계적 안전통제구조상의 변화가 있는지 확인
9	정책적 대안을 제시

출처: Leveson(2011), Kim *et al.*(2016: 94)

그리기 방법을 통해 우리는 어떤 사고가 발생한 경우, 혹은 사고발생을 방지하는 데 실패한 경우, 직간접적으로 영향을 미친 상위 요소들과의 관련성을 일목요연하게 보여줄 수 있다. 따라서 분석자는 사고의 발생 원인을 이해할 수 있으며, 직접적인 원인(일선 근로자의 실수 등)뿐 아니라, 사고를 유발하거나 허용하는 조건으로 작용한 조직적이고 거시적이며 제도적인 요인을 포착할 수 있게 된다.

AcciMap 접근법은 사고의 다양한 원인을 인과관계의 위계에 따라 다층적으로 보여주며, 가장 직접적인 원인은 아래에, 가장 근본적이지만 간접적인 원인은 가장 위쪽에 표시하여 준다. 다이어그램의 정확한 형식은 분석 목적에 따라 다르지만 일반적으로 하위수준은 작업자의 활동과 결과에 기여한 물리적 이벤트, 프로세스 및 조건과 관련된 이벤트의 즉각적인 선행요인을 나타낸다. 그 상위수준은 일반적으로 회사 및 조직수준의 요소를 나타내며, 최상위수준은 일반적으로 사건과 관련된 조직의 외부에 있는 정부 또는 사회적 수준의 인과 요인을 포함한다. 이러한 방식으로 여러 가지 요인과 상호 관계를 하나의 논리적 다이어그램으로 연결하면 분석자가 사고가 발생한 방법과 이유를 이해하고 시스템 안전을 개선하기 위해 해결할 수 있는 문제 영역을 정확히 찾아 낼 수 있게 된다. 사고지도 분석법은 특정 영역에 국한되지 않으며, 그동안 항공을 비롯, 국방, 석유산업, 공중보건, 치안, 철도운송 등의 다양한 산업분야에서 사고를 분석하기 위해 사용된 바 있다.

4. STAMP와 AcciMap으로 본 세월호 참사

STAMP 분석은 몇 단계로 나누어 진행하게 되는데, 그 절차는 대체로 다음과 같다. 먼저 사고와 관련하여 시스템과 위해요소를 확인할 필요가 있다. STAMP를 이용하여 세월호 침몰을 분석한 기존 연구에서는 1) 선박운영을 위한 물리적 시스템 분석, 2) 선원수준의 분석, 3) 선박회사수준의 분석, 4) 정부의 규제기구, 선급협회 및 해운조합수준에서 분석을 진행하였다.

〈그림 3〉 세월호 관련 위계적 통제구조(STAMP 분석)

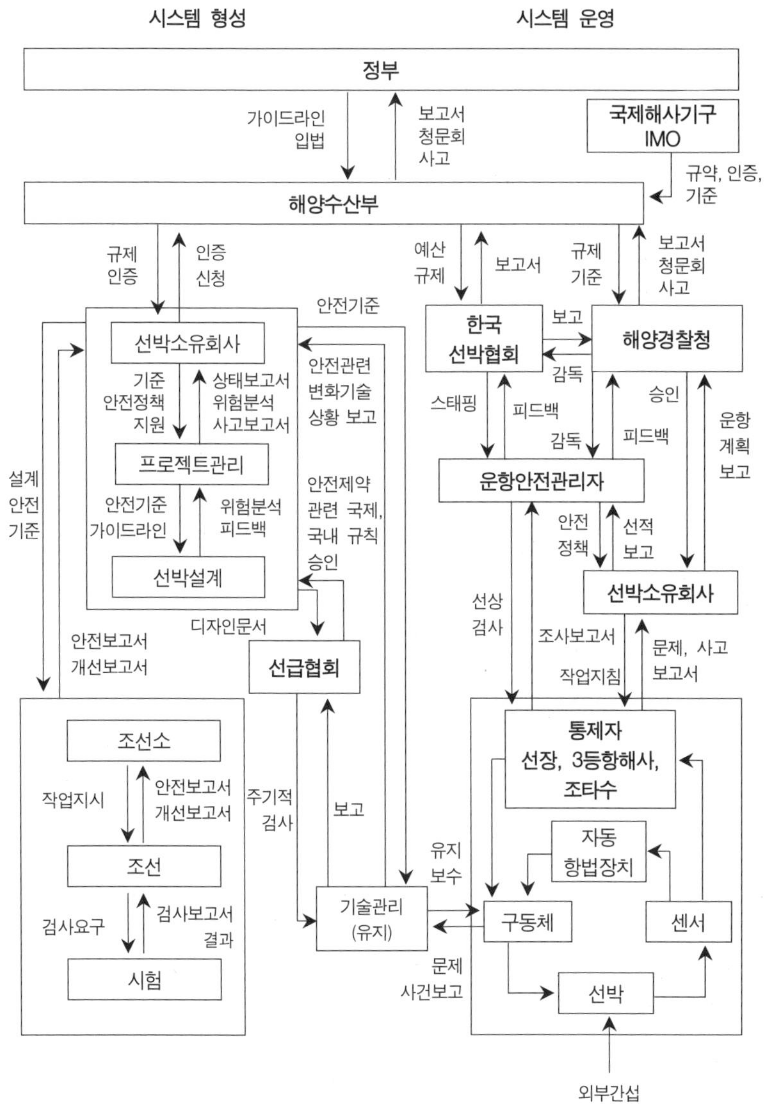

출처: Kim *et al.*(2016: 95)

1) 물리적 시스템 분석

　세월호 사고는 2014년 4월 16일 전라남도 진도군 관매도 부근 해상(맹골수도)에서 청해진해운이 운영하는 인천항-제주항 정기 여객선 '세월호'가 뒤집어져 침몰해 전체 승객 476명 중 304명이(단원고생 250명) 사망하거나 실종된 사고다. 세월호는 6,825톤급의 로로선(승객과 화물을 함께 싣는 배)으로서 허용된 화물용량 987톤을 두 배 이상 초과하는 2,142.7톤의 화물을 싣고 있었다. 숙련도가 낮은 신참 3등 항해사와 조타수가 18.9노트 속도로 운항하다가 조수간만차가 크고 조류가 빠른 맹골수도에 진입하여 135도→140도→145도로 서서히 변침을 시작했지만, 급격하게 우회전하면서 약 30도로 추정되는 급격한 횡경사가 만들어진 후, 적절하게 고박되지 않은 화물들이 쏟아지면서 엔진이 정지했고, 이후 조류에 밀려 북상하면서 서서히 표류하다가 측면 출입구와 화물통로를 통해 바닷물이 밀려들어와 결국 침몰한 사건이다. 오전 8시 49분에 배가 기울기 시작한 후, 101분 만에 전복되어 침몰했다.

　선박운영을 위한 물리적인 시스템을 감안한다면, 다음과 같은 세 가지 기준이 충족되어야 한다. 첫째, 선박은 충분한 복원력과 안전운항을 위한 변침능력을 갖추어야 하고, 이러한 안전을 담보하기 위해서는 선박의 설계로부터 구조변경에 이르기까지 기술적인 기준들이 지켜져야 한다. 둘째, 선박이 안전하게 운항하기 위해서는 복원력을 파괴하는 과적이나, 느슨한 고박, 혹은 부적절한 작동 등을 하지 않아야 한다. 셋째, 만일 선박에 대한 통제력을 잃을 경우에는 선장과 선원들에 의하여 적절한 응급조치가 이루어져 승객들을 즉시 대피시켜야 하고, 인근에 있는 선박이나 해경 등과 협력하여 빠른 구조활동이 이루어져야 한다.

그런데 물리적 시스템수준에서 세월호가 침몰한 직접적이고 결정적 계기는 복원력 상실이었다. 복원력이란 배가 파도나 바람 등에 의해 흔들리고 기울더라도 원래의 평형으로 돌아오려는 성질을 의미한다. 그러기 위해서는 배가 똑바로 떠 있게 하는 부력의 작용선과 기울어졌을 때의 부력의 작용선 간에 큰 차이가 발생하지 않아야 한다. 참고로 선박의 안전을 담보하기 위해서는 몇 가지 안전조건(system safety constraints)이 충족되어야 한다.

2013년 5월 7일부터 시행된 해양수산부 고시 선박복원성 기준에 따르면, 여객선은 다음과 같은 조건들을 충족시켜야 한다.

(1) 모든 승객이 기울어진 쪽으로 몰려 있다고 가정했을 때 발생하는 힘이나, 배가 선회할 때 기울어지는 힘보다 배가 10도 정도 기울었을 때의 복원력이 더 커야 한다. (2) 배에 흔들리는 액체나 물체가 많아서 무게중심이 높아지지 않아야 한다. (3) 복원성을 악화시킬 수 있는 요인이 추가로 작용하더라도 남아 있는 복원력이 더 커야 한다. (4) 바람이나 파도 등으로 배가 기울어도 배안으로 물이 들어오면 안 된다. (5) 복원정(복원력에 곱해지는 거리) 곡선과 횡축으로 둘러싸인 부분의 면적이 일정 값보다 커야 한다. (6) 배가 기울더라도 기울기 25도까지는 복원력이 계속 커져야 한다(진실의 힘 세월호 기록팀, 2016: 372).

하지만 세월호는 증개축, 과적 및 부실고박 등으로 심각한 복원력 악화를 초래했다. 법원의 판결에 따르면 (1) 선미 쪽에 여객실 및 전시실을 설치한 증개축으로 인해 순수 무게가 증가해 무게중심이 높아진 것. (2) 선우 우현의 차량진입로를 떼어내면서 좌우 30톤의 불균형을 초래한 것. (3) 사고 전날 복원성 자료에 따른 용량을 초과해 화물을 실은 것. (4) 평형수를 적재 최소치보다 더 적게 실은 것 등이 그 직접적 원인이었다(진실의 힘 세월호 기록팀, 2016: 373-374).

승객과 화물을 함께 싣는 로로선의 특성상 승객칸과 화물칸이 명확하게 구분되지 않기 때문에, 배가 흔들리거나 급변침을 할 경우 배의 맨 바닥에 적재된 화물의 쏠림현상은 배의 회복력을 잃게 할 가능성이 많았다. 더구나 일본에서 수명을 다한 배를 도입한 청해진 해운은 객실과 화물칸을 늘리기 위해 무리하게 객실을 증축하여 복원력을 저하시켰다. 인천항 출항 시 용량의 두 배가 넘는 과적을 한 후, 이를 감추기 위해 평형수를 과도하게 뺀 것은 선박의 무게중심을 위로 올려서 과도하게 복원력을 손상시키는 원인이 되었다. 이러한 여러 기술적 요소들은 선박으로 하여금 매우 위험한 상황에 놓이게 만들었고, 이러한 위험요인들이 선원들과 상호작용하면서 침몰을 촉진시켰다(Kim *et al.*, 2015: 96).

2) 선원조직수준의 분석

물리적 시스템과 가장 근접하여 상호작용한 것은 선장과 선원들로 구성된 선상조직이다. 선원들은 선주나 국가가 설정한 규칙과 안전지침을 숙지하고 효율적으로 배를 운행할 능력을 갖추어야 한다. 이를 위해 선장과 선원들은 선박의 물리적 한계, 선적의 조건, 평형수의 상태, 그리고 잠재적 위험에 대해 인지하고 있어야 한다. 그리고 선원법에 의하면 선원들은 배의 운항, 정보전달, 화물의 고박 등의 여러 영역에서 안전수칙을 준수하게 되어 있다.

세월호가 묻고 사회과학이 답하다

기술적으로 세월호의 운항은 항해사와 조타수에 의한 매뉴얼 운항을 하거나, 자동항법장치에 의존한 운항을 할 수 있다. 맹골수도에 진입하기 전 신참 3등항해사는 자동항법장치를 끄고 처음으로 매뉴얼로 제주항로를 운항하게 되었다. 사고 당일 오전 8시 49분, 세월호가 갑자기 빠른 속도로 우회전하면서 좌현으로 기울어진 것이 직접적인 사고의 양상이다. 그 이유에 대해 1심 재판에서는 경험이 부족한 3등항해사의 잘못된 지시와 조타수의 대각도 조타가 직접 원인이라고 판결하였다. 그러나 2심과 3심에서는 갑작스런 우회전의 원인을 단정할수 없다고 보고, 배의 인양 필요성을 언급하였다. 결국 조타기 등의 기계적 결함은 확인되지 않았으며, 3등항해사와 조타수는 무죄가 확정되었다.

그러나 선장과 선원들의 조직에서는 몇 가지 문제들이 노출되었다. 우선 안전 관련 규정을 지키지 않았다. 그 대표적 사례는 출항 이전에 화물의 과적을 제대로 보고하지 않았고, 화물을 규정대로 고정하지 않은 점이다. 그 외에도 비상상황에서 선장이 탈출명령을 내리지 않은 점, 선장과 선원들이 승객들의 탈출을 돕지 않은 점 등이 모두 규정을 위반한 사항들이다. 경험을 갖춘 정규직 선장이 없었고, 충분한 훈련과 교육이 부재했으며, 비정규직 선원들이 대부분이었다는 점이 문제를 키웠다. 비정규직으로 구성된 선원들은 책임감이 부족했고, 서로 협력하는 데 어려움을 겪었으며, 경험의 부족으로 인해 위기상황에서 우왕좌왕하게 되었다. 책임감과 협력의 부재는 특히 긴급위기상황에서 승객들을 구출하지 못하게 하는 결정적 요인이 되었다. 부적절한 대응, 준비의 부족, 무경험, 몰이해, 그리고 훈련의 부족 등으로 인해 실패한 조직으로서의 특성을 드러냈다.

3) 선박회사수준의 분석

세월호를 운영하는 청해진해운의 입장에서 누적되는 영업적자는 가장 큰 압력이었다. 청해진해운은 잦은 사고를 내는 해양심판원의 단골손님이었다. 감사원 보고서에 따르면 소속 여객선 4척이 최근 10년간 일으킨 해양사고는 11건이었다. 이처럼 '특정 선사 소속 선박에서 사고가 반복하여 발생하거나 단기간에 사고가 집중된다면 선사나 선주의 선박운영방식에 문제가 있거나 선박의 근본적 결함 등 해양 안전을 위협하는 요인이 잠재돼 있다'는 것이 감사원의 지적이었다. 청해진해운은 선박을 도입하면서 허위 매매계약서와 허위사업계획서를 작성해 인천항만청으로부터 사업계획변경을 승인받았고, 증개축 과정에서도 규정을 어기고 무리한 증개축을 하였다. 반면에 안전과 관련한 내부 규정이나 지침은 제대로 준수하지 않았다. 선급협회의 지침이나 법률 규정을 지키지 않았을 뿐 아니라, 선원들에 대한 적절한 안전교육이나 훈련기회도 제공하지 않았으며, 침몰 관련한 보고를 받았지만, 승객구조에 대한 적절한 지침을 내리지도 않았다.

4) 정부 및 규제기구와 협회수준의 분석

세월호 사고에서 가장 구조적이고 제도적인 위치에 있는 행위자들은 세월호의 개조와 운항 관련한 인허가권을 가진 규제기관 및 감독기관들인데, 구체적으로는 세월호의 하역 및 고박을 담당한 우련통운, 세월호의 증개축 공사에 대한 현장 검사 및 완성된 선박의 복원성계산서의 승인을 담당한 한국선급, 인천-제주 항로의 증선에 관한 인가권을 가진 인천항만청, 세월호의 운항관리규정을 승인하고 감독하는 인천해경 등이다.

문제는 국가기관의 감리, 감독이 제대로 이루어지지 않고 부실했다는 점이다. 감사원 보고서는 '세월호의 도입인가가 부당했고, 선박검사 및 운항관리의 부실 등이 사고발생의 배경'이라고 지적했다. 청해진해운은 주기적으로 상품권이나 접대비로 규제기관의 임원들에게 향응을 베풀었다. 이러한 사실은 규제와 감독을 담당한 정부부처나 기관들이 해운사나 협회를 제대로 감독하지 못했으며, 정부권한을 위임받은 선급협회나 운항관리자들이 업무에 필요한 전문성이나 도덕성을 갖추지 못했고, 경제활성화라는 명목으로 안전과 관련된 규정도 규제완화의 대상으로 삼았다는 점을 반영한다.

5) 출현적 속성으로서의 재난

라스무센이 제안한 위험관리 분석틀을 잘 보여주는 것이 사건지도(AcciMap) 분석방법이다. 기존의 연구들 중에 AccMap을 활용한 분석은 기존의 감사원 중간보고서와 국내외 언론보도를 활용하여 사회적-기술적 요소를 함께 고려한 분석틀로 세월호 사고가 발생하게 된 상황과 그 결과로 발생한 다양한 시스템수준들 간의 상호작용을 위계화된 그림으로 그려 설명한다(Lee et al., 2017; Kee et al., 2017). 이러한 분석들은 세월호 사고가 단지 선장과 승무원만이 비난받을 사고라기보다는 정부와 규제기관, 청해진해운, 세월호 승무원들의 안전 관리

실패와 무시의 종합적 결과라는 점을 보여준다.

또한 AcciMap 분석틀에서 다루는 정치환경, 정부기관의 잘못된 정책, 부적절한 규제와 느슨한 감독 및 집행, 열악한 안전 문화, 인적 요인, 표준화된 운영의 부재 및 위기대응절차의 부족 등이 종합적으로 상호작용한 결과임을 보여준다. 사고 현장에 있었던 세월호의 선원들, 청해진해운의 경영진, 규제기관과 정부 등의 다양한 요인들이 서로 얽혀서 기여한 것이고 경제적·사회적·정치적 압력과 요인들이 복잡하게 얽혀 개별 행위자들의 선택에 영향을 미친 것이다.

이러한 관점에서 세월호 사고의 원인을 다시 생각해 본다면, 가장 직접적인 원인은 선박의 복원력이 심각하게 훼손되어 있었는데, 특정 시점에서 선박의 급변침으로 인해 고정되었어야 할 화물들이 한편으로 쏠리면서 선박의 침몰을 가속화했다는 점이다. 그런데 여기서의 각각의 요소들은 평형수를 과다 배출했거나, 상습적으로 과적을 해 온 작업 관행 속에서는 그동안 별 문제없이 지속되어온 것들이었다. 세월호의 선장과 선원들, 그리고 육상에서 하역과 고박을 담당한 우련통운의 직원들은 왜 이러한 방식의 작업을 지속했을까?

이들은 영업이익의 상당 부분을 가져간 오너가족으로 인해 상시적인 적자와 과당경쟁에 시달리는 경영진에 의해 '경제적 실패의 경계'로부터 벗어나도록 압력을 받았고, 동시에 자신들을 보호하기 위해서는 '수용불가능한 과업의 경계'로부터도 벗어나야 하는 상황에 처했다. 그 결과 이들은 한편으로는 비용을 최소화함으로써 이윤을 극대화하고자 하는 경향과 함께, 최소한의 노력을 투입하고자 하는 경향을 갖게 되었다고 할 수 있다.

선장은 두 시간 출발이 지연된 것을 만회하려고 지름길로 운항하

세월호가 묻고 사회과학이 답하다

〈그림 4〉 세월호 침몰에 미친 수준별 요인들(AcciMap)

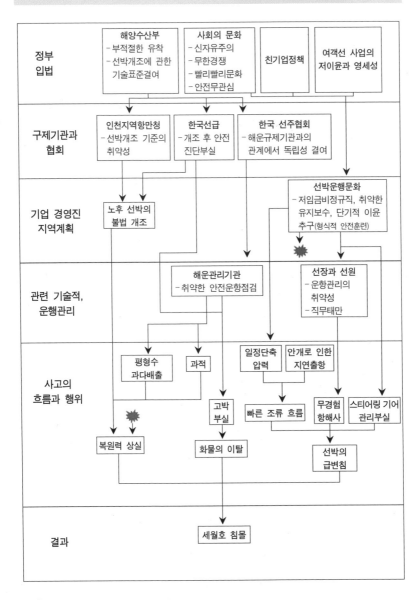

출처: D. Kee *et al.*(2017: 508)

였고, 6개월 된 신참 3등항해사에게 선박의 지휘를 맡기고 휴식을 취하러 들어갔다. 믿기 어려운 선장의 이러한 행동은, 이전에도 이러한 방식으로 일을 해 왔음에도 불구하고 그동안은 큰 사고 없이 운항을 한 바 있다는 나름대로의 경험치에 근거한 행동이라고 볼 수 있다. 선장은 부담을 최소화하면서 동시에 비용도 최소화하는 존재로 이해된다. 청해진해운의 입장에서는 이런 선장이 정해진 규칙의 범위를 넘어 비용 최소화와 노력 최소화를 통해 더 큰 이윤을 남겨주는 고마운 존재였는지 모른다. 또한 청해진해운은 이러한 경영방침에 근거하여 정부로부터 물류에 기여한 공로로 수차례 표창까지 받은 적이 있다.

그러나 조금씩 더 적은 노동력의 투입과 비용절감을 통해 운항을 지속해 왔지만, 사전적으로는 '기능적으로 수용가능한 안전의 경계'에 얼마나 가까이 갔는지를 알지 못했다는 점이 문제였다. 결과적으로 선장이 그 경계를 넘게 되자, 시스템의 여러 다른 문제들과 결합하여 세월호의 침몰로 이어졌다.

기업이 안전보다 이윤극대화를 더 바람직한 것으로 여기더라도, 규제를 담당한 정부부처나 기관들이 제대로 역할을 했다면, 재난의 위험은 최소화했을 것이다. 운항관리자나 규제기관들은 비용효율화의 압력으로부터 자유로운 존재다. 이들이 움직이는 근거는 이윤추구가 아니라 공적자원과 규칙을 관리하는 규제자의 입장이기 때문이다. 따라서 선박의 개조와 관련된 기준을 감찰하는 선급협회나 인천지역 항만청, 그리고 선주협회 등은 비용효율화보다는 일의 부담을 줄이는 데 더 관심을 가지는 경향이 있다. 그런데도 불구하고, 이들이 독립성을 결여하고 청해진해운의 이해관계에 의해 영향을 받게 된 가장 큰 이유는 공적 자원을 담당하는 각 조직의 엘리트들 간의 담합 때문이었다.

세월호가 묻고 사회과학이 답하다

다시 말하면 규제기관에 근무하는 이들은 향후 퇴직 이후에 피규제기관의 임원으로 재취업할 기회를 가지기 때문에, 피규제기관의 이익을 위해 현재적 관점에서의 각종 규제를 풀어주거나 불법을 눈감아 주는 방식으로 '예기사회화'하는 경향이 강해지는 것이다. 이는 단순히 규제기관만의 문제라기보다는 사회 전반적으로 만연해 있는 '인맥을 통한 자원관리'의 경향과도 밀접한 연관성을 갖는다.

이러한 여러 문제들이 발생하게 된 가장 거시적인 원인 중 하나는 선박안전 관련된 규제를 완화한 정부의 역할이다. 경제성장에 영향을 미치는 규제들을 과감히 혁파하기 위해 노력한 역대 정부의 노력은 경제활동 관련 규제와 안전 관련 사회적 규제를 구분하지 않는 우를 범했다. 규제개혁의 명분하에 안전 관련된 규제까지 제거한 것이다. 그런데 최근 들어 위험이 점차 대형화·고도화·복잡화·직접화하는 경향을 고려해 보면, 정작 문제가 되는 것은 규제공백이다. 위험을 둘러싼 규제의 내용(규모, 구조, 스타일)과 규제의 맥락(위험유형, 여론의 주목도, 이익집단의 활성화)을 검토해 보면, 규제맥락의 측면에서는 **위험 정보를 개인이 쉽게 접하기 어렵고, 분명한 이익집단이 존재하며, 강한 여론 압력이 존재하는 상황**임에도 불구하고, 규제내용 면에서는 **규제기관이 정보수집에 소극적이고, 규제의 양식이 시장지향적이며, 규제 의지가 미약한 경우**에 규제공백이 발생한다. 세월호 사고는 규제공백이나 규제의 불일치나 비일관성이 심각하다 보니, 이익은 사유화하고, 피해는 사회화하는 모순이 발생한다는 것을 잘 보여준다.

6) 부실구조와 시스템 실패의 증상

사고의 원인과 구조 과정에서의 부실은 동형의 구조를 띤다는 점에서 시스템 실패의 양면을 보여준다. 가장 직접적인 원인은 선원들의 부적절한 대응으로부터 찾아진다. 선장은 '선내 대기'를 지시했고, 선원들은 승객들로 하여금 밖으로 나가지 말라고 지속적으로 방송했다. 그러나 실제 퇴선 시에는 퇴선명령도, 임무수행도 없었다. 황금같은 59분 동안 무려 10번 이상을 움직이지 말고 밖으로 나오지 말라고 반복하여 방송하는 바람에 탈출하려는 승객들까지도 탈출의사를 포기하게 하는 강력한 억제력으로 작용했다. 문제는 선장이나 선원들이 운항관리규정에 따른 임무를 다하지 않았다는 점이다. 만일 원칙대로 따랐다면, 선장은 1) 선원들로 하여금 비상부서 배치표상의 임무를 다하도록 명령하고, 2) 승객들을 퇴선 장소인 비상대기 갑판으로 유도한 후, 3) 구명뗏목과 미끄럼틀을 떨어뜨려 퇴선준비를 하고, 4) 승객들을 해상으로 퇴선시켜야 한다. 그러나 이러한 일들은 하나도 일어나지 않았다.

선장은 전날 투입된 비정규직이었고, 선원들은 퇴선 훈련을 제대로 받은 적이 없었다. 규정대로라면 매 10일마다 소화, 인명구조, 퇴선, 방수 등의 훈련을 했어야 했다. 하지만 제대로 훈련한 적 없는 선장과 선원들은 배에 승객을 남겨둔 채 도주해 버렸다. 선원들의 직업의식 부재나 시맨십(Seamanship)의 실종은 훈련부족에 보태 윤리적 기준의 붕괴를 의미한다. 이처럼 극단적인 형태로 조직적인 무책임성이 드러난 데는 조직운영이 시스템적으로 실패했다는 점이 작용한 것이다. 화물을 최대한 과적하여 이윤을 극대화하고자 하는 청해진해운의 경영방침에 따르면 안전 관련 예산을 최소화하고 안전훈련을 줄이는 것도 비용

세월호가 묻고 사회과학이 답하다

〈그림 5〉 세월호 참사 시 부실한 구조에 영향을 미친 수준별 요인들(AcciMap)

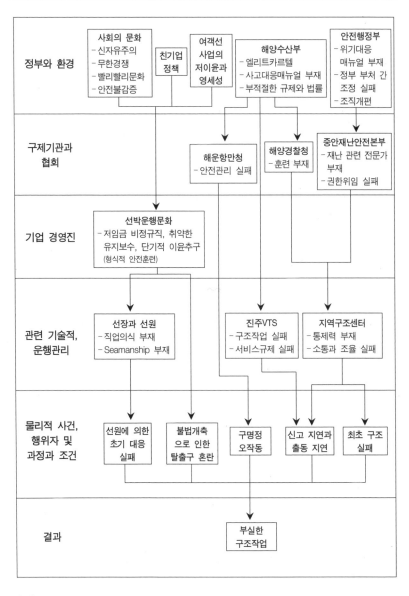

출처: D. Kee *et al.* (2017: 509)

최소화를 실현하는 방법이었다. 불법으로 증개축한 결과 본래 설계도와 다르게 변형된 비상탈출구는 퇴선의 방해요소가 되었고, 오랫동안 제대로 활용되지 않았던 구명정과 구명동의는 녹슬거나 굳어버려 정작 필요한 시점에서 작동하지 않았다.

한편, 처음으로 구조요청을 받은 서해해양경비안전본부 진도VTS 관제센터는 세월호 상황을 해경지휘부와 직접 소통할 수 있는 위치에 있었으므로 세월호의 상태를 정확히 인지했다면 직접 승객의 퇴선을 지시하고 선장 대신 필요한 조치를 취할 수도 있었을 것이다. 그러나 해경지휘부는 배가 원래 상태로 돌아오거나 기울어진 상태로 상당 시간 버틸 수 있을 것이라 생각했다. 처음으로 출동한 해경 123정은 승객 퇴선을 위해 선장을 찾아 현장지휘를 하기보다는 선장과 선원들을 먼저 구한 후 다른 조치를 취하지 않았다. 이는 현장상황을 잘 아는 현장지휘관 함정이 퇴선명령을 결정해야 한다는 해상구조 매뉴얼을 따르지 않은 것이다. 해양심판원은 보고서에서 '사고 당시 바다가 잔잔하였고 수온이 약 12도로 생존에 급박한 위험을 초래하지 않았고 주변에 구조세력이 많이 있었던 점을 고려하면, 사고발생 후 선장 등이 일반적인 선원의 상무에 따라 여객을 적절하게 대피시켰다면 인명손실은 없었거나 있었더라도 극소수에 그쳤을 것'으로 예상하였다(진실의 힘 세월호 기록팀, 2016: 624-625).

실제로 세월호 승객 전원을 갑판에 수용할 수 있는 유조선 둘라에이스호를 비롯, 어업지도선과 어선들이 잇따라 모여들었지만, 체계적인 조율과 지휘가 없었기에 부분적인 구조에 그치고 말았다. 이것은 이 지역의 해역을 관할하는 진도VTS가 구조작업에 필요한 정보를 소통하는데 실패한 것을, 그리고 지역구조센터가 통제력을 갖추지도 못했고, 조율에도 실패했음을 의미한다.

　재난과 위기 관련 기관들 간에 조정하고 협력을 이끌어내는 정부의 역량에도 많은 문제가 드러났다. 예를 들어, 다양한 수색 및 구조팀들이 세월호의 침몰을 전후해 도착하기 시작했지만, 해경은 조율에 실패하였다. 초기부터 다양한 조직들 간에 정보를 교환하는 데 실패했기 때문에 수색과 구조에 참여한 조직들은 사고 이후 결정적으로 중요한 조건들에 대해 공통의 상황인식을 하지 못하였다. 이러한 초기의 혼란상은 승객이 전원 구조되었다는 오보를 낳아 정부의 재난대처능력에 대한 국민들의 깊은 불신으로 이어졌다. 뒤늦게 안전행정부의 능력만으로는 사태를 수습할 수 없다고 판단한 정부에서는 국무총리실 산하에 범정부사고대책본부를 설치하고 조속히 사태를 수습하고자 하였다.

　그러나 이러한 준비되지 않은 개입으로 인해 총리실의 월권 문제가 제기되었으며, 기존의 지휘체계가 중단됨으로 해서 신속한 구조에 오히려 방해가 되었다. 이처럼 부처 간 조율이 어려웠던 데에는 부처이기주의도 작동하였다. 예를 들면, 해경, 해군, 해양수산부, 소방방재청 등은 원활히 소통하는 데 실패하였으며 서로 견제하기까지 하였다. 해경은 최종적으로 수색과 구조작업의 총지휘를 맡아야 했지만, 총리실이 개입하기 전까지 그러한 역할을 맡기를 주저하였다. 이러한 이유로 해서 각 부처나 조직들은 자신들이 획득한 정보를 함께 공유하지 못하였다.

　재난안전통신망의 실패는 대표적이다. 경찰·소방·국방·지방자치단체 등 재난 관련 기관의 무선통신망을 하나로 통합해 재난 발생 시 국민의 건강과 안전 보호, 국가적 피해 최소화 등을 위해 추진하는 통합 네트워크가 재난안전통신망인데, 2003년 대구 지하철 화재 참사

때 소속이 다른 구조대가 서로 다른 통신 방식의 무전기를 사용해 의사소통이 이뤄지지 않아 피해가 커졌다는 지적에 따라 도입이 추진된 바 있다. 하지만 기술방식과 경제성 등에 대한 논란으로 차일피일 미루어졌고, 세월호 참사 당시에도 여전히 통합되지 않아서 원활한 의사소통을 이루지 못하는 원인이 되었다. 심지어 세월호 선원들은 제주 VTS와 소통하면서 VTS나 다른 선박에서 모두 사용하는 VHF 16 대신 VHF 12 채널을 사용하여 구조를 지연시켰다. 긴급 위기상황 시에 신속한 소통의 수단이 될 수 있는 첨단장비인 V-PASS, AIS, EPIRB, SIB 등은 없었거나 작동하지 않았다.

소방방재청과 해경은 서로 정보를 공유할 수 있는 인프라를 갖추지 못했기 때문에, 상충하는 정보들로 인해 중앙정부수준에서의 혼란을 더 가중시켰다. 결과적으로 사건 초반 정부수준과 지역 위기관리 조직수준에서의 소통의 실패는 신속한 구조에 필요한 적절한 의사결정을 지연시키는 데 결정적으로 기여하였다(Oh, 2016).

소통의 실패에도 불구하고 제대로 위기상황에서 적절한 대응을 하기 위해서는 재난안전분야의 전문가들이 컨트롤타워의 최상위에 배치되어 있어야 한다. 그러나 정작 이러한 전문가들을 찾아보기 힘들었다. 그 가장 큰 이유는 해경이나 안전행정부 모두에서 고위직에 있는 이들은 재난안전 관련 전문성이 없는 이들이었기 때문이다. 사고가 난 후 상황에 대한 정확한 정보가 부족하고 부처 간 조율이 되지 않자, 장관과 고위직들이 모두 진도의 사고현장으로 출동하는 바람에 부처와 조직들은 리더십의 부재로 혼란을 겪었다. 결국 문서상에 준비되어 있던 다양한 계획들은 실제 상황에서는 그대로 현장에 적용할 수 없는 것임이 드러났다.

현재의 순환보직 체제로는 재난·위험관리 관련 실무를 지휘할 고위급 전문인력 충원이나 육성이 어렵고, 국가수준에서 위험관리 전략을 수립하고 담당할 사령탑이 결여되어 있다.

5. 해석과 대책

세월호 사고는 20년 전으로 한국사회의 시계바늘을 돌려놓았다는 점에서 과거형 재난의 성격을 갖는다. 과거형 위험은 이미 기술적으로 안전성이 검증된 체계에서 발생한다는 특징을 갖는다. 단지 기술의 문제가 아니라, 조직의 운영이나 안전 관련 규제 시스템이 무력화하기 때문에 위험이 시스템 안에 내장되는 특성을 가진다. 그러한 점에서 세월호 침몰 사고는 스위스 치즈 모델로 설명 가능하다. 마치 구멍이 숭숭 뚫린 스위스 치즈처럼 한 겹만으로는 뚫릴 수 있지만, 여러 겹으로 쌓으면 마지막까지 뚫리는 것을 막을 수 있다. 그러나 여러 겹으로 쌓았음에도 일정 기간에 걸쳐 다 뚫리는 것이 숙성형 재난의 특징이다. 큰 재해, 작은 재해, 사소한 사고의 발생 비율이 '1 : 29 : 300'이라는 '하인리히 법칙'도 마찬가지다. 대부분의 재난은 예외적인 사고라기보다는 수많은 징조와 신호들과 함께 드러나는 빙산의 일각이라는 것이다. 세월호 사고는 이런 숙성형 사고의 특성을 잘 보여준다.

20여 년 전 재난이 반복되는 이유는 조직학습에 실패했기 때문이다. 조직학습이론에 의하면 실패로부터 배우기 위해서는 이중순환학습(double-loop learning)이 가능해야 한다(Argyris, 1976). 이중순환학습은 시스템을 열린 시스템으로 이해한다는 점에서 닫힌 시스템 안에서 움직이는 단일순환학습과 결정적 차이를 갖는다. 만일 시스템을 닫힌 체계로 인식하게 되면 기존의 시스템을 그냥 둔 상태에서 내부에서 문제를 해결하기 위한 노력을 하게 된다. 그래서 시스템을 지탱하는 암묵적 가정은 의문시하지 않고 시스템의 목표나 가치, 그리고 전략을 그대로 둔 채 더 나은 결과를 얻기 위한 노력을 추가하게 된다. 지난 20여 년간 대형 재난들이 빈발했음에도 불구하고 결과가 달라지지 않은 이유도 이러한 단일순환학습에서 찾을 수 있다.

우선 위험에 대한 관용수준이 달라지지 않았다. 여전히 위험을 무릅쓰고 비용을 절감하여 이윤을 극대화하는 방식이 달라지지 않았다. 안전은 고비용이 드는 것이므로 위험을 감수하는 것이 이윤을 남기고 성장을 촉진하는 것이라는 생각이 바뀌지 않은 것이다. 또한 기존의 정책이나 제도에 대한 관용수준이 높다 보니까 근본적인 방식으로 제도를 바꾸기보다는 피상적으로 조직을 개편하여 최대한 기존의 정책을 유지하려 하였을 뿐 사전적으로 위험의 소지를 발굴하여 선제적으로 대처하는 노력을 하지 않았다.

예를 들면, 2003년 대구 지하철 참사를 계기로 노무현 정부에서는 소방방재청을 만들었고, 이명박 정부에서는 행정자치부의 명칭을 행정안전부로 바꾸고, 재난안전실을 두어 안전관리정책, 비상대비, 민방위, 재난관리제도 등의 사무를 관장하게 하였다. 박근혜 정부는 이를 다시 안전행정부로 바꾸고 재난안전에 대비하는 정부의지를 강조한 바 있다. 그러나 이러한 조직변화와 부서의 명칭변경이 재난에 대비하는 부처의 능력을 얼마나 제고했는지는 의문이다. 실제 조직의 관행과 실천적 지식이 변화하지 않는다면 그것은 피상적 변화에 불과하기 때문이다. 이와 유사한 논란이 국민안전처의 신설을 두고 벌어졌다. 기존에 존재하던 소방방재청의 기능에 해양경찰의 기능을 흡수하여 새롭게 발족하였지만, 실제 기능이 어떻게 발휘될지는 여전히 미지수이다.

단일순환학습의 가장 대표적인 사례는 희생양 찾기이다. 기존의 제도가 작동하는 방식에 대한 근본적인 고려 없이 내부에서 문제를 해결하는 내부화전략의 전형은 담당자를 처벌하고 일벌백계하는 것이다. 재난에 책임이 있는 이를 찾아 처벌하면 해결된다는 생각인 것이다. 그러다 보니, 기존 시스템이 전제한 가정을 재검토하여 새롭게 시스템을 개혁하는 '외재화'전략보다는 위험통제방식을 '내재화'하여 말단의 관리자를 희생양 삼아 책임을 추궁하는 데 그쳤다(이재열, 2015).

반면에 이중순환학습은 시스템에 감추어진 가정에 대해 도전하여 문제를 파악한 후 잘못 설정된 목표, 가치, 그리고 전략을 수정하여 더 나은 결과를 얻는 방식의 학습을 의미한다. 시스템 이론의 패러다임으로 세월호 사고를 분석해보면, 사고의 원인은 개별 개인들의 실수나 판단착오로만 돌리기 어려운 많은 요소들을 담지하고 있다. 가장 쉬운 해결책이 책임자를 찾아 처벌하는 것이다. 그 첫 번째 단추는 외재화에서 찾아진다. 먼저 외부 전문가가 참여하는 진상규명이 우선되어야 한다. 철저한 원인규명을 통해 재난이 일어나게 된 구체적인 원인, 그리고 제도적·시스템적 차원에서의 문제들에 대해 검토하여 문제점을 근본적으로 재검토하여야 한다. 그리고 다양한 토론을 통해 그 결과를 공개하고 원천적 해결방법을 모색하는 전략을 택하게 된다.

세월호 참사의 경우에는 이러한 진상조사와 원인규명에 대한 노력이 여러 가지 정치적 이유에 의해 제대로 이루어지지 못하였다. 그러나 재난으로부터 성공적으로 학습하여 그 실패를 반복하지 않은 외국의 사례들을 보면 모두 대형 재난에 대해 철저한 외재화전략을 취했음을 알 수 있다. 미국의 대표적인 재난이라고 할 수 있는 드리마일 아일랜 드 원전 사고나 챌린저호 폭발 사고의 경우에는 즉각적으로 의회에서 여야 합의로 진상조사위원회를 구성하였으며, 각 분야별 전문가들을 실행위원으로 하는 철저한 조사를 진행한 바 있다. 후쿠시마 원전 사고 를 겪은 일본의 경우에는 정부 조사단의 역할이 매우 제한적이고 제대 로 조사를 하지 못했다는 비난이 일자, 의회에서 조사단을 파견하여 철저한 재조사를 한 바 있다. 세월호 참사의 경우에 다시금 확인되는 것은 지난 20여 년 전 대형 재난을 겪고 나서도 제대로 된 진상조사가 이루어지지 않았고, 제대로 된 백서도 만들어지지 않았다는 점이다.

그러나 가장 중요한 것은 시스템을 바꾸는 일이다. 문화도 함께 바뀌어야 한다. 복잡한 시스템은 정태적이지 않고 동적으로 변화한다. 시스템을 바꾸지 않는 한, 행위자들은 이윤을 강조하는 조직문화 속에 서 '비용효율화경향'과 '최소노력투입경향'에 따라 안전보다는 노력 최 소화와 비용절감의 방향으로 이동하기 마련이다. 사고 이전 위험의 표시나 경고는 주의하지 않으면 사람들에게 보이지 않기 때문에 시간 이 지날수록 안전의 한계로 다가가는 경향이 생겨난다. 세월호의 경우 에도 심지어는 과적에 항의하는 부두 노동자들의 시위가 있었지만 당 국은 무시했다. 스티어링 기어의 문제에 대해 선원들이 지속적으로 불평을 제기했으나 청해진해운의 경영진은 이를 무시하였다.

그렇다면 어떻게 책임성을 제고할 수 있는 시스템을 만들 수 있을 까. 안전경계를 넘어서는 과도한 비용효율화와 노력 최소화를 방지하

세월호가 묻고 사회과학이 답하다

기 위해서는 시스템 구성원들이 자신의 관행과 과정을 모니터링하는 절차를 만들 필요가 있다. 이러한 역할을 하는 것이 규제기관이고 검사기관이었지만, 그들은 독립적이지도, 충분한 정보를 갖추지도 못했다. 이들이 제 역할을 하기 위해서는 다양한 사회정치적 압력으로부터 전체 시스템의 안전성을 확보할 수 있도록 독립적이고도 높은 청렴의식을 갖춘 이들로 충원되어야 한다. 또한 다양하고 분산된 이해당사자들 간의 조율이 필요하다. 그래서 이해당사자들 간에 서로 정보교환과 상호조율을 통해 위험의 사각지대가 존재하는지 파악하고, 잠재적 위험요소를 제거해나갈 수 있어야 한다.

비용과 효율성에 대한 압력에 대항하여 더 많은 자원을 안전과 안전관리에 적절한 방식으로 선제적으로 투자하는 것이 시스템 안전을 확보하는 첩경이다. 어떻게 큰 그림을 그릴 것인지, 출현적 속성으로서 우리사회의 안전을 확보할 방안에 대해 고민해야 한다. 영국은 위험 관련 전문가를 내각실(cabinet office)의 핵심 참모로 중용하며, 예산권을 가진 재무부나 감사원과 협력하여 각 부서나 조직들이 스스로 안전관리를 할 수 있도록 감독, 조율하여 국가의 위험관리 역량을 극대화하는 국가적 전략을 활용하고 있다. 반면에 우리는 전반적인 국정을 안전관리의 측면에서 체계적으로 조율하는 제대로 된 기구를 갖추지 못하고 있다. 현재 국민안전처는 제대로 작동하지 않는다는 지적이 많다.

아울러 재난 사고 초기 현장과 떨어진 중앙부처가 온갖 보고를 받고 통제하기보다는, 현장에서 효과적으로 즉각 작동하는 시스템이 필요하다. 미국은 현장책임자에게 전권을 부여하는 '사고지휘시스템 (Incident Command System)' 제도를 시행하고 있다. 9·11 테러 시 전권을 가졌던 것은 뉴욕 소방청장이었고, 허드슨강 US에어웨이 사고

때 최고 지휘관은 뉴욕항만청장이었다. 어떻게 하면 한국적 상황에 맞게 현장에서 작동하는 시스템을 만들 것인지, 심각하게 고민해야 한다.

위험은 무조건 피하거나 줄여야 하는 회피대상만은 아니다. 이미 슘페터가 지적한 바와 같이 혁신(innovation)은 과감하게 위험을 무릅쓰고 현실의 한계를 넘어서는 것이다. 따라서 사회의 발전은 혁신에 따르는 일정한 수준의 위험을 적극적으로 수용하려는 진취적 태도로부터 가능해진다. 반면에, 지나친 모험추구는 시스템 전반을 위험하게 만들 수 있다. 따라서 문제는 구조화되고 내장된 위험의 요소들을 어떻게 관리해 나가느냐 하는 것이다. 그런 맥락에서 세계위험통제학회(IRGC: International Risk Governance Council)에서는 '위험관리는 정책입안자들에게 부담이 아니라 공공의 신뢰를 얻을 수 있는 기회'라고 주장한 바 있고(IRGC, 2005), 영국의 토니 블레어 총리도 '유능한 정부의 핵심 역할은 혁신과 변화라는 한 축과, 충격과 위기의 관리라는 또 다른 축 간의 균형을 이루는 것이며, 이것이 바로 위험관리'라고 설파한 바 있다.

그러나 새로운 위험들은 전통적인 위험대응방식이 가진 한계들을 드러내기 시작했다. 대안적 접근들은 조직을 자연적 체계, 혹은 열린 체계로 보는 시각과 밀접히 연관되어 있다. 대안적 접근은 위험이 사회적으로 구성되는 측면에 주목한다. 즉 위험에 대한 지각에 영향을 미치는 요소로, 기술적 요인 이외에 1) 정치경제적 환경과 사회문화적 환경, 2) 시스템의 복합성과 결합도의 조합형태로 나타나는 지각대상의 특징요인, 3) 위험 지각 당사자의 과거경험, 개인적 특성, 이해와 관심사 등에도 주목한다. 이러한 요인들에 의해 영향을 받아 형성된 이해관련자의 위험지각은 갈등, 협력, 신뢰 등의 행동과 태도로 나타

세월호가 묻고 사회과학이 답하다

나고, 이는 다시 상황적 요인과 시스템의 특성요인과 결합하여 사회적으로 그 성격이 규정된다. 그리고 규정된 위험의 성격에 따라 이에 상응하는 관리전략(예: 합리적 계산, 강제 또는 토론, 연구와 정보제공, 협력적 네트워크)이 도출된다(이재열, 2015).

정부나 기업의 위험 거버넌스는 제도적 환경 속에서 작동한다. 수많은 이해당사자들(stakeholders)로 둘러싸인 제도적인 환경하에서는 효율성뿐 아니라 '정당성'도 매우 중요한 역할을 한다. 정책의 일관성, 사회적 평판, 시민사회 및 지역사회와의 관계, 언론의 역할 등이 모두 중요한 요소가 된다. 따라서 위험관리와 위기관리에 대한 국민적 동의와 지지를 얻어내는 것이 무엇보다 중요하게 된다.

다가오는 위험사회는 위험요소가 완전히 검증되지 않은 고도의 기술을 응용하는 사회라는 점에서 '정상사고'를 예고한다면, 한국에서는 사회조직과 부문들 간의 조정과 커뮤니케이션의 이완 때문에 발생하는 예방가능한 재해가 빈발한다는 점에서 '일상화한 비정상적 사고'로부터 고통을 받고 있다. 이 글에서는 졸속성장을 경험한 사회체계 내에 구조화된 고위험의 요소를 생각할 때, 왜 동일한 유형의 재해가 반복적으로 발생하는가, 과거의 경험으로부터 학습은 불가능한가 하는 질문을 던졌다.

필자는 우리 사회체계 내에 구조화된 복합적이고도 만연한 위험의 잠재력을 고려한다면, 그 대답은 상당히 부정적이라고 생각한다. 사회체계 내의 구조화된 위험은 미시적 수준의 관행이나 관습 등이 거시적 수준에서 집약적으로 표출되는 것이다. 사회체계의 팽창이 우리사회 도덕성의 수용 한계를 넘어서서 진행되었다는 점에서 문제는 심각하다. 팽창하는 사회체계는 공적 영역의 제도화된 신뢰의 기반을 요구하고 있는데, 사람들은 여전히 사적인 신뢰의 수준에 머물고 있다. 전쟁의 경험과 정치적 변동, 그리고 경제적 성장의 과정에서 전통적인 사회적 유대의 기반은 와해되고, 사회적 통합을 가능케 할 새로운 도덕적 토대는 아직 충분히 형성되지 않았다. 공식적 제도와 일상화된 비공식성 사이의 이중구조는 다양한 사회적 영역에서 관찰되고 있다. 법률체계와 사회제도의 디자인은 선진국의 것을 모방해 이식한 것인 반면에, 실제로는 제대로 지켜지지 않고 있다. 뇌물이나 사적인 연줄망을 이용한 법률체계와의 타협을 통해 보이지 않는, 그러나 실질적 영향력을 행사하는 대안적 체계가 작동하고 있는 것이다(이재열, 1998).

시스템 이론의 관점에서 보면 안전이란 사회 시스템의 출현적 속성이라고 정의할 수 있다. 즉, 경제 시스템과 고용체계, 재난관리, 의료관리 시스템 등이 함께 어우러져서 만들어지는 종합적 결과물이라고 할 수 있다. 따라서 재난 등과 같은 다양한 위험으로부터 안전을 확보하려면 근본적인 사고의 전환을 이루어야 한다. 그것은 물질적인 성장에 더해서 사회의 질을 높이는 발전을 추구해야 한다는 가치 지향의 전환에서 출발한다.

지금까지 우리가 만들어낸 근대성의 여러 가지 어두운 부분들에 대한 성찰로부터 우리는 공공성의 결여가 자리 잡고 있음을 알 수 있다. 공공성의 제고를 통해 우리는 사회의 질을 높일 수 있고, 이를 통해 안전하고 안심할 수 있는 사회를 만들어가는 단초를 찾을 수 있을 것이다. 그 지름길은 공공의 문제에 대한 관심, 나의 문제가 우리 문제이며, 우리의 문제가 곧 내 문제라고 하는 확인, 그리고 이를 통해 함께 문제를 풀어나가기 위한 시민적 역량의 제고라고 할 수 있을 것이다.

• 참고문헌

감사원 감사보고서. "세월호 참몰사고 대응 및 연안여객선 안전관리 감독 실태." 감사원(2014.10.10).

강수돌. 2015. "세월호 참사에 드러난 기업-정부의 사회적 무책임: 중독조직 이론의 관점." 『인문논총』 제72권 제2호, pp.195-233.

김성근·황경태. 2014. "효과적인 재난현장 지휘에 관한 연구: 세월호 사례의 교훈." *Journal of Digital Convergence* 12(11), pp.1-12.

문승숙. 2014. "한국밖에서 본 세월호 참사." 『역사와현실』 (92), 3-18.

박덕규·조승현·곽영길. 2015. "재난시 초기대응과정의 개선방안에 관한 연구: 세월호 여객선 침몰사고 사례를 중심으로." 『한국자치행정학보』 제29권 제2호, pp.243-262.

박명림. 2015. "세월호정치의 표층과 심부." 『역사비평』 2월호, pp.8-36.

이병천·박태현. 2015. "세월호 참사, 국가를 묻다: 불량국가의 정치경제." 『기억과 전망』 33호(겨울호).

이재열. 1998. "대형사고와 위험: 일상화한 비정상성." 『계간사상』 가을호.

_____. 2015. "세월호 침몰과 재난의 사회학." 장덕진 외. 『세월호가 우리에게 묻다』. 한울아카데미.

지주형. 2014. "세월호 참사의 정치사회학: 신자유주의의 환상과 현실." 『경제와 사회』 104호, pp.14-55.

진실의 힘 세월호 기록팀. 2016. 『세월호, 그날의 기록』. 진실의 힘.

청해진해운 세월호 침몰사고(나무위키). https://namu.wiki/w/%EC%B2%AD %ED%95%B4%EC%A7%84%ED%95%B4%EC%9A%B4%20%EC%84 %B8%EC%9B%94%ED%98%B8%20%EC%B9%A8%EB%AA%B0%2 0%EC%82%AC%EA%B3%A0

해양안전심판원 특별조사부. 2014. "여객선 세월호 전복사고 특별조사보고서."

Argyris, Chris. 1976. "Single-Loop and Double-Loop Models in Research on Decision Making." *Administrative Science Quarterly*, Vol.21, No.3, pp.363-375.

Asyby. 1956. *Introduction to Cybernetics*. Chapman & Hall.

Branford, Kate. 2011. "Seeing the Big Picture of Mishaps: Applying the AcciMap Approach to Analyze System Accidents." *Aviation Psychology and Applied Human Factors* 2011; Vol.1(1): 31-37.

Checkland, P. 1981. *Systems Thinking, Systems Practice*. John Wiley & Sons, New York.

Dekker, S. 2014. *The Field Guide to Understanding 'Human Error.'* Third Edition. Ashgate, Farnham.

International Risk Governance Council. 2005. "Risk Governance: Towards an Integrative Approach." IRGC, Geneva.

Kee, Doyung, Gyuchan Thomas Jun, Patrick Waterson, Roger Haslam. 2016. "A systemic Analysis of South Korea Sewol ferry accident —Striking a balance between learning and accountability." *Applied Ergonomics* 59(2017): 504-516.

Kim, Tae-eun, Salman Nazir, Kjell Ivar Øvergård. 2015. "A STAMP-based causal analysis of the Korean Sewol ferry accident." *Safety Science* 83: 93-101.

Le Coze, Jean Christophe. 2015. "Reflecting on Jens Rasmussen's legacy. A strong program for a hard problem." *Safety Science* 71, pp. 123-141.

Lee, Samuel, Young Bo Moh, Maryam Tabibzadeh, Najmedin Meshkati. 2016. "Applying the AcciMap methodology to investigate the tragic Sewol Ferry accident in South Korea." *Applied Ergonomics* 59(2017): 517-525.

Leverson, N. 2004. "A new model for engineering safer systems." *Safety Science* 42, pp.237-270.

Leveson, N. G. 2012. *Engineering a Safer World.* MIT Press.

Matsumoto, Miwao. 2013. "Structural Disater" Long before Fukushima: A Hidden Accident, *Development and Society*, Vol.42, No.2, pp. 165-190.

Oh, Namkyung. 2016. "Dimensions of strategic intervention for risk reduction and mitigation: a case study of the MV Sewol incident." *Journal of Risk Research* 1-18.

Perrow, Charles. 1984. *Normal Accidents: Living with High-Risk Technologies.* New York: Basic Books, 1984.

Rasmussen, J. 1994. "Risk management, adaptation, and design for safety." In N. E. Sahlin, B. Kluwer Brehmer, eds. *Future Risks and Risk Management.* Dordrecht.

_____. 1997. "Risk management in a dynamic society: a modeling problem." *Safety Science* 27, 182-213.

Rasmussen, J., I. Svedung. 2000. *Proactive Risk Management in a Dynamic Society.* Swedish rescue service agency, Karlstad.

Svedung, I., and J. Rasmussen. 2002. "Graphic representation of accident scenarios: mapping system structure and the causation of accidents." *Safety Science* 40, pp.397-417.

Turner, Barry, and Nick F. Pidgeon. 1997. *Man-made Disasters (Second Edition)*. Oxford: Butterworth Heinemann.

Vicente, Kim J., & Klaus Christoffersen. 2006. "The Walkerton E. coli outbreak: a test of Rasmussen's framework for risk management in a dynamic society." *Theoretical Issues in Ergonomics Science*, Vol.7, No.2, March-April 2006, 93-112.

Vaughan, Diane. 1997. *The Challenger Launch Decision: Risky Technology, Culture, and Deviance at NASA*. University of Chicago Press.

Weick, Kar. 1969. *The Social Psychology of Organizing* (first edition), Addison-Wesley Pub.

Young, William, and Nancy G. Leveson. 2014. "Inside Risks: An integrated approach to safety and security based on systems theory." *Communications of the ACM*, Vol.57, No.2, pp.31-35.

제2장

위험사회의 정보유포매체와
세월호 참사의 '국민재난' 되기

홍찬숙
서울대학교 여성연구소 책임연구원

1. 들어가며

　　근대사회가 물질과 경제가 지배하는 사회였
다면, 현대사회는 (의사)소통과 상징이 지배하는 사회로 이해되어 왔
다. 그리하여 사회학이나 철학의 관심도 산업과 불평등에서 문화와
다양성으로 변화했다. 물론 세계 수준의 경제위기 이후 다시 물질과
경제의 문제를 강조하는 경향이 강화되고 있으나, 여전히 소통과 상징
은 이론적 중요성을 잃지 않고 있다. 그리하여 '사회구성'의 의미 역시
'사회구조'에서 '소통체계'로 의미의 변화를 겪고 있다.

독일의 현대사회학자 루만은 '기능주의'라는 지극히 근대적인 이론틀을 고수하는 동시에, 이와 같이 현대적인 관점 변화를 이론적으로 흡수했다. 루만은 현대사회에서 사회적 의미소통의 중요한 매체로 두 가지를 구별한다.[1] 하나는 '유포매체'이고 다른 하나는 '일반화된 상징적 소통매체(또는 성공매체)'이다(Luhmann, 1997: 202-203).[2]

유포매체란 정보 확산을 통해 사회적 응집력이 형성되는 과정을 매개하는 매체를 의미한다. 따라서 유포매체를 통해서는 하나의 정보가 반복되어 확산될 뿐 새로운 정보가 창출되지는 않는다고 본다. 유포매체는 오히려 사회적 응집력의 범위 및 구조와 관련된다. 예컨대 구술을 통해 정보가 유포되는 사회와 문자 또는 활자를 통해 정보가 유통되는 사회의 응집력은 전혀 다른 구조를 가질 수밖에 없다. 1998년에 타계한 루만은 현대사회의 특징적인 유포매체로 전자매체를 들었다. 전자매체는 TV와 같은 전자 대중매체와 동시에 컴퓨터 등의 디지털매체를 포괄한다.

사회적 의사소통의 양식이 이성과 합리성으로부터 감성과 공감

- - - - -

1) 커뮤니케이션(communication)은 '의사소통'과 '소통' 양자 모두로 번역된다. '의사소통'이라고 번역할 경우에는 사회적 의미교환에 있어서 행위자의 주도성이 중요하게 고려된다. 예컨대 하버마스의 경우에는 '의사소통'으로 번역된다. 그러나 루만의 경우에는 의미를 교환하는 당사자들의 주체적 측면이 완전히 배제되기 때문에 '소통'으로 번역되곤 했다. 그러나 루만의 경우에도 그것은 행위자들의 행위를 통해 사회적 의미가 교환 또는 규정되는 과정이다.
2) 이 글의 제목에서는 루만의 '유포매체' 개념을 '정보유포매체'로 표현했다. 유포매체와 일반화된 상징적 매체의 관계에 대해서는 본문의 해당 내용 참조. 필자는 루만을 독일어로 읽었기 때문에 여기서 독일어 원작을 참고문헌으로 인용했다. 그러나 같은 책이 이미 『사회의 사회』란 제목으로 국역되어 있음을 밝힌다.

세월호가 묻고 사회과학이 답하다

으로 전환하고 있다고 지적하는 (특히 탈근대적 입장의) 연구자들은 TV와 같은 전자 대중매체와 디지털매체의 속성을 근본적으로 이질적인 것으로 규정한다. 매체 이론에 있어서도 일반적으로 2차 대전 이후의 철학자들은 (예컨대 벤야민 등 비판철학자들은) 대중매체를 중시하는 반면, 인터넷이 일반화된 1990년대 이후의 학자들은 디지털매체를 중시한다.

루만뿐만 아니라 정치사회학적으로 루만과 대척점에 있는 독일의 사회학자 울리히 벡 역시 디지털매체를 대중매체와 구별하기보다는 오히려 그 연속성을 강조하는 입장이다. 그는 특히 재난 또는 위험에 대한 정보를 사회적으로 유포할 뿐만 아니라 그에 대한 세계적 수준의 공감을 유발하는 매체로서 대중매체와 디지털매체를 똑같이 중요시한다.

그러나 루만이 산업사회에서 유래한 기능주의의 맥락에서 전자매체가 매개하는 사회적 작용을 여전히 제도의 '기능분화'와 관련지어 설명하는 것과 달리, 벡은 전자매체의 효과에 의해 제도들이 구조적으로 불안정해지며 '개인화(또는 바우만의 개념으로는 '유동화')'되는 것으로 설명한다. 이런 의미에서 벡은 탈근대주의와 근대기능주의라는 양극단 사이에서 '제2근대성'이라는 변증법적 시대 진단을 제시하고 있다.

이 글에서는 특히 위험 또는 재난에 대한 정보를 유포하여 사회구성에 개입하는 매체의 작용을 중심으로, 정보매체와 정치적·사회적 주체의 관계에 대해 설명하고자 한다.

2. 활자매체에서 전자매체로: 산업사회 대 위험사회

한국은 삼국시대부터 인쇄술을 사용했고, 세계에서 가장 먼저 금속활자를 이용했던 것으로 알려져 있다. 뿐만 아니라 한국은 최단의 교육기간을 자랑하는 우수한 문자를 이미 조선 초기에 발명한 문화대국이다. 그럼에도 불구하고 한국의 활자매체는 시민사회의 구성으로 연결되지 못하였다. 이런 의미에서 서구의 활자매체 사용과 시민공론장의 형성은 자본주의화 또는 산업화를 매개로 한 특정한 역사적 배치 속에서만 가능했다.

사회의 집합적 지식이 구술의 형태로 유포되는 경우에는 체계적으로 그 내용을 암기하고 구술할 수 있는 소수의 세력에게 신성함이 부여된다. 이 경우 설령 문자나 활자매체가 존재한다 할지라도 그것들은 단지 부차적으로만 사용될 수 있다. 구술매체의 사용은 현대사회에서도 여전히 무속, 민속지식, 민간요법 등의 형태로 지속성을 유지한다. 근대화된 합리성의 세계에서 그것은 '신성함'과 '도덕'이라는 지배의 핵심은 잃었지만, 여전히 '지혜' 또는 '현명함'이라는 특수한 지식의 형태와 관련된 것으로 이해된다.

한국에서와 달리 서구에서는 활자매체(신문, 백과사전, 소설 등)가 시민적 공론장의 형성을 통해 사회의 기능분화에 핵심적인 역할을 한 것으로 설명된다. 그리하여 논자에 따라 활자매체는 곧 근대적 합리성, 이성 중심의 문화를 의미하는 것으로 이해되기도 한다(Hier, 2008). 2차 대전 이후 독일의 프랑크푸르트학파는 파시즘의 형태로 결합하는 '대중'이 자본주의의 가장 큰 위험이라고 판단했고, 대중문화를 생산하는 전자매체의 위력에 두려움을 표현했다.

전자매체는 이렇게 오랫동안 사회의 비판적 지식인들에 의해 활자매체의 계몽성을 파괴하는 위험한 매체로 인식되어 왔다. 'TV＝바보상자'라는 우리의 우스갯소리도 이와 같은 맥락이다. 그러나 20세기를 마치는 시점에 이르면서 '전자매체'와 '대중'의 긍정적 효과가 발견되었다. 전자매체는 지식을 민주화하고 다면화하며, 또한 위험에 처한 생면부지의 개인들에게 공감을 일으킨다. 그리하여 현대사회의 한층 더 심화된 익명성 속에서도 사회연대의 새로운 형태를 형성시키는 세계시민적 매체로 재해석되었다. 이 경우 대중은 개인화한 정치적 행위자들의 변화무쌍한 집합체로 재평가된다. 이것은 산업사회가 스스로를 위험사회로 인지하며 탈바꿈하고 있다는 시대 진단의 결과였다(벡, 1997; 2010; 2011).

1) 위험사회와 재난영화

한국에서는 1987년 이후 민주화 국면에 들어서면서 1990년대에 집중적으로 한국형 위험사회의 면모가 드러나기 시작했다. "1993년 3월 경부선 구포역에서의 탈선사고로 78명이 사망한 이래, 7월에는 아시아나항공기의 화원반도 추락으로 66명이, 10월에는 위도 서해 훼리호 사고로 292명이 사망했다. 1994년 10월에는 성수대교 붕괴로 32명이, 1995년 4월에는 대구 지하철 공사장의 가스 폭발로 101명이, 6월에는 삼풍백화점의 붕괴로 502명이 사망한 바 있다."[3] 그리고 20년이 지난 후 세월호 참사로 인해 그와 같은 악몽들이 되살아나고 있다. 현재 한국사회 자체가 침몰하는 '세월호'로 느껴질 만큼, 세월호 참사는 한국 사회의 모든 문제를 구석구석 표현하고 있다.

1990년대에는 위에서 언급한 일련의 대형사고와 함께 울리히 벡의 『위험사회』가 한국에 수용 또는 논의되면서 한국형 위험사회에 대한 분석과 설명이 가히 학계를 휩쓸었다(사회과학원, 1998; 심영희, 1998; 홍성태, 2000; 2007; 구도완·김종엽·서문기·서이종·심상완·이세용·이재열·임현진, 2003; 문화과학사, 2003; 이재열·김홍중, 2005; 정지범, 2009; 정진성·이재열·조병희·구혜란·안정옥·장덕진·고형면·장상철, 2010).[4] 그럼에도 불구하고 한국형 위험사회의 현실은 별반 변화하지 못하였고, 또다시 일련의 재난들을 수반하며 결국 세월호 참사로까지 이어지게 되었다.

그러나 '위험사회'가 한국에서 중요한 담론으로 부상한 이래, 대중매체에서는 눈에 띄는 변화가 일어났다. 그것은 재난영화가 한국영화에서 매우 중요한 장르로 부상하게 되었다는 것이다. 2006년 '괴물'에서 시작해서 2009년 '해운대,' 2012년의 '타워'와 '연가시', '더 테러 라이브'(2013) 등에 이르기까지 다양한 형태의 재난과 재앙에 맞서는 시스템의 부패, 무력함을 다루는 영화들이 관객몰이에 성공하는 블록버스터가 되었다.

한국형 '위험사회'는 이론화나 정책화에는 그다지 성공하지 못했지만, 대중의 정서를 파고드는 데에는 상당히 성공했음을 알 수 있다.

• • • • •

3) "20여 년 동안 무엇이 바뀌었나,"『동아일보』시론, 2014년 4월 21일 자, http://news.donga.com/BestClick/3/all/20140421/62920289/1(검색일: 2014.05.02).

4) 2013년 4월 현재 한국연구재단에서 '위험사회'라는 키워드로 검색되는 연구과제는 53개에 이르렀다.

2) 재난보도와 위험사회

재난영화가 문명과 사회 시스템에 대한 한국 대중들의 불안과 불신을 상당 부분 효과적으로 가시화하는 역할을 하고 있음에도 불구하고, 위험사회에 대한 논의에서 재난영화가 차지하는 비중은 미미하다. 위험사회에서 전자 대중매체가 수행하는 가장 핵심적인 역할은 오히려 재난을 보도하는 뉴스와 다큐멘터리, 시사프로그램 등을 통해 드러난다.

체르노빌의 대재앙이 TV화면을 통해 생중계됨으로써(벡, 1997), 기후변화의 결과와 9·11 테러의 무참한 파괴가 세계에 생중계됨으로써(벡, 2011), 또 최근 한국의 세월호 참사가 세계에 생중계됨으로써, 혼자서 TV를 보던 원자화된 대중문화의 소비자들이 익명의 재난 당사자들과 공감을 느끼게 된다. 그리하여 인권이 순식간에 부정되는 재앙의 현장에 공분을 느낀다는 것이다. 이렇게 대중매체의 '연출'(벡, 2011) 하에 세계시민들 간에 정서적 교류와 감정이입이 형성되며 장차 세계시민 위험공동체가 형성될 도덕적 자양분을 제공한다는 것이다.

세월호 참사는 한국에서 발생한 20여 년 전의 재난들과 마찬가지로 여전히 '후진국형 재난'임이 틀림없지만(홍성태, 2014; 홍찬숙, 2014), 대중매체와의 관련성에서는 울리히 벡의 위험사회 논의와 한층 근접한 현상이 되었다. 그 이유는 "세월호 참사는 과거의 참사들과도 다르다. 삼풍백화점은 순식간에 무너져 내렸고, 화성 씨랜드나 경주 마우나리조트 참사도 마찬가지였다. 이번 참사에선, 우리는 세월호가 선수 밑바닥 부분이나마 수면 위로 드러내놓고 있던 때부터 '아직 에어포켓이 있다'는 희망을 가지고 지켜보기 시작했고, 그것이 아주 천천히, 완전히 수면 아래로 가라앉는 것을 이틀에 걸쳐 생중계로 지켜봤다. 사상 처음으로, 한국사회가 죽어가는 이들을 방관하는 광경을 티브이를 통해 … 실시간으로 보게 된 것이다"(이승한, 2014).

다시 말해서, TV 뉴스를 통해 배가 가라앉는 장면이 전 세계에 생중계됨으로써 벡이 말하는 대중매체의 효과가 세월호 참사의 경우에는 분명하게 나타났다. 온 국민이 그 충격으로 하던 일을 모두 내려놓고 슬픔으로 하나가 되었을 뿐만 아니라, 해외 시민들 역시 이 슬픔에 즉각적으로 동참했다.[5] 기존의 다른 사고들과 달리 세월호 참사에 대한 재난보도는 이와 같은 세계적 공감, 특히 세계의 개인화된 개인들 간의 공감을 일으켰다. 해외 전문가들의 분석은 이런 즉각적 공감보다 시차를 두고서야 뒤늦게 이루어졌다.

뿐만 아니라 세월호 참사는 한국의 왜곡된 대중매체 환경에서 의도하지 않은 효과까지 불러왔다. '손석희 눈물', '김상중 눈물', '김소현 앵커 눈물', '손석희 옷' 등이 인터넷 일간 이슈검색어에서 지속적으로 상위를 차지할 만큼, 대중매체에는 거의 기대하지 못했던 '진정성 있는 보도'를 접하게 되었다. 대중매체의 이러한 '의도하지 않은 효과'로 인해서, 현재 눈앞에서 생생하게 진행되는 무책임한 인권박탈에 대한 공감이 한국의 익명적 대중들을 결속시켰다. 세월호 참사는 이렇게 재난이 만들어내는 시민적 유대감뿐만 아니라, '후진국형 재난이 어떻게 세

• • • • •

5) 물론 여기에는 그간 세계 속에서 훌쩍 커진 한국의 위상이 작용했을 것이다. 예컨대 IT상품과 문화상품 수출국으로서의 한국의 위상('한류'), 미국과 유럽 등을 상대로 체결한 FTA 협약의 촘촘한 그물망, 명품과 사치재의 주요 소비시장으로서 한국의 위치 등, 한국이 이미 세계화의 망에 깊숙이 엮여 있다는 사실이 상당히 작용했을 것으로 추측된다.

세월호가 묻고 사회과학이 답하다

계시민적 사건이 되고 있는지'를 보여주는 실질적인 사례이기도 하다.

3) 디지털매체와 위험사회

루만은 디지털매체 역시 활자매체에서 비롯된 근대적 기능분화의 구성주의 논리를 지속시킬 뿐이라고 판단했다. 그런 의미에서 그는 근대화론의 프레임에서 한 발짝도 벗어나지 않았다. 이와 달리 벡은 전자매체와 함께 시민사회가 한층 더 개인화되고 동시에 초국적 차원에서 시민적인 공감을 형성하게 되리라고 보았다. 그러나 루만, 벡과 달리 하이어는 디지털매체가 활자매체뿐만 아니라 방송매체와도 다른 성질을 갖는 의미공간을 창출한다고 설명한다. 그에 의하면 활자매체는 추상화된 기호들로 이루어진 체계를 바탕으로 주체와 객체를 대립시키는 물질적 속성을 갖는다. 따라서 합리적이고 자율적인 주체란 활자문화에 종속되는 개념이라는 것이다(Hier, 2008: 33-35).

하이어에 의하면 전자매체에 의한 의사소통양식에서는 그러한 주체/객체의 이분법이 소멸된다. 방송매체의 경우조차, 제공되는 정보들은 더 이상 객체가 아니라 '연출'이기 때문이다. 그러나 하이어는 디지털매체에 와서야 근본적인 차이가 발생한다고 본다. '연출'에 기초한 방송매체에서조차 의사소통은 '과잉결정'(Poster, 1990; 1995; 2001)되는 경향이 있기 때문이다. 반면에 디지털매체에서는 주체/객체의 이분법이 해소되고, 그것이 또한 시간/공간, 몸/마음, 인간/기계 등의 이분법 해소로 연결된다고 설명한다.

그동안 한국에서는 루만이나 벡과 같이 '활자매체 대 전자매체'를 구별하는 방식보다는 하이어처럼 '대중매체 대 디지털매체'의 구별을 강조하는 입장이 더 많은 호응을 얻었다. 한국의 언론환경이 루만이나 벡이 준거로 삼는 서구의 경우와는 달리 정부나 권력기관으로부터 기능적으로 분화되지 못했기 때문이다. 한국 언론이 여전히 자율적이지 못하다는 사실과 함께, 이러한 관점에서는 또한 젊은 세대의 유희적 디지털 문화와 세대 간 매체 격차 및 갈등을 중시한다.

대체로 이러한 관점에서의 관심은 '파편화된 청년문화가 디지털매체를 통해 사회적·정치적 성격을 회복할 수 있는가?'로 모아졌다. 그리하여 특히 2008년의 촛불시위 이후 디지털 가상공간을 새로운 정치적 공간으로 설명하는 연구들이 활기를 띠었다(김용철, 2008; 이승훈·김상돈, 2009; 조화순, 2012). 또한 이후 가상공간 중에서도 특히 SNS는 선거 때마다 가장 중요한 언론매체로 주목받았다(유영철, 2012; 박수경, 2013; 장덕진, 2014). 예컨대 장덕진은 대중매체와 SNS가 만들어내는 정치적 공간이 점점 더 직접적으로 대립하고 있다고 판단했다(장덕진, 2014: 47).

장덕진은 박근혜 정부에 대한 지지율에 있어서 세대, 지역, 계층 간의 양극화가 심해지고 있다는 관찰 아래 다음과 같이 말한다. "[박근혜 정부는] 이명박 정부처럼 하루아침에 지지율이 반토막나는 일은 일어나지 않을 것으로 보인다. … 혹시라도 … 박근혜 정부가 누구라도 인정하지 않을 수 없을 정도의 무능함을 보여주거나, …"(장덕진, 2014: 46). 그런데 바로 세월호 참사가 박근혜 정부의 무능함을 '누구에게나' 각인시킴으로써 대중매체와 디지털매체와의 경계를 완화시켜주었다.

디지털매체의 가장 큰 장점은 익명성과 상호성이다. 한국과 같이 정보통제가 심한 사회에서 인터넷과 SNS는 대중매체와 비교할 수 없을 정도의 개방성을 제공하여 참여자들을 보호하고 가공되지 않은 정보교

류를 가능하게 한다. 그러나 이것은 동전의 일면일 뿐이다. 종북 논란으로 인해서, 젊은 세대와 진보적 유권자들을 대거 정치의 장으로 복귀시키는 SNS 원래의 기능이 약화되었다는 견해도 있기 때문이다(장덕진, 2014: 47). 이처럼 디지털 소통 공간 역시 권력의 개입으로부터 완전히 자유로울 수 없다. 뿐만 아니라 한국사회에서 혐오문화를 주도하는 '일베,' 그리고 오랫동안 온라인 공간을 지배해온 여성혐오의 현상 역시 디지털매체의 잠재적 위험성을 보여준다.

특히 세월호 참사와 관련해서 일베의 위험성이 '누구에게나' 드러났다. 일베는 죽음을 숭고하게 여기는 인류보편의 감정을 서슴없이 조롱하고 희롱했고, 이유 없이 죽음을 맞아야 했던 어린 생명들에 대한 슬픔과 애도의 국민정서를 비아냥거렸다. 뿐만 아니라 그런 극단적 천박함은 일부 유력인사들의 입을 통해 종북세력 담론과 연결되면서, SNS 공간의 개방성이 한국 정치에 어떤 치명적인 위협을 가할 수 있는지를 드러냈다.

이것은 프랑크푸르트학파의 비판이론에서 지적된 '익명적 매체와 나치즘과의 관련성'을 연상시킨다. 그러나 그들이 지적했던 것처럼 대중매체가 일방적으로 반민주적으로만 작용하지는 않는다고 벡이 설명했듯이, 우리는 디지털매체가 일방적으로 민주적으로만 활용되지는 않음을 알 수 있다. 결국 대중매체든 디지털매체든 익명성에 기초하는 근대성의 매체들은 민주주의를 강화할 수도 있고, 파시즘이나 근본주의 등의 극우세력을 강화할 수도 있다. 이런 의미에서 현대사회의 익명성 자체와 마찬가지로 그 매체들 역시 양가적이고 역설적이다. 이러한 매체의 결과가 그중 어떤 것으로 나타날지는 매체들 자체의 속성이 아니라, 개인화된 개인들의 정치화 양상에 달려 있다는 것이다.

필자는 이런 현상에 유의하여 '디지털매체＝신세대의 문화'라고 과도하게 일면적으로 해석하는 관점을 경계한다. 한국과 같이 언론통제가 심한 사회의 경우, 서구에서 활자매체 또는 대중매체가 가능하게 했던 근대적 또는 현대적 시민의식의 제고 및 정치시민화 현상이 디지털매체에 이르러서야 비로소 가능해진 것은 사실이다(홍찬숙, 2012: 14). 그러나 현존하는 디지털 격차의 현실 속에서 디지털매체의 차별성을 지나치게 강조하는 것은 "세대전쟁"(박종훈, 2013)을 부채질하는 의도하지 않은 결과를 수반할 수 있다.[6] 또한 그것은 의식하지 못하는 사이에 일베 현상과 같은 부작용을 키울 수도 있다.[7]

물론 세월호 참사에 있어서도 디지털매체는 대안언론으로서의 기능을 톡톡히 수행했다. 기존의 가상공론장이나 대안언론사이트, SNS뿐만이 아니라 청와대 게시판이 새로운 가상공론장으로 등장하기도 했다.

· · · · ·

[6] "세대전쟁" 개념에 대한 비판은 주간시사지 『한겨레21』 제1004호(2014.3.31) 참조.

[7] 일베는 급속하게 세력을 확장했으며, 우리가 흔히 생각하는 것보다 훨씬 정치적 이슈 및 국면에 민감하게 반응해왔다는 것이, SBS 교양프로그램 『그것이 알고 싶다』 제937회(2014.05.03)가 전달한 내용이다.

세월호가 묻고 사회과학이 답하다

3. 정보유포매체와 시민사회의 성격 또는 정치적 주체

　　　　　　　울리히 벡의 '위험사회' 개념에서 디지털매체
는 특별히 중요성을 부여받지 못했다. 기든스와 마찬가지로 벡 역시
'세계화'와 관련해서 다소 뒤늦게 디지털매체에 주목했기 때문이다. 그
렇다면 위험사회의 정치적 주체와 관련해서는 각각의 매체가 어떤 차
별성을 갖는다고 볼 수 있는가?

1) 활자매체와 근대적 기능분화사회의 (반쪽)시민

　　루만에 의하면 활자매체는 사회적 의미의 소통이 대면적 상호작용
의 테두리를 뛰어넘어 익명성을 획득하는 데에 획기적인 역할을 했다.
그리고 전자 대중매체를 통해서도 이러한 익명성의 증가는 단시 지속
될 뿐이다. 사회적 의사소통에서 익명성이 중요한 이유는 그것이 정보
의 수용여부에 대해 불확실성을 창출하기 때문이다. 대면적 상호작용
과정에서는 서로 낯이 뜨거워서 의사소통을 거부하지 못한다.[8] 그러나
익명적 의사소통에서는 의사소통이나 정보의 내용을 거부할 수 있다.
이렇게 불확실성이 증가하기 때문에, 사회 행위의 예측가능성을 확보
하기 위해 근대사회의 의미 소통체계는 유포매체 이외에 또 다른 종류

· · · · ·

8) 이것이 바로 연고가 중요한 권위주의적 한국사회에서 '서로 자주 보는 것'이 중요
　한 이유이다.

의 매체를 필요로 한다. 이것이 그가 성공매체라고 부르는 '일반화된 상징매체'이다. 즉, 성공매체는 예측이 불가능한 익명성 속에서 예측 가능한 사회적 소통을 성공시키는 매체이자, 그것이 가능하도록 사회적 의미의 소통체계 스스로가 진화한 결과이다.

이렇게 해서 근대적 성격을 획득한 사회적 소통체계를 루만은 기능분화체계라고 부른다. 루만에 의하면 개인 또는 시민과 같은 인격체는 사회와 직접적 관련이 없는 (즉 간접적으로만 관련되는) 사회 외부의 존재일 뿐이다. 중요한 것은 그들 사이에서 일어나는 의미의 소통이지, 개인들 자체가 아니기 때문이다. 따라서 그에게는 시민이나 개인의 존재는 중요하지 않다. 중요한 것은 그들의 행위를 통해 제공되는 정보 및 정보의 흐름을 자율적으로 통제하는 일반화된 상징적 매체들의 사회적 시스템이다.

그런데 이렇게 통합된 인격체로서의 개인이 실종된 근대의 기능분화사회를 벡은 반쪽짜리 근대성이라고 비판한다. 그리고 기능분화의 합리성이 성공한 결과가 바로 위험을 생산하는 위험사회로의 변화라고 진단한다. 즉 울리히 벡의 입장에서 볼 때, 활자매체는 반쪽만 성공한 근대적 시민, 반쪽만 인정받은 근대적 개인을 탄생시켰을 뿐이다.

2) 전자매체와 개인화한 현대시민

벡은 전자매체시대에 와서야 오히려 본래적인 의미의 시민화 또는 개인화가 가능해졌다고 본다. 이것을 그는 근대성의 자기변화(소위 "성찰적 근대화")라고 부른다. 근대사회의 시민은 처음에는 유산자, 이후에는 모든 남성, 그리고 여성들의 집단적 저항을 겪은 후에야 비로소 '국민'으로 확대되었다. 모든 남성이 '남성'으로 통일될 수 있었던 데에는 계급운동의 격랑이 크게 작용했다. 그러나 남성들 간의 위계적 관계가 사라진 후에도 양성 간의 위계적 지위관계는 오랫동안 존재했다. 산업사회의 발전 속에서 남성들의 형식적 평등은 복지국가 형태를 통해 실질적 평등으로 상당 부분 전환되었으나, 남성이 가장인 핵가족 형태가 보편화됨으로써, 여성들의 형식적 평등권은 실질적 평등으로 전환되지 못했다.

이렇게 부분적으로만 완성된 시민권은 산업사회의 번영기를 전환점으로 해서 도전받는다. 교육수준이 높아진 여성들은 더 이상 남성의 아내로만 존재하고 싶어 하지 않았고, 산업 구조조정과정에서 남성들은 더 이상 평생가장으로서의 권위를 보장받지 못했다. 여성들은 남성과 평등해지고 싶은 욕구 때문에 제도와 싸워야 했고, 남성들은 지위하락의 불안 때문에 제도로부터 이탈했다. 이런 과정을 벡은 '개인화' 또는 '급진화된 개인화'라고 설명한다. 근대 기능분화체계의 제도들이 개인화를 통해 정당성을 상실하게 되는 과정이다.

벡이 말하는 현대의 개인화된 시민들은 계급정당, 계급협약, 평생부부 서약, 부부간 역할분담이라는 기존의 '정체성의 정치'로부터 자유로워진(또는 자유로워지고자 하는, 또는 자유로울 수밖에 없는) 불안한 존재들이다. 그들은 자기 자신의 정체성을 찾기 위해 제도와 대립하고, 싸우고, 스스로를 정당화해야 한다.

현대사회가 생산하는 위험의 지구적 성격(핵발전소 재난, 식량오염, 광우병, 금융재앙, 기후변화, 세계화된 테러 등)으로 인해, 벡은 이렇게 개인화된 개인들이 기본적으로 세계시민으로서의 정체성을 가질 수밖에 없는 것으로 본다. 지구적 위험 앞에서 계급과 국적, 피부색, 성, 세대, 문화적 차이는 상대화될 수밖에 없다는 것이다. 이렇게 지구적 위험은 '부작용의 정치'를 초래하는데, 이런 상황은 어떤 면에서는 루만이 말하는 기능분화체계의 틀 안에서 진행된다. 즉, 그것은 개인들이 주체로 나서는 상황이라기보다는 위험에 의해 또 위험을 인지함으로써, 개인들이 정치적 주체가 되도록 떠밀리는 상황이다.

이런 위험의 정치를 통해 벡은 세계시민사회가 발현할 것으로 본다. 그리고 여기서 대중매체와 디지털매체가 모두 중요하게 작용하는 것으로 본다. 대중매체는 재난과 위험의 현장을 박진감 있게 전달함으로써 '자기만의 방'에서 TV를 보는 개인들을 세계시민으로 연결해주고, 디지털매체는 그린피스나 앰네스티인터내셔널, 아탁(attac)과 같은 세계시민의 조직 및 활동을 활성화하는 데서 핵심적 역할을 한다.

3) 디지털매체와 세계시민, 세계시민주의

울리히 벡은 세계화 문제를 본격적으로 다루면서 자신의 '개인화 테제'를 '세계시민 테제'로 수정했다. 개인화 테제에서도 벡은 기본적으로 핵발전 재앙 등 세계적 차원의 위험 및 위험사회화를 다루었지만, 그러면서도 동시에 '사회구조'의 개념에 있어서는 국민국가 단위를 고수했다는 것이다. 그러나 신자유주의 세계화의 위력, 특히 시간과 거리를 해소하며 세계를 하나의 공간으로 응축시키는 디지털매체의 위력을 인정하면, 더 이상 사회구조를 국가 단위의 문제로 생각할 수 없다. 이런 자기비판에 기초하여 그는 '위험사회'(벡, 1997) 개념을 '세계위험

세월호가 묻고 사회과학이 답하다

사회'(벡, 2010)로 수정한다.

'세계위험사회'에서 벡은 세계위험을 기후변화, 금융위기, 테러리즘의 삼두마차로 형상화한다. 그러나 세계시민사회의 발현을 주도하는 '통합적' 기능을 갖는 위험은 기후변화(즉, 환경 또는 생태변화)가 유일하다고 본다. 금융위기는 오히려 국가 간의 경쟁을 격화시킬 것으로 내다보고, 테러리즘에 대한 대응은 오히려 휴머니즘을 가장한 미국의 헤게모니 강화로 나타나고 있다고 설명한다(벡, 2010; 2011).

정보매체로서 일방향적인 대중매체가 위험사회의 징후들을 개인들에게 효과적으로 전달하고 개별 국민국가 내부에서 자신들의 문화적·역사적 전통에 맞는 저항양식들을 발전시키는 데 기여한다면,[9] 쌍방향적인 디지털매체는 세계 수준의 시민사회 또는 시민운동이 발현하는 데에 결정적 작용을 할 수 있을 것이다. 벡은 기후변화만이 갈등보다 통합을 가능하게 할 것이라고 보았으나, 필자는 금융위기에 대한 아탁(attac)의 대응 역시 적어도 유럽차원에서는 통합적인 기능을 하는 것으로 본다.

아탁(attac)은 "시민의 이익을 위해 외환거래 과세를 주장하는 모임(association pour une taxation des transactions financières pour l'aide aux citoyens)"의 프랑스어 약자이다. 소위 토빈세를 주장하면서 결성된 아탁은 기존의 시회운동 방식과는 달리, 한편으로는 세계 각지에서 형성된 자율적 조직들 간의, 다른 한편으로는 국내의 다양한 개인과 조직들 간의 느슨한 네트워크로 구성되어 있다. 아탁의 목적은 '새로운 세계(another world)'를 지향하는 '대안세계화(alter-globalization)'로서,

• • • • •

9) 예컨대 독일에서 일찍이 녹색당이 창설된 것이 이러한 사례이다.

수차례에 걸쳐 세계 사회포럼을 개최하는 데 중심적인 역할을 했다.

아탁(attac)의 출현 및 활동에는 (독일에서 특히) 활자매체와 대중매체, 디지털매체의 유기적 결합이 두드러진다. 금융시장의 지배와 1997년 아시아 금융위기에 대한 프랑스 유력지 『르몽드 디플로마티크』의 사설을 읽고 독자들이 편집진으로 보내온 5,000여 통의 편지들. 아탁은 그러한 사회적 반향에 의해 1998년 결성되었다. 또한 이후 아탁은 세계 사회포럼에 대한 언론의 대대적인 보도를 통해 영향력을 확대했다. 그러나 그것이 세계 수준에서, 그리고 국내 수준에서 다차원적인 연결망을 확보하는 데에는 디지털매체의 역할이 핵심적이었다.

4) 세계사회인가 세계시민사회인가?

현대사회에 이르러서 (특히 TV를 통해) 의미의 소통과정이 전 세계를 포괄하기 때문에, 루만은 '세계사회'라는 개념을 사용한다. 과거 다수의 사회와 세계들이 존재했을 때와 달리 이제 세계사회는 유일한 사회이며, 그 외부란 존재하지 않는다. 그러나 그것은 단지 사회적 의미(즉, 소통)의 지평을 의미할 뿐 하나의 집합체를 의미하는 것은 아니다(Luhmann, 1997: 153).

의미의 지평으로서의 세계라는 루만의 개념에서 한 발 더 나아가서, 벡은 세계가 하나의 도덕적 판단기준이 되고 있다고 본다. 이것을 벡은 세계시민주의가 철학자들의 머릿속을 벗어나서 현실이 되는 과정이라고 설명한다. 단지 소통의 과정이 세계화될 뿐만이 아닌 것이다. 세계화의 물결 속에서 재화와 자본뿐만 아니라 인간, 인간의 감정과 기억, 인간 몸의 일부(장기, 정자, 난자, 자궁), 그리고 신까지도 지리적으로 이동(또는 이주)하기 때문에(벡, 2011; 2012; 2013), 이러한 이동성이 만들어내는 사회의 '밀도'는 근대 초기 뒤르켐이 관찰했던 근대성의 밀도를 한층 뛰어넘는다. 그리하여 뒤르켐이 관찰했던 바와 전혀 다른 새로운 사회적 연대의 효과를 창출한다는 것이다(벡, 2013).[10] 그리고 그것은 다름이 아니라 미시적으로는 급진화된 개인화, 거시적으로는 세계시민사회 및 (다문화주의를 뛰어넘는) 세계시민주의 규범의 발현이라고 본다.

루만의 세계사회라는 세계 수준의 의미론적 체계화 과정을 훨씬 뛰어넘어서, 벡은 그물망처럼 촘촘히 연결된 '좁아진 세계' 속에서 세계에 대한 다양한 관찰과 정의, 재화와 권력의 근원들 및 폭력이 서로 만나고 갈등하고 분열하는 과정을 '세계시민정치화'라는 개념에 담고 있다. 그리고 인류가 공동으로 해결해야 할 위험과 재난들, 그것들을 생산하는 세계사회의 구조가 바로 세계시민주의 도덕의 출현을 재촉한다고 설명한다. 필자가 보기에 이러한 세계시민주의 규범은 제도적으로 '세계시민권'이라는 정치적 가치의 출현을 (또는 그를 둘러싼 갈등을) 수반한다.

재난과 관련된 정보유포매체들의 정치적 효과 및 재난의 지구적 위협으로 인해 근대사회의 (특히 서구중심적인) 기능적으로 분화된 의미체계가 도전에 직면하고, 인류 단위의 새로운 가치체계와 의미체계의

---

10) 뒤르켐은 산업화, 도시화에 기초한 근대사회의 밀도변화가 과거 공동체의 '기계적 연대'에 대비되는 '유기적 연대'라는 새로운 사회 유대의 패턴을 창출했다고 설명한 것으로 유명하다.

출현이 예고된다고 벡은 진단한다. 그리고 그러한 의미체계의 출현은 새로운 권리와 의무의 관계를 제도화하게 될 것이다. 또는 그것의 제도화를 위한 정치적 갈등을 불러일으킬 것이다. 이것이 세계시민주의 사회학으로 확장된 벡의 '성찰적 근대성' 이론의 내용이다.

4. 대중매체와 세월호 참사의 '국민재난' 되기

이 글의 도입부에서 언급했듯이, 루만은 정보 유포매체가 새로운 정보를 생산하지는 않으며 반복적으로 유포할 뿐이라고 보았다. 성공매체(또는 일반화된 상징적 매체)들에 의해 생산된 의미론을 사회 속에 확산시키는 역할만을 한다고 본 것이다. 그러나 이러한 기능주의적 유포매체 이론과 구별되는 방식으로 활자매체와 특히 시각적 매체에 주목한 비판이론가가 있다. 당시 프랑크푸르트를 중심으로 활동한 비판이론가들 대부분과 달리, 전자매체의 발달과 같은 기술적 진보에 대해 긍정적으로 평가한 벤야민은 활자매체나 시각적 매체가 단순히 정보를 전달하는 것이 아니라 새로운 형태의 지식을 발현시킨다고 보았다.

각자 고립된 방에서 TV로 전달되는 재난의 영상을 보는 익명의 시청자들 사이에서 '1초 동안의 세계시간'이 형성된다고 표현한 벡(2011)의 설명은 아마도 시각적 매체에 대한 벤야민의 분석을 염두에 둔 것이 아닌가 한다.

세월호가 묻고 사회과학이 답하다

그의 인식론에서 이미지는 재현이 아니라 동시적이고 즉각적인 인식(Erkenntnis) 또는 통찰(Einsicht)과 연결되어 있다. … 벤야민에게 이미지란 광범위한 의미들을 가리키지만, 이미지에 대한 그의 독특한 개념이 발전하는 데에는 사진, 회화, 여타 시각적 매체들이 가장 중요했다. …

벤야민의 인식론은 (이미지와 비슷한 재현과 관련된) 비동시성의 동시성에 기초한 형세로서 이해될 수 있다. 지금까지 일어났던 것과 현재가 그 형세 속에서 한순간에 — 이미지로 — 결합된다. 그러나 이 이미지가 언어로 말해질 때, 그것은 오직 지식으로 옮겨질 수 있을 뿐이다. _ Weigel, 2015: 344-345

앞서 벡이 '대중매체의 연출'이라고 표현했던 내용은 대중매체를 통해 전달되는 이미지를 통해 순간적으로 발생하는 새로운 지식, 즉 '지금까지는 전혀 고려한 적이 없는 생면부지의 타자에 대한 현재적 공감'의 지식을 의미한 것이다. 그것이 '연출'인 이유는 인간 연출자가 존재하기 때문이 아니라, '재난보도'라는 사실전달의 과정 속에서 시각적 매체를 통해 그와 같은 '동시적이고 즉각적인 인식'이 발현하기 때문일 것이다. 즉 새로운 '공감의 지식'은 TV라는 영상매체 스스로가 '연출'한 결과이다.

1) 이미지를 통해 발생하는 '번개 같은 깨우침'

위에서 말한 이미지와 언어와의 관계와 관련하여, 벤야민은 다음과 같이 썼다. "우리가 관심을 갖는 영역에서 지식은 오직 번개 치듯이올 뿐이다. 문장은 그 뒤를 잇는 천둥의 긴 두루마리에 불과하다"

(Benjamin, 1999: 456; Weigel, 2015: 347에서 재인용). 바이겔(Weigel, 2015)에 의하면, 여기서 '번개 같은 지식'은 두 가지 의미에서 번개에 비유된다. 첫째는 번개 치듯이 순간적으로 생성되는 '깨우침의 방식'이고, 둘째는 번개와 같은 '구성방식'이다. 말하자면 번개 같은 지식은 한편으로는 과거의 역사나 서술방식과 갑작스럽게 단절되며 번개처럼 내리치는 새로운 인식의 양식을 의미한다. 다른 한편, 그것은 과거와 현재가 번개처럼 한순간에 만나는 '비동시성의 동시성'이라는 형세를 의미한다.

이것은 시각적 매체를 보는 사람에게 번개처럼 내리꽂히는 비자발적 지식의 획득방식과 그로 인해 초래되는 기존의 시공간과의 단절, 따라서 기존 '정신'과의 단절을 의미한다. 벤야민은 이러한 깨우침이 개인적인 경험일 뿐만 아니라 동시에 역사적 의식의 변화라고 설명했다. 결국 이미지란, 언어로 표현되어 지식이 되기 직전의 "잠재적 지식"(Weigel, 2015: 352)을 의미하며, 그것이 언어로 표현될 때 기존의 역사의식으로부터 단절되는 새로운 깨우침의 지식이 등장함을 의미한다. 그리고 그러한 지식은 개인적으로 체험되는 '개인화'한 지식일 뿐만 아니라, 동시에 변화된 시대정신을 의미하는 역사의식의 변화로 귀결될 수 있다.

벤야민은 이미지를 '정지상태의 변증법'이라고도 표현했다(Weigel, 2015: 347; 김현강, 2013: 326). 번개가 치는 잠재적 지식형성의 순간에 과거와 현재가 변증법적으로 공존하는 정지상태의 찰나가 형성되기 때문이다. 이것은 '충격'이라는 심리상태의 형태를 취하며, 무의식 속에 감춰져 있던 꿈과 악몽이 의식의 수면위로 떠오르는 과정이다. 그리하여 개인의 의식을 보호하던 방패가 무너진다. 이와 같은 과정을 통해서 벤야민은 영화와 같은 새로운 시각적 매체들이 인간의 일상화한 지각방식을 뒤흔들고, 새로운 정치의 시대를 열 것이라고 전망했다(김현강, 2013: 330).

시각적 매체에 대한 벤야민의 관심은 회화와 예술에서 시작해서 사진과 영화와 같은 시각영상의 '작품'들로 옮아갔다. 그런데 벡은 벤야민이 시각예술을 통해 간파한 이와 같은 새로운 인식론의 효과를 대중매체의 재난보도 영상에서 발견한 것이다. 그리하여 TV를 켜서 의도적으로 또는 우연히 마주한 재난의 영상을 통해 '타자'와의 경계가 허물어지는 찰나의 공감이 형성되고, 이후 언어화 과정을 통해서 그것이 새로운 (세계)시민적 지식으로 발전할 수 있다고 보았다. 그와 같은 과정은 TV와 같은 매체를 단순히 '유포매체'로 이해하는 기능주의적 세계관과의 역사적 단절을 의미하며, 개인과 집합체의 차원에서 동시적으로 진행되는 시대정신의 변화를 의미한다.

2) 세월호 침몰 보도영상과 '국민'의 깨우침

세월호 침몰 당시 언론의 보도는 믿을 수 없는 엉터리였다. 근거 없는 '전원 구조'라는 거짓 자막이 침몰하는 세월호의 모습을 일부나마 가릴 뿐이었다. 그리하여 무엇보다도 언론에 대한 국민의 분노가 고조된 사건이기도 했다. 그러나 앞서 인용했듯이, 속수무책으로 침몰하는 배를 바라보아야 했던 시청자들에게 그 영상 자체가 연출한 '정지상태의 변증법'이 있었다. "국가는 재해를 예방하고 그 위험으로부터 국민을 보호하기 위하여 노력하여야 한다"는 대한민국 헌법 제34조 제6

항(김종서, 2015: 287). 이것이 '과거' 또는 과거로부터 이어지는 '지속적 시간성'으로 당연시되는 가운데, 그와 같은 시간성이 아무런 구조활동도 이루어지지 않는 '현재'와 번개처럼 한순간에 결합되었다. 그러면서 '이것이 국가인가?'라는 번개 같은 깨우침을 일으킨 것이다.

앞서 인용한 벤야민의 표현을 따르면, 이와 같은 충격과 깨우침이 언어화하는 과정에서 새로운 지식이 두루마리 풀리듯이 전개되었다. 첫째로, 그것은 '국가란 무엇인가?'와 같은 근본적인 정치철학적 문제를 일반인들의 공통된 질문으로 만들면서 '근대적 정치체제'에 대한 집단적 각성을 초래했다. 둘째로는 '국민'이라는 공감적 인식의 출현이다. 과거 한국에서 '국민'이란 실체가 명확하지 않은 피상적 개념이었다.

'일제'와 대비되는 한 맺힌 '민족' 개념, '북한 괴뢰'와 대비되는 이데올로기적 '자유 시민' 개념, 독재정권에 의해 동원을 목적으로 호명된 '피지배 집단'으로서의 국민 개념 등과 구별되는 '주권을 가진 국민'의 개념은 지식인들이 상상하는 하나의 '이상'이었을 뿐, 실체로서 경험되지는 못하였다. 그런데 수학여행을 가느라 들뜬 아이들을 태운 배가 바다 한가운데서 속절없이 침몰하는 영상은, 또 그것을 무기력하게 바라만 봐야 했던 대한민국 국민들의 처지는, 불현듯 '국민'이라는 일체감을 불러일으켰다. 비록 그것이 '충격'을 통한 '트라우마'의 형식이었지만, 그래서 국민들이 집단적 우울증과 무력감에 빠지는 방식이었지만, 그것은 근대적 정치체제가 '수입된' 한국사회에서 처음으로 '하나의 국민'이라는 일체감을 몸으로 체험한 사건이었다.

과거에는 나라에 위험이 닥치면 대부분 자기 가족만 살려고 재빨리 '떠날' 방안을 강구했다. 그러나 세월호 참사에 따른 반응은 달랐

세월호가 묻고 사회과학이 답하다

다. 뿐만 아니라 그것은 태안 앞바다에 기름이 유출되었을 때 각계각층에서 보인 '봉사정신'과도 다른 것이었다. 또 과거 수많은 재난에 대한 반응과도 달랐다. 과거의 어떤 재난과도 비교할 수 없을 만큼 수많은 사람들이 시쳇말로 '멘붕'에 빠졌고, 마치 자기 자신의 일인 양, 자기 가족의 일인 양, 슬퍼했다(http://www.asiae.co.kr/news/view.htm?idxno=2014042109323313303 검색일: 2016.11.04). 한 연구에 의하면, 세월호 참사가 발생한 2014년 4월 16일에서부터 한 달 동안 표현된 정서를 분석한 결과, 분노와 슬픔이 가장 지배적이었다고 한다. 특히 주된 정서는 슬픔이었고, 시간이 지남에 따라 분노와 슬픔이 결합하는 방식으로 변화했다고 한다(이홍석·이재호·최윤경, 2015).

그리하여 '애도의 정치'(정원옥, 2014; 김종엽 외, 2016)라는 개념이 사용되었고, "세월호 참사는 단순한 '참사' 이상의 시대적 징후를 갖는다"(정현, 2015: 389)거나, "세월호 참사가 가져다준 트라우마는 단지 유가족에게만 발생한 것이 아니라 수없이 많은 국민들에게 발생한 엄청난 것이었"(최원, 2016: 132)다거나, 세월호 참사가 "한국사회를 세월호 이전과 이후로 가를 수 있을 정도의 폭발력을 지니고 있다"(고민택, 2014: 89)고 평가되기도 했다.

말하자면 실패한 언론은 유일한 사실보도였던 TV 영상을 통해 '의도하지 않은' 효과를 일으킨 진원지가 되었다. 아마도 이것을 세월호 참사와 관련된 '언론의 아이러니'라고 부를 수 있을 것이다. 언론에서 '언어'로 전달된 오보들은 TV '영상'의 실재성을 오히려 배가할 뿐이었다. 그것들은 왜 배가 저렇게 속절없이 가라앉아야 하는지, 왜 그와 같은 비극적 장면을 하염없이 바라봐야만 하는지를 설명해주었다. 아무런 구조의 움직임도 보이지 않는 충격적 영상과 어긋나는 '전원 구조'

의 오보는 '거짓'일 뿐만 아니라, 시청자의 슬픔과 무력감을 증폭시키는 무책임과 공감부재의 음향효과가 되었다. 그리하여 그 오보들은 '국민'의 전선을 명확하게 만드는 효과를 발휘했다. 한편에는 슬픔으로 통합된 '국민'이, 다른 편에는 무능하고 무책임하며 공감능력이라곤 찾을 수 없는 '권력'과 그 추종자들이 대치하고 있다는 자각이었다.

이렇게 TV 영상은 의도치 않게 일반인들이 스스로를 피해자들과 동일시하며, '슬픔'이라는 진정성 있는 감정을 통해 '국민'이라는 일체감을 체험하는 계기를 제공했다. 벤야민의 설명대로 이와 같은 체험은 지극히 '개인적'인 수준에서, 그리고 동시에 '역사적'인 수준에서 이중으로 일어났다. 벡의 표현을 응용하면, 세월호가 침몰하는 장면을 지켜보던 이틀 동안 TV 영상에 몰입하는 단순한 행위에 의해 '국민시간'이 형성된 것이다. 이와 같이 '번개처럼 찾아오고' 또 '번개처럼 구성된' 지식은 성금모금과 촛불집회, 구조활동에 자원하기, SNS를 통한 여론형성, 추모활동 등의 다양한 정치적 행동들로 직결되었다. 국민의 안전을 지키는 데 무능할 뿐만 아니라 안전에 대한 의지조차 없는(진태원, 2015) '대한민국 국가'에 대한 트라우마가, TV 앞에 고립된 개인들을 '국민'으로 탈바꿈했다. '정치공동체'에 대한 질문과 열망이 표출되고, '가만히 있지 않겠다. 잊지 않겠다. 행동하겠다'(고민택, 2014: 93)는 저항의 정서에 국민들이 감전되었다.

3) 세월호 참사의 '국민재난' 되기

물론 이러한 정치적 움직임 속에서도 문제는 해결되지 않았고,

세월호가 묻고 사회과학이 답하다

사건에 대한 해명도 책임자에 대한 처벌도 제대로 진행되지 않다. '국민'이라는 의식 형성의 기초가 된 '정치적 책임'의 프레임은 녹아버리고, 한편으로는 '구원파'라는 사이비 종교 및 선장 등의 '양심'의 문제로, 다른 한편으로는 국가의 안전담당 관료조직의 '기술적' 문제로 재빨리 치환되었다. 말하자면 선체가 아직도 바다 속에 놓여 있다는 사실 외에도, 세월호 참사는 여전히 '미제의 재난'으로 남아 있다. 뿐만 아니라 '국민'수준에서 광범위하게 경험된 충격과 트라우마에도 불구하고, 이후 지방선거와 보궐선거 등에서 집권여당이 패배하지 않았기 때문에, 세월호 참사의 정치적 영향력은 매우 제한적이라는 것이 대체적인 평가였다(이현우, 2015; 정현, 2015; 김정한, 2014).

그러나 세월호 참사의 정치적 영향력이 몇몇 선거결과를 통해 완전히 드러났다고 보는 것은 사회학적 관찰의 방식이라기보다는 정치평론의 방식이다. 사람들을 '국민'이라는 깨우침에 감전시킴으로써 '국민재난'이 된 세월호 참사의 정치적 영향력은 오히려 '역사의식'의 변화라는 측면에서 보다 장기적으로 관찰될 수 있다. 세월호 참사 이후 '세대 간 갈등'의 프레임이 두드러지게 언급되었는데, 그것은 예컨대 일자리를 둘러싼 세대 간 갈등이나 세대 간 문화적 차이에만 제한될 문제는 아니다. 세대 간 정치적 감수성의 차이는 사회의 역사의식이 변화하고 있음을 말해준다. 즉, '성장'이나 '개발'의 당위가 '민족'이라는 한 맺힌 감정과 결합된 '산업화시대'의 역사의식으로부터 '민주주의'와 '복지'에 대한 요구가 '실용주의'적 국민정서와 결합된 후기산업사회적인 또는 위험사회적인 역사의식으로 변화하고 있음을 보여준다.

이것은 무엇보다도 '안보' 개념의 변화와 '통일'에 대한 인식의 변화로 나타나고 있다. 먼저 '안보' 개념의 변화와 관련하여, 두 가지의 변화를 관찰할 수 있다. 하나는 '광복 이후 가장 중요한 사건'으로 한국전쟁과 함께 세월호 참사가 꼽혔다는 것이고, 다른 하나는 '북풍'이 선거결과에 더 이상 영향을 미치지 못한다는 사실이다.

2014년 한겨레신문사에서는 광복 70년 기념으로 '광복 이후 일어난 가장 중요한 역사적 사건'을 묻는 여론조사를 했다. 주관식의 개방형 질문이었는데, 답변에서 '한국전쟁'과 '세월호 참사'가 근소한 차이로 1, 2위를 차지했다. 그런데 20~40대의 경우에는 '세월호 참사'가 1위였고 '한국전쟁'이 2위였던 반면에, 50~60대의 경우에는 그 반대였다(http://www.hani.co.kr/arti/society/society_general/671733.html 검색일: 2016.11.04). 2015년에 대한민국역사박물관에서도 유사한 취지에서 조사를 했는데, 이 경우는 30개의 문항 중에서 5개를 선택하는 방식이었다. 여기서도 1위는 '6·25전쟁 발발'이었고, '세월호 참사'는 6위였다(http://biz.heraldcorp.com/view.php?ud=20150731000644 검색일: 2016.11.04). 2위에서 공동 4위까지는 '안보(또는 '안전')'와 무관한 항목들이었기 때문에, 이 조사의 결과가 한겨레신문사의 조사 결과와 크게 배치되지는 않는다고 볼 수 있다.[11]

이상의 여론조사 결과는 '안보(또는 '안전')'의 개념이 '이데올로기 대결'이나 '전쟁'으로부터 '국가의 책임'이나 '재난'으로 변화하고 있음을 보여준다. 대한민국역사박물관의 여론조사 결과에서는 '삼풍백화점 붕괴'가 7위, '금융실명제'가 8위를 차지했는데, '재난'이나 '국가책임'과 관련된 이러한 항목들이 전통적 '안보' 개념과 관련된 '6·25전쟁 인천

· · · · ·

11) 2위는 '1988년 서울올림픽 대회 개최,' 3위는 '8·15 광복,' 그리고 '2009년 노무현 전 대통령 사망'과 '2002년 한일월드컵 대회 개최'가 공동 4위를 기록했다.

상륙작전'(9위)나 '남북분단'(10위)보다 앞서 있었다. 결국 한국전쟁이나 분단과 같은 진통적 '안보' 개념으로부터 재난의 발생과 그에 대한 국가의 책임을 강조하는 방향으로 국민의 '안전의식'이 변화하고 있다고 판단할 수 있다.

이와 유사한 방향으로 '안보 이슈에 대한 피로감' 역시 관찰되고 있다. 과거 선거 국면에서 소위 '북풍'은 가장 민감한 요소로서 선거 결과에 커다란 영향을 미쳐왔다. 그러나 천안함 사건이나 중국 내 북한 식당 종업원 집단 탈북사건과 같은 최근의 이슈들은 선거에 더 이상 영향을 미치지 못하고 있다. 이에 따라 '안보 이슈에 대한 피로감'이 높아진다는 관찰이 나오고 있다.

게다가 최근 사드 배치와 관련된 주민들과의 갈등에서 보이듯이, '안보' 문제는 더 이상 그 자체만으로 '절대적 중요성'을 주장하지 못하는 위치로 내려앉았다. 사드 배치의 주민갈등은 '안보'가 '안전'과 경합하는 문제가 되고 있음을 보여준다. '안보' 이슈가 더 이상 '객관적 실체'의 문제가 아니라 '정치적으로 구성되는' 문제로 인식되는 데 반해서, '안전' 문제는 오히려 더 이상 '소수의 주장'이 아니라 '객관적 실체'로 인식되는 추세인 것이다. 이것은 최근 경주지역의 지진과 관련하여 핵발전소 문제의 중요성이 커지는 경향과도 일맥상통한다. 말하자면 한국사회는 개발주도의 '산업사회'에서 '위험사회'로 변화하고 있는데, 여기서 세월호 참사가 '국민'의 정체성이 체험되는 계기로 작용함으로써 '복지국가 국민 정체성'에 기초한 서구 위험사회와는 구별되는 한국 특유의 변화양상이 진행된다고 설명할 수 있다.

'통일' 문제와 관련해서도 과거의 절대적인 민족감정으로부터 실용주의적인 국민정서로 변화하고 있음을 알 수 있다. 서울대학교 통일평화연구원의 「2015년 통일의식조사」를 보면, 통일을 20년 이상의 장기적 미래로 전망하는 경향이 강하게 나타나며, 특히 젊은 세대의 경우 통일불가론이나 통일을 원치 않는다는 응답이 증가하고 있다. 그러나 '통일이 필요하다'는 인식의 감소는 단순히 세대 간 격차의 문제만이 아니라 모든 연령층에서 일반적으로 나타나는 현상이 되었다. 20~40대는 물론이고, 50~60대에서도 통일이 필요하다는 응답이 감소했다(박명규 외, 2016: 39).

위의 통일의식조사에서는 통일에 대한 젊은 세대의 소극적 태도가 "민주적 감성과 다문화적 개방성"과 관련된 것이라고 해석했다(박명규 외, 2016: 25). 말하자면 과거 산업화시절 '개발 국가'의 정서적 원동력이었던 민족감정과 이념대립이, '산업화 성공의 결과'를 삶의 조건으로 경험하는 젊은 세대에게는 직접적인 현실 연관성을 갖지 않는다고 말할 수 있다. 이산가족의 아픈 기억도, 한반도를 피로 물들인 동족상잔의 참상도, 산업화 이후의 세대에게는 단지 구전되거나 기록된 역사일 뿐이다.

젊은 세대에게는 오히려 현재 그들의 삶을 위협하는 새로운 위험들이 더욱 중요할 것이다. 이 새로운 위험들은 산업화에 이미 성공함으로써 야기되는 위험들이라는 점에서, 과거의 안보나 통일의 이슈들과는 다른 생성조건을 갖는다. 동족상잔과 분단이 제국주의 세력들 간의 전쟁과 식민지화의 역사라는 '외세'에 의해 강요된 결과라면, 현재 새롭게 야기되는 위험들은 대한민국이 스스로를 성장시키면서 성취한 번영의 결과들이다. 즉 젊은 세대들이 직접적 '위험'으로 느끼는 문제들은 한국의 산업화 프로그램 및 그것의 실현 속에서 생성된 결과물이다. 따라서 그와 같은 문제들은 '통일'과 같은 산업화 성공 이전의 염원을 성취함으로써 자동적으로 해결될 수 있는 성격의 것들이 아니다.

이렇게 삶의 역사적 조건이 변화했기 때문에, 분단 문제나 통일과 같은 '민족'의 이슈에 대해서 젊은 세대는 정서적 거리 및 좀 더 실용주의적 태도를 드러내는 것이 아닌가 한다. 분단 문제나 통일이 민족의 '절대적' 또는 '선험적' 과제라기보다는, 오히려 산업화에 성공한 현재의 대한민국이 생산하는 새로운 위험들의 형세 속에서 함께 고려해야 할 '다수 중 하나'의 위험으로 여겨질 것이기 때문이다.

그리고 이러한 과정에서 세월호 참사는 산업화에 성공한 신흥부국인 대한민국의 새로운 '국민적 위험'의 실체가 무엇인지를 드러내준 '국민재난'이 되었고, 이것이 한국전쟁과 같은 '민족재난'에 대한 기억 및 감수성과 경합하는 새로운 '안보의식'(또는 '국민적' 안전의식)을 창출한 것이라고 볼 수 있다. 말하자면 새로운 '안보' 개념은, '국가'라는 프레임 속에 '국민'이 포섭된 상태로 국가와 국민이 동일시되어 외부로부터 그것을 (특히 군사적으로) 방어 또는 보호함을 의미하는 것이 아니라, 오히려 '국가'와 '국민' 간의 내부적 관계 속에서 '국민'의 삶과 안전이 보장되는 것을 의미한다.

즉, '안보'의 개념이 더 이상 '국가안보'가 아니라 '국민안보'로 바뀌면서, 국가의 민주적 성격과 국민의 주권적 성격이 새롭게 강조되고 국민의 복리와 안전이 국가의 최우선과제로 인식된 것이다. 이것은 두 가지 새로운 정치적 과제가 등장함을 의미한다. 첫째로, 산업화의 성취인 번영이 '국가'가 아니라 '국민'에게 배분되어야 한다는 것이다. 둘째로는, '개발 국가' 프로그램에 의해 초래된 새로운 위험들이 '국가'가 아니라 '국민'의 관점에서 정의되고 공론화됨으로써 해결되어야 한다는 것이다.

이와 같은 새로운 정치적 인식과정이, 세월호가 침몰하는 TV 영상을 통해 '슬픔에 감전'되는 방식으로 순식간에 대한민국 국민들에게 휘몰아쳤다.

4) 전자매체와 '국민' 만들기: 대중매체와 디지털매체의 상호작용

앞서 도입부에서 언급했듯이, 서구에서는 근대적 '시민' 또는 '국민'의 형성에 활자매체가 핵심적 '정보유포매체'로 작용했다. 예컨대 루터가 독일어로 번역한 성경은 활자매체의 발명에 힘입어 당대의 베스트셀러가 되었는데, 그와 같은 과정은 종교개혁을 통해 새롭게 형성된 '개인 중심의 신앙'이라는 새로운 시대정신을 사회 구석구석에 유포하는 효과를 가져왔다. 또한 이후 신문과 잡지, 문학작품 등을 통한 정치적 공론 및 근대적 정서의 형성은, 새롭게 형성된 근대적 사유를 광범위하게 유포함으로써 '시민' 또는 '국민'으로서의 정체성 형성에 기초가 되었다. 아마도 이런 이유에서 루만은 활자매체가 새로운 정보를 생산하지 않고 단지 생산된 정보를 유포하기만 하는 '정보유포매체'라고 정의했을 것이다.

그런데 한국에서는 서구보다 일찍부터 사용되었던 활자매체가 '유포한' 정보가 오히려 전근대적인 성격의 것이었다. 그것은 중앙집권적인 왕권의 지배를 초월적 원리에 의해 정당화함으로써 사회의 구심력을 확보하려는 '성스러운' 목적을 위해 사용되었다. 말하자면 '세속화'나 '개인화'와 같은 근대적 사회변동은 활자매체의 사용과 전혀 무관했다. 활자매체의 사용이 전근대적 지배관계 속에서 이루어졌기 때문이다.

한국에서는 라디오나 TV와 같은 전자매체 역시 근대적 시민문화나 아래로부터의 국민통합정서보다는 국가 중심의 '위로부터의 통치질서' 확립을 위한 정보유포매체로 작용했다. 물론 서구로부터 유입된 음악과 영상 등 새로운 정보들이 전자매체를 통해 유포되기도 하였으나, 기본적으로 한국 산업사회의 형성이 '유교 전통에 대한 선택적 재발견'에 기초했기 때문에 그와 같이 새롭게 유입된 정보들은 이질적이고 파편적인 성격을 벗어나지 못했다.

산업화의 성공으로 창출된 부와 아래로부터의 민주화 요구 분출 및 그 제도화 과정을 통해서, 한국에서는 과거와는 구별되는 새로운 사회적 자의식이 형성되기 시작했다. 예컨대 2002년의 월드컵 응원은 '국가'를 상징하는 태극기에 대한 국민의 정서가 변화했음을 보여준 사건이었다. '국가'는 더 이상 초월적 기구가 아니라, 그 상징물을 패션 아이템으로 사용할 수 있을 만큼 개인적이고 친밀한 정서로 연결되었다.

종교전쟁과 제국주의전쟁을 통한 폭력적 대결 속에서 '민족' 개념의 '낭만화' 과정을 겪으며 국민 일체감이 형성된 서구에서와 달리, 한국에서 새롭게 '시민정서'에 기초하여 형성되는 국민 정체성은 '경기의 규칙'을 준수하는 스포츠 현장을 통해 최초로 자유롭게 표현되었다. 그것은 오히려 '민족감정'이라는 낭만적 정서와 대조를 이루는 '쿨하고' 실용적인 정서였다. 이와 같은 현상이 대부분 '문화변동'으로 설명될 뿐이었으나, 실상 그것은 '사회변동'의 표현으로 이해될 수 있다. 말하자면 과거와 '동일한' 정보유포매체를 통해서, 새로운 시대정신이 유포될 가능성이 형성되고 있었다고 볼 수 있다.

이러한 과정이 진행되며 TV 등의 전통적 전자매체가 정부에 의한 규제와 탈규제를 오가는 사이에, 컴퓨터가 일반화되며 새로운 쌍방형적 통신매체가 탄생했다. 한편으로는 PC 통신에서 시작해서 인터넷을 거쳐 SNS까지, 다른 한편으로는 무선호출기 '삐삐'에서 시작해서 시티폰, 휴대폰, 스마트폰과 태블릿PC까지(이형석, 2013: 68), 새로운 익명성 속에서 사회적 소통공간이 활짝 열리고 전통적인 방식으로는 규제할 수 없는 무질서한 공론화의 공간이 창출되었다.

말하자면 TV의 세월호 침몰 보도영상이 초래한 인식의 '감전 효과'가 이후 '국민'이라는 정치적 지위에 대한 집단적 깨우침으로, 또 다양한 정치적 움직임들로 연결될 수 있었던 데에는, 영상에 의한 충격을 익명성 속에서 서로 나누고 공론화함으로써 '번개 같이 얻은 지식'을 '언어화'한 온라인상의 소통과정이 핵심적으로 작용했다. 말하자면 TV라는 전통적 '정보유포매체'가 새로운 지식을 생산하는 '영상매체'로 변화한 데에는, 쌍방향적인 디지털매체를 통해 형성된 '시민적 공론의 장'이 핵심적 역할을 했다. 한국에서는 디지털매체의 기술적 단계에 와서야 비로소 근대적인 성격의 광범위한 '시민적 공론장'이 형성될 수 있었던 것이다. TV와 같은 일방향적인 전자매체의 영상이 생산하는 '번개 같은 깨우침'이 시민 또는 국민 일반의 지식으로 '언어화'하기 위해서는 그러한 '언어화'를 가능하게 하는 공론장이 필수적이다.

울리히 벡은 『위험사회』에서 자신이 '위험의 지구화'에 대해서는 설명하였으나, 새로운 '정치적인 것'의 발생과 관련해서는 '세계시민화'로 논의를 확대하지 못하고 '개인화'만을 강조함으로써 방법론적 일국주의에서 벗어나지 못했다고, 이후 스스로 비판한 바 있다(벡, 2011). 그러나 이것은 아마도 울리히 벡 개인의 '인식의 한계'보다는 『위험사회』를 집필한 1980년대 후반 당시에 아직까지 세계차원의 쌍방향적 소통구조가 형성되지 못했다는 '소통구조의 한계'에서 기인한 문제일 수 있다. 루만은 TV와 같은 전자매체가 세계 수준에서 소통을 체계화한다고 봄으로써 '세계사회'의 개념을 제시했으나, 여기서 그가 이해한 전자매체의 성격은 앞서 말했듯이 정보를 단순히 '유포'하는 것에 불과했다.

그러나 세월호 참사가 '국민재난'이 되었다고 보는 이유는 앞서 설명했듯이, '국민'이라는 지위에 대한 새로운 정치적 지식이 그것을 계기로 인구의 저변에서 형성되었기 때문이다. 국가가 '외부적 침해로부터의 방어력'을 제공하는 '집단적 울타리'가 아니라, '국민 스스로의 주권을 실현하는 개인들의 삶의 방식'임이 몸의 전율을 타고 깨우쳐졌기 때문이다.

세월호 참사 이후 한 달간 '세월호'라는 핵심어를 이용하여 검색한 결과에 기초해 트위터 메시지 및 포털뉴스 기사의 주요 의제들을 비교한 한 연구에 의하면, 트위터에서는 '참사', '정부', '사고', '박근혜', '구조'와 같은 구체적 표현들 다음으로 '국민'이 5위를 차지하며 중요한 의제로 등장했다. 반면에 '가족'은 8위, '유가족'은 12위였다. 이와 달리 포털뉴스 기사에서는 '가족'이 7위, '국민'이 11위, '안전'이 12위였다(김신구·최은경, 2015: 110-111). SNS 메시지와 뉴스 기사 간의 이러한 의제 형성의 차이는, 국민들이 단순한 '정보유포'를 뛰어넘어 온라인을 통해 자신들의 고유한 의제를 형성하고 있음을 보여준다. 그리고 세월호 참사가 '국민'의 문제로 인식되고 있음을 보여준다.

5. 나가며

필자는 세월호 참사를 대한민국 '백성'과는 내용적으로 구별되는 '국민'이라는 근대적 정치공동체 의식의 출현과 관련지어서 해석했다. 서구에서는 무엇보다도 종교전쟁과 제국주의전쟁을 통해서 '국가'라는 새로운 정치적 제도가 발전해 왔고, 그것의 정서적 표현으로서 '국가시민'이라는 자유주의적·공화주의적 감정과 '민족주의'라는 낭만적 감정이 혼재되어 형성되었다. 서구에서 '국민국가'가 영토적·제도적·정서적 단위로서 안착한 것은, '계급투쟁'과 '사회위험'에 대한 해법을 포드주의 및 케인즈주의에 기초한 대량생산·대량소비 체계 및 그에 상응하는 복지국가 체계에서 찾은 2차 대전 이후라고 볼 수 있다. 말하자면 서구에서는 전쟁과 계급투쟁이라는 '전통적 위험' 속에서, '국민'들 간의 경계가 완성되었다.

이와 달리 한국에서 '한' 맺힌 '민족'과 구별되는 근대 민주주의적 '국민'의 정서가 최초로 가시화된 사건은 2002년 월드컵 응원일 것이다. 제국주의 세력이 일으킨 세계대전이나 계급 프레임과 관련된 한국전쟁은 한국에서 근대적 주권의 담지자라는 '국민'의 정서보다는 방어적인 '민족'의 개념과 뚜렷하게 연결되어 있다. 이후의 민주화 과정 역시 '민족'과 '국민'의 정서가 혼재되었던 것으로 볼 수 있다. 이런 상황에서 '민족주의'와 결별하는 방향으로 표현된 한국인의 '국민' 의식은, 국제적 스포츠 경쟁 속에서 스스로 결집하여 응원하고 응원 뒤에 거리청소를 하는 새로운 '시민의 형상'으로 나타났다.

2008년 광우병 촛불집회 역시 월드컵 응원을 잇는 '국민의식'의 발전과정이었다고 볼 수 있다. 월드컵 응원이 스포츠 경쟁 속에서 자발적으로 '국민'이 결집된 사건이었다면, 광우병 촛불집회는 외국으로부터 위험 식재료의 수입을 차단하여 국민건강을 보호해야 한다는 의지가 아래로부터 표출된 사건이었다. 그리고 2014년 '한국적 산업화'의 총체적 모순이 응집되어 터진 세월호 참사는 그렇게 징후적으로만 드러났던 '국민'이라는 '느낌'이 마침내 개개인 의식의 수면위로 떠올라, '주권자 국민'이라는 추상적 표현이 구체적 감각을 획득한 사건이라고 볼 수 있다.

　　말하자면 한국에서 근대적 '국민'의식은 한편으로는 전쟁과 같은 무장대립이 아니라 국가 '경쟁력'이라는 '규칙'의 프레임과 관련되며, 다른 한편으로는 계급대립과 같은 전통적 사회위험이 아니라 한국적 경로를 통해 '성공한 산업화가 생산하는 위험'을 매개로 형성되고 있다. 서구에서는 오랜 시간 동안 점진적으로 진행된 근대화 과정에서 '민족'과 '국민'이 혼재하는 '비동시성의 동시성'이 특징적이라면, 한국사회에서는 '민족' 감정 이후에 '국민' 의식이 형성되는 단계적 발전이 두드러진다고 할 것이다. 그리고 그러한 과정에서 '단계들'을 구분지어 주는 '단절'은 산업화의 성공, 특히 '왜곡된 성공'이다. 무엇보다도 민주주의의 실질적 결여로 인해서 국민이 위험의 당사자가 되는 '한국형 위험사회'의 결과이다(홍찬숙, 2015).

　　'위험사회' 개념을 창안한 울리히 벡은 '세계위험공동체'의 발현 가능성을 설명하면서, "공중[또는 공공성]이란 문제로 인해 발현하는 효과"(Bennett, 2010: xviii)라는 존 듀이의 철학에 의존했다(벡, 2011). 듀이의 철학을 '사물의 정치생태학' 관점에서 해석한 베네트(Bennett, 2010)에 따르면,

듀이는 … 인간 대응의 정서적·신체적 성질을 강조한다.

… 듀이가 제시하는 공중은 신체들의 연합, 즉 선택해서가 아
니라 (정확히 말해 공중은 자발적 협의체가 아니다) 시간이 지나면서
"문제"로 굳어지는 피해를 공통적으로 경험하기 때문에 협력에 돌
입하는 신체들의 연합이다. 듀이는 특정 문제에 선행하여 공중이
존재하는 것이 아니라, 문제에 대한 대응 속에서 공중이 발현한다고
설명한다.   _ Bennett, 2010: 100

듀이의 이와 같은 설명을 베네트는 라투르(Latour)의 "사물의 의회
(parliament of things)"와 랑시에르(Rancière)의 '혼란으로서의 민주주
의(democracy as disruption)' 개념과 연결시킨다(Bennett, 2010: 104).
말하자면 민주주의란 더 이상 제도화된 대의제 의회 속에서만 수행되
는 것이 아니라, 사물과 인간의 연결체에 의해 혼란의 형세 속에서
수행된다.

세월호 참사의 경우에 이러한 해석방식을 적용해보자. 그러면 세
월호 참사라는 '피해,' 그 피해들이 누적되며 윤곽이 드러나는 '문제'들,
그리고 그 피해로 인해 '마음이 움직인(affected)' 사람들과 그들의 신체
들, 그리고 그들을 흡사 '감전'과 같은 방식으로 순식간에 연결한 영상
매체, 영상매체로 전달되는 이미지가 언어화되는 데 작용한 디지털매
체 등이 모두 어우러져서, 제도화된 국회와 대비되는 새로운 의회를
형성했다. 이렇게 형성된 '의회'를 통해 여의도의 '질서'가 아니라 시민
광장과 광화문의 혼란스러운 형세 속에서, '국민'이 민주주의의 주권자
로 새롭게 가시화되었다고 설명할 수 있다.

• 참고문헌

고민택. 2014. "세월호 참사 후 한국사회 정치지형 변화 가능성." 『진보평론』 61: 89-110.

구도완·김종엽·서문기·서이종·심상완·이세용·이재열·임현진. 2003. 『한국 사회의 위험과 안전』. 서울대 출판부.

김신구·최은경. 2015. "세월호 참사에 대한 트위터와 포털뉴스의 의제 순위 상 관관계 연구." 『인터넷정보학회논문지』 16(3): 105-116.

김용철. 2008. "촛불시위의 동학: 온라인과 오프라인의 만남." 『정보화정책』 15(4): 129-139.

김정한. 2014. "한국사회의 대중과 새로운 정치주체의 형성." 『황해문화』 12: 86-100.

김종서. 2015. "세월호 사건을 계기로 본 헌법학의 과제." 『저스티스』 146(3): 282-318.

김종엽 외. 2016. 『세월호 이후의 사회과학』. 그린비.

김현강. 2013. "발터 벤야민의 사유에 나타난 주체, 이미지, 기술 사이의 관계." 『인문논총』 69: 317-342.

문화과학사. 2003. 『문화과학』 35, 특집: 위험사회.

바우만, 지그문트. 2009. 『액체근대』. 이일수 옮김, 강.

박명규 외. 2016. 『2015 통일의식조사』. 서울대학교 통일평화연구원.

박수경. 2013. "가상공간에서의 정치 활동의 특징과 오프라인 환경과의 연계성에 대한 지리 적 고찰: 2012년 대통령 선거를 사례로." 『대한지리학회지』 48(5): 686-708.

박종훈. 2014. 『세대전쟁』. 21세기북스.

벡, 울리히. 1997. 『위험사회』. 홍성태 옮김. 새물결.

＿＿＿＿. 2010. 『글로벌 위험사회』. 박미애 · 이진우 옮김. 길.

＿＿＿＿. 2011. 『세계화 시대의 권력과 대항권력』. 홍찬숙 옮김. 길.

＿＿＿＿. 2013. 『자기만의 신』. 홍찬숙 옮김. 길.

벡, 울리히 · 엘리자베트 벡-게른스하임. 2012. 『장거리 사랑』. 이재원 · 홍찬숙 옮김. 새물결.

사회과학원. 1998. "특집: 한국사회는 위험사회인가?" 『계간 사상』 가을호.

심영희. 1998. 『위험사회와 성폭력』. 나남.

유영철. 2012. "소셜네트워크(SNS) 상에서의 정보전달과 시민참여의 권유 및 참여결정 특성에 관한 연구: 촛불집회 참여와 On-Line 커뮤니티 단체들의 성격 분석." 『한국지역정보화학회지』 15(2): 103-120.

이승한. 2014. "다시 문제는 '우리'다." 『한겨레신문』, 2014.05.03일 자.

이승훈 · 김상돈. 2009. "인터넷과 디지털 시민성에 관한 탐색적 논의: 인터넷 이용 형태와 온라인 정치참여의 관계를 중심으로." 『한국지역정보화학회지』 12(1): 31-58.

이재열 · 김홍중. 2005. 『한국사회의 위험구조 변화』. 정보통신정책연구원.

이현우. 2015. "2014년 지방선거에 세월호 사건이 미친 영향." 『한국정치학회보』 49(1): 247-268.

이형석. 2013. 『B급 문화, 대한민국을 습격하다』. 북오션.

이홍석 · 이재호 · 최윤경. 2015. "세월호 뉴스 댓글에 내재된 집단 정서의 역동성."『한국심리학회 학술대회 자료집』2015. 8: 204-204.

장덕진. 2014. "박근혜 정부 지지율의 비밀: 정치적 양극화."『황해문화』82: 32-47.

정 현. 2015. "세월호 이후 정치적인 것의 '세속화'."『창작과비평』43(4): 389-405.

정원옥. 2014. "세월호 참사의 충격과 애도의 정치."『문화과학』79: 48-66.

정지범 편. 2009.『국가종합위기관리』. 법문사.

정진성·이재열·조병희·구혜란·안정옥·장덕진·고형면·장상철. 2010.『위험 사회, 위험정치』. 서울대학교 출판문화원.

조화순. 2012. "소셜 네트워크 시대의 정치참여와 민주주의의 미래-연구의 동향 과 과제."『대한정치학회보』19(3): 23-48.

진태원. 2015. "세월호라는 이름이 뜻하는 것: 폭력, 국가, 주체화." 인문학 협동 조합 기획「팽목항에서 불어오는 바람」.『현실과 문화』, pp.135-154.

최 원. 2016. "세월호 담론 검토: 원인, 트라우마, 주체성."『실천문학』2016. 2: 127-138.

한겨레신문사. 2014. "세대전쟁은 없다."『한겨레21』제1004호(2014.03.31) 특집.

홍성태. 2000.『위험사회를 넘어서』. 새길.

_____. 2007.『대한민국 위험사회: 생태적 복지사회를 향하여』. 당대

_____. 2014. "'비리 대한민국' 폭발하다."『한겨레21』제1009호: 56-58.

홍찬숙. 2012. "한국사회의 압축적 개인화와 젠더범주의 민주주의적 함의: 1990 년대를 중심으로."『여성과 역사』17: 1-25.

_____. 2014. "오직 성장국가 … 우리 안의 고질병: 한국은 권위주의 발전국가 형 위험사회."『주간동아』통권 935호: 29-31.

_____. 2015. "한국형 위험사회에서 사회정의란 무엇인가?" 김일수 외.『한국 사회 정의 바로세우기』. 세창미디어, pp.339-364.

Benjamin, W. 1999. *The Arcades Project.* Howard Eiland and Kevin McLaughlin, Trans. Cambridge, Mass.: Harvard University Press.

Bennett, J. 2010. *Vibrant Matter. A Political Ecology of Things.* London: Duke University Press.

Hier, S. P. 2008. "Transformative Democracy in the Age of Second Modernity: cosmopolitanization, communicative agency and the reflexive subject." *New Media Society* 10: 27-44.

Luhmann, N. 1997. *Gesellschaft der Gesellschaft.* Frankfurt am Main.

Poster, M. 1990. *The Mode of Information: Poststructuralism and Social Context.* Cambridge: Polity Press.

_____. 1995. *The Second Media Age.* Cambridge: Polity Press.

_____. 2001. *What's the Matter with the Internet?* Minneapolis: University of Minnesota Press.

Weigel, S. 2015. "The Flash of Knowledge and the Temporality of Images: Walter Benjamin's Image-Based Epistemology and Its Precon-ditions in Visual Arts and Media History." *Critical Inquiry* 41: 344-366.

"광복 이후 가장 중요한 사건 … 2040 '세월호' 5060 '한국전쟁'." 『한겨레』(2014. 12.31일 자), http://www.hani.co.kr/arti/society/society_general/671733.html(검색일: 2016.11.04).

"광복 이후 가장 중요한 역사적 사건은?" 『헤럴드경제』 인터넷판(2015.07.31일 자), http://biz.heraldcorp.com/view.php?ud=20150731000644(검색일: 2016.11.04).

"전 국민 '세월증후군' … 가슴 답답·복통·울화통·죄책감." 『아시아경제』(2014. 04.21일 자), http://www.asiae.co.kr/news/view.htm?idxno=2014042109323313303(검색일: 2016.11.04).

"20여 년 동안 무엇이 바뀌었나." 『동아일보』 시론(2014.04.21일 자), http://
news.donga.com/BestClick/3/all/20140421/62920289/1(검색일:
2014.05.02).

"'일베'와 '행게이' 어디에나 있고, 아무데도 없다." SBS 교양프로그램 『그것이
알고 싶다』 제937회(2014.05.03 방영).

제3장

세월호 참사와 사회적 고통:

표상, 경험, 개입

이현정
서울대학교 인류학과 부교수

1. 들어가며: 사회적 고통으로서 세월호 참사

　　　　　세월호 참사는 그 충격의 크기만큼이나 오늘날 사회과학적 연구가 갖는 성격에 관한 근본적인 질문을 제기하는 것으로 보인다. 사회과학의 연구대상이 '사회현상(social phenomenon)'이라고 할 때, 과연 오늘날 사회과학적 접근 방법은 우리가 목도하는 사회현상을 충실히 파악하고 있는가? 사회과학자들이 수행하는 분석과 해석은 궁극적으로 오늘날의 사회와 현실 문제에 제대로 응답하고 있는가? 2014년 4월 16일 이후 한국사회에서는 참으로 많은 세월호 참사에 관한 연구들이 진행되어 왔다.[1] 그렇지만 과연 그중 얼마나 세월호 참사의 문제를 사회적 경험으로서 총체적으로 이해하고 해결 방향을 제시해 왔는가를 생각해보면 그다지 긍정적이지 않다.

한 일간지의 여론조사 보고에 따르면, 한국인들은 "광복 이후 일어난 가장 중요한 역사적 사건"으로 '한국전쟁'(15.5%)에 이어 '세월호 참사'(13.9%)를 꼽았다(이정애, 2014). 한국전쟁을 직접 경험하지 않은 20~40대에게 세월호 참사는 1위로 나타난다. 2014년에 실시된 여론조사인 만큼, 응답자들의 심리적 편향은 있을 수 있다. 그렇지만 세월호 참사가 한국사회에 더할 나위 없이 커다란 충격과 고통을 야기했다는 것을 부인하기는 어렵다.

사망하거나 실종된 총 250명 단원고 학생들의 부모와 형제자매만을 어림잡는다고 해도 최소 육칠백 명에 이르는 유가족의 울부짖음이 상징하듯,[2] '고통'은 세월호 참사를 우선적으로 특징짓는 개념 중 하나이다. 그러나 세월호 참사를 고통의 문제로서 학문적으로 다루고자 할 때 우리는 몇 가지 현실적인 어려움에 직면한다. 첫째, 세월호 참사가 야기한 고통은 우리사회 전반에 참으로 다양한 형태로 등장

• • • • •

1) 2016년 12월 현재, 한국학술교육정보원(RISS)의 데이터베이스에 따르면, 제목에 "세월호"라는 단어가 들어간 연구물은 학위논문 30건, 국내 학술지 논문 336건, 단행본 82권에 이른다.
2) 세월호 침몰로 탑승인원 총 476명 중 295명이 사망하였고 9명이 실종되었다. 이 중 안산 단원고 학생은 탑승자 325명 중 250명이, 교사는 탑승자 14명 중 11명이 사망·실종하였다. 그 외, 일반인은 탑승자 104명 중 33명이 사망·실종하였다. 일반인 희생자 및 유가족들의 슬픔과 고통이 더 작다고 말할 수는 없겠지만, 세월호 침몰은 그 희생 규모상으로 보더라도 단원고 학생들과 교사들 및 그 가족들의 상처이자 충격이며 고통이었다.

했다. 가장 직접적으로 당시 배를 타고 있던 사람들과 그들의 가족, 그리고 가까운 청소년 친구들의 고통이 있었다. 생존자는 생존자대로 유가족들은 유가족대로 또 실종자의 가족은 그들대로, 일상이 무너지고, 관계들이 파괴되며, 국가와 이웃에 대한 믿음이 와해되었다. 그러나 각자 경험하는 고통의 깊이나 양상은 기존 삶의 서로 다른 맥락과 가족적·경제적 상황 속에서 결코 한 가지로 환원될 수 없었다(이현정, 2015a; 박기묵, 2015; 이동훈·신지영·김유진, 2016). 또한 배를 탄 학생들이 서서히 바다 속으로 침몰해가는 과정을 TV 뉴스보도를 통해 실시간으로 보아야 했던 일반 국민들에게, 세월호 참사의 고통은 직접적인 피해자들과는 다를지언정 결코 간단치 않은 문제로 나타났다. 이들의 고통은 안산의 분향소나 광화문 집회현장 속에서 시민 참여적 공감으로 경험되기도 하였지만, 적절한 방식으로 대응하지 못하는 국가 관료들과 정치인들의 태도에 대한 분노와 무력감이거나 어른 된 죄책감과 부끄러움으로 나타나기도 했다(정원옥, 2015; 이홍표·최윤경·이재호·이홍석, 2016). 또한 진도의 어민들과 안산의 소상인들에게, 세월호 참사는 처음에는 안타까움과 슬픔이었다 하더라도 시간이 흐를수록 그들의 생계를 위협하는 또 다른 고통으로 등장하였다.

둘째, 세월호 참사의 고통을 다룰 때 직면하게 되는 어려움은 과연 그러한 사회 전반적이고 삶에 깊숙이 배태된 '고통'을 우리가 어떻게 학문적으로 개념화할 수 있는가 하는 질문과 관련되어 있다. 현대 사회의 지식과 제도가 조직되는 방식이 실증주의적인 경향을 가지고 있기 때문에, 지금까지 고통은 측정 가능한 속성으로 분리되고 고통을 다루는 전문가들에 의해서만 파악될 수 있는 것으로 다루어져 왔다(Kleinman and Kleinman, 1997). 예컨대, 세월호 참사 이후의 고통의 문제는 공무원들에게는 희생자·실종자·생존자의 수로써, 의료전문가들에게는 외상 후 스트레스의 진단 결과 도표, 입원 환자 수, 혹은 자살위험도로써, 정치전문가들에게는 성명서 지지자의 명단과 정부 지지율의 변화로써, 경제전문가들에게는 지역경제 하락률을 보여주는 그래프로써, 복지전문가에게는 복지자원의 할당 근거와 비율로써 해석되어 왔다.

분과 학문적 방법론이 갖는 학문적 전통과 분석력을 완전히 부정할 수는 없을 것이다. 실제로 과거 어떠한 재난과 비교해 볼 때, 세월호 참사 이후에는 정신의학은 말할 것도 없고, 간호학, 심리학, 사회복지학 등 각 학문 분과에서 트라우마 해결 방안 및 정책 개선에 대한 논의가 매우 활발하게 이루어졌다(예컨대, 서울대학교의과대학·서울대학교병원, 2014; 대한정신건강재단 재난정신건강위원회, 2015; 이나빈·심기선·한상우·이강욱·심민영·채정호·안현의, 2015; 최미정, 2015; 4·16세월호참사 특별조사위원회, 2016).

그렇지만, 과연 분과 학문적 구획과 분류를 통해 접근된 과학적 이해가 세월호 참사가 야기한 고통을 파악하는 데 충분한 것일까? 무엇보다 자녀의 죽음으로 인한 충격과 슬픔을 넘어 이웃과 정부로부터 멸시와 비난의 대상이 되어 온 유가족의 입장에서 생각해 보면, 기존의 실증적 방법론에 기초한 분과 학문적 연구들은 각 개인이 경험한 — 눈으로 보고, 귀로 듣고, 손으로 만지고, 온 몸으로 부대낀 — 고통의 총체성을 도외시하고 이들의 경험을 분절화시킴으로써 오히려 고통의 본질을 파악하는 데 실패하는 듯이 보인다(Renault, 2010). 고통은 시신에 부여된 '몇 번째'라는 번호로도, 복용하는 약물의 개수나 자살 시도의 횟수로도, 심지어 언어적 표현의 장단(長短)이나 강약(强弱)으로도 간단히 정리될 수 없으며, "형언할 수 없는 고통"이라는 표현처럼 언어나 신체적 증상으로 반드시 표출되지조차 않는다(Das, 2007; Good, 2012). 이에 반해, 오늘날 고통에 대한 가장 지배적인 전문가적 담론 —즉, 증상 중심의 질환에 주목하는 정신의학적 담론이 갖고 있는 세월호 트라우마 논의의 한계와 문제점에 대해서는 일찍이 여러 학자들이 자세하게 지적한 바가 있다(김왕배, 2014; 김명희, 2015).

이러한 문제의식 속에서, 본 연구에서는 개인이 처해 있는 서로 다르고 다층적인 사회적 삶의 맥락을 고려하면서, 세월호 참사의 '고통'을 인간의 사회적 경험이라는 — 인간으로서의 삶에 본질적이지만, 특정한 요소로 쉽게 환원되기 어려우며, 나아가 그 사회가 갖는 독특한 의미의 구조로부터 자유롭지 않은(Geertz, 1998) — 차원에서 바라보고자 한다. 본 작업을 위해, 필자는 특별히 '사회적 고통(social suffering)'이라는 개념을 사용할 것이다. 사회적 고통이란 고통이 갖고 있는 사회적인 성격을 여러 측면에서 강조한다.

첫째, 사회적 고통의 개념은 고통의 감각이 존재론적으로 개인(의 몸)의 문제일 수밖에 없음에도 불구하고, 개인이 경험하는 고통의 내용이나 강도가 각자가 처해있는 사회적 관계에 의해서 영향을 받는다는 점을 강조한다. 가족관계, 공동체 및 국가 안에서 개인이 부여받은 위치와 역할은 고통에 대한 감각과 경험을 특수하게 성격 지운다.

둘째, 지역적이고 역사적인 맥락에 따라 고통의 도덕적이고 정치적인 의미가 달라진다는 면에서, 고통은 그 자체로 사회적 구성물이다. 예컨대, 비전향수가 겪은 고문의 경험은 정치적 국면의 변화에 따라 그 사회적 의미가 달라지며 그가 겪는 고통의 경험에 영향을 미칠 수 있다.

셋째, 고통은 언제나 전문가적 담론 속에서 관료제적 관리나 기술적 개입의 대상으로 선별되고 정의된다는 점에서 사회적이다. 사회적 고통의 개념은 고통을 야기한 사회적 문제에 국가나 전문가들이 대응하는 방식이 결과적으로 고통을 악화시키거나 심지어 추가적으로 발생시킬 수도 있다고 본다(Kleinman, 1997).

따라서 사회적 고통에 주목하는 사람들은 폭력으로 인한 트라우마, 통증, 질병이 의료적인 문제인 동시에 정치적이고 문화적인 쟁점이며, 고통의 문제 속에는 의료, 복지, 법, 윤리, 종교와 같이 서로 별개라고 여겨지는 영역들이 함께 얽혀 있다는 사실을 강조한다. 나아가 사회적 고통에 관한 연구들은 개인/집단, 건강상태/사회 문제, 표상/경험, 고통/개입 간의 이분법적 구분을 넘어 고통의 경험을 최대한 총체적으로 파악하는 것을 목표로 한다(Kleinman, Das & Lock, 1997; Bourdieu, 1999; Wilkins, 2004; 함한희, 2002).

사회적 고통으로서 세월호 참사를 논하는 것은 크게 세 가지 차원의 질문과 그에 대한 논의를 이끈다. 첫째, 세월호 참사 이후 고통은 어떻게 해서 사회적 경험이 되어왔는가? 이는 특히 미디어와 정부의 담론이 주도해 온 고통에 대한 문화적 표상과 소비 행위에 대한 질문을 포함하고 있다.

둘째, 세월호 참사는 다양한 집단들에게 어떠한 성격의 고통으로서 다르게 경험되어 왔는가? 이는 사회적 고통의 근본적 원인이 동일한 지점에 놓여 있다고 하더라도, 실제로 그 경험의 내용이나 성격은 집단이 처한 삶의 조건과 의미부여의 방식 속에서 달라질 수 있다는 사실을 함축한다.

셋째, 세월호 참사 이후 고통을 정의하고 관리하고자 하는 시도는 우리사회에서 어떻게 이루어져 왔으며, 그러한 시도들은 고통을 치유 또는 악화시키는 데 어떻게 기여해 왔는가? 이는 고통에 대한 정치적·의료적·종교적 개입과 그 방식이 갖는 사회적 함의에 대한 질문이다.

다음 절에서는 이러한 세 가지 질문—표상, 경험, 개입—에 대한 답을 인류학적 현장연구로부터 얻은 자료를 바탕으로 서술하고자 한다. 필자는 세월호 침몰이 발생한 2014년 4월 16일부터 참사 및 이후 활동과 개입에 관한 문헌 및 미디어 자료를 수집해 왔으며, 2014년 5월 초부터 안산시를 중심으로 광화문, 진도, 동거차도(東巨次島)에 이르는 폭넓은 지역에서 현장연구를 수행해 왔다. 특히 피해자의 고통을 최소화하고자 하는 실천적 목표에 공감하는 의료인류학자로서, 트라우마 치료기관인 '안산온마음센터'와 세월호 참사 관련 기록수집 시민단체인 '416기억저장소(현재 4.16가족협의회 산하기관)' 두 기관의 활동에 참여해 왔으며,3) 이러한 참여를 통해 유가족, 생존자, 시민사회 활동가, 안산 및 진도 주민, 잠수사, 관료, 의료전문가 등등, 다양한 집단의 입장과 태도에 대해 보다 가까이 관찰할 수 있었다.

필자는 피해자들의 고통의 해결을 위해서는 무엇보다 고통을 그들의 관점에서 이해하는 것이 우선적으로 전제되어야 한다고 생각하였기에, 피해자와 분리된 '연구자의 중립성'을 강조하기보다는 피해자 집단

• • • • •

3) 연구자는 2014년 7월부터 12월까지는 안산정신건강트라우마센터(이후 안산온마음센터로 명칭 변경)에서 의료인류학적 기초조사를 수행하였으며(이현정, 2014), 2015년 5월부터는 416기억저장소(이후 4.16가족협의회 기억저장소로 변경)에서 피해자들의 구술증언을 수집하는 사업을 진행해 왔다(416기억저장소 구술증언팀, 2016 참조).

―특히 세월호 참사 이후 가장 활발하게 움직인 유가족들― 의 활동을 적극적으로 지지하는 입장에 서 있었다. 연구 방법으로는 주로 참여관찰과 (녹음기를 사용하지 않는) 비공식적 면담이 사용되었으며, 여건이 허락되고 동의를 받는 경우에 한해서, 심층면담이 녹음기를 사용하여 이루어졌다.

2. 고통에 대한 문화적 표상과 소비

타인의 삶에 대한 직접적인 관찰과 경험이 쉽지 않은 현대사회에서, 대부분의 사람들에게 타인의 고통은 미디어를 통해서 비로소 경험적 사실로서 인식된다. 타인의 고통을 매개하는 미디어의 역할은 '증언'의 형태를 띤다. 증언이란 사건 현장에 부재하였지만 그것에 대해 판단해야 하는 이를 위해 자신의 경험을 진술하는 행위다.

미디어의 증언은 정확성, 진실성, 신뢰성을 중요한 가치로 고려함에도 불구하고, "특권적 관점과 위치에서 파악되고 구조화된 이야기로서, 사건들을 상대적으로 일관성 있는 서사적 질서 속으로 편입시키는 과정에서 여러 경합하는 세력들의 이해가 개입"된다(김수미, 2015: 76). 특히 타인의 고통에 대해 미디어가 생성한 이미지는 이미 특정한 해석을 내포함으로써 수용자에게 정치적 격분을 일으키게 하거나 정반대로 도덕적 의무감으로부터 해방될 수 있는 통로를 제공할 수 있다. 이처럼

세월호가 묻고 사회과학이 답하다

오늘날 대부분의 사람들에게, 타인의 고통에 대한 경험은 특정한 정치적·도덕적 목적을 지닌 사회제도인 미디어에 의해 직접적으로 영향받을 뿐 아니라, 문화적 표상으로서 이미지 상품을 소비하는 것과 밀접하게 연관되어 있다(Sontag, 2004).

한국사회에서 세월호 참사에 대한 고통의 경험은 미디어의 영향력을 적나라하게 드러내었으며, 동시에 미디어의 정보 유포와 관련된 여러 가지 윤리적인 문제를 제기하였다. 참사 초기부터 한국 언론은 무능력할 뿐 아니라 무책임한 태도를 보였다. 사실 확인도 제대로 하지 않은 채 버젓이 '전원 구조'라는 대형 오보를 냈으며, 부모와 오빠를 잃은 6살 어린 아이의 얼굴 사진을 그대로 보여줬고, 겨우 구조되어 나온 학생에게 "친구가 죽은 사실을 알고 있느냐"며 인터뷰를 요청했다. 사고의 원인이나 대책에 대한 논의보다 사망자 보험금이 얼마인지 계산하는 모습을 보여주었으며, 피해자들의 슬픔과 인권을 무시한 채 선정적인 보도를 일삼았다(임연희, 2014: 180). 세월호 참사는 기자와 쓰레기의 합성어인 '기레기'라는 신조어를 등장시켰으며, 직업윤리가 무너지고 상업주의가 팽배한 대한민국 언론의 현주소를 여과 없이 보여준 저널리즘의 참사이기도 했다.

미디어는 재현의 대상을 구성하는 과정에서 선택과 배제, 강조와 은폐를 통해서 고통의 의미와 가치를 암묵적으로 정하는 역할을 수행한다. 시간이 지나면서, 참사 피해자들의 고통에 대한 미디어 표상은 진영 정치화된 양극단—즉, 피해자의 고통에 대한 '공감' 또는 '혐오'를 조장하는 이데올로기적 담론을 생성하고 확산시키는 데 초점이 맞춰져 왔다. 2014년 대통령의 대국민 담화와 두 번의 선거(6.4 지방선거와 7.30 재보궐선거)를 겪으면서, 언론 보도는 정부 비판적 입장과 야당

비판적인 입장으로 철저하게 양분되었으며(박종희, 2016), 유가족들이 겪는 고통의 의미도 마찬가지로 양극단으로 갈라졌다.

편가름을 요구하는 고통에 대한 현란한 표상들은 세월호 참사가 야기한 고통의 본질에 대한 사회의 이해와 논의를 가로막았다. 시선을 사로잡는 강렬한 이미지들은 각 개인에게 피해자들에 대한 호오(好惡)를 판단하도록 강제한 반면, 세월호 참사가 어떠한 정치적·경제적·제도적 문제들을 근원적으로 내포하고 있으며, 그러한 문제들이 참사 이후 우리사회에 어떠한 폭력과 고통을 추가적으로 만들어내고 있는지에 대해 사회적으로 논의할 수 없도록 이끌었다.

예컨대, 미디어에서는 진도를 떠나 안산으로 돌아온 생존자들과 유가족들이 실제로 얼마나 다른 사회경제적 조건 속에 놓이게 되었으며, 어떻게 가까운 친지와 주변과의 관계 성격이 변했고, 직장이나 학교 생활이 달라졌으며, 질병과 신체적 변화를 겪고 있고, 그 결과 2차·3차적 트라우마와 고통을 겪고 있는가에 대해서는 거의 다루지 않았다. 반면, 단식과 집회에 참여하는 유가족들의 투쟁적인 모습과 배·보상금 수혜자로서의 이미지는 공중파 방송과 주요 신문 보도에서 반복적으로 강조되었다. 또한 유가족들이 참사를 통해 삶과 가족, 나아가 물질중심주의의 현대사회에 대해 갖게 된 남다른 반성과 깨달음에 대해 조명하기보다는, '노동계급 출신' 또는 '외국인 밀집 주거지역이 많은 안산 거주민'이라는 사회경제적으로 능력이 부족하고 불쌍한 희생자의 이미지만을 강조하면서 타자성을 강화시켜 왔다. 이처럼 미디어는 "고통의 주체로서 참사의 희생자들과 이 고통을 간접적으로 경험하는 우리 사이에 적절한 거리를 유지하게 하거나, 정서적 공감과 도덕적 관심을 형성하는 데 기여하기보다는 얼마간 그 반대의 역할을 수행했

세월호가 묻고 사회과학이 답하다

다"(김수미, 2015: 85). 결국 단순하고 과격한 이미지로서의 고통의 생산, 유가족들의 진영 정치 프레임으로의 포섭, 참사에 대한 배금주의적인 해석, 그리고 참사 피해자들에 대한 거리두기 및 타자화가 반복되는 속에서, 대중들은 점차 생존자 및 유가족의 고통에 대해 '피로'와 '지루함'을 느낄 수밖에 없었다.[4]

강렬하게 각인되는 이미지들의 홍수 속에서 대중들이 참사의 고통을 자신의 삶과 연관된 것으로서 공감하기 어려웠던 만큼, 생존자들과 유가족들 또한 자신들의 경험을 의미화하고 행동을 선택하는 데 있어서 미디어의 표상으로부터 자유롭지 않았다. 노숙이나 서명 운동이라고는 살면서 단 한 번도 상상해본 적조차 없는 대부분의 유가족들에게, 진상규명을 향한 국가와의 싸움만큼이나 미디어의 이들을 향한 시선은 낯설고 충격적인 경험이었다. 1주기를 앞두고 이루어진 배·보상액과 관련된 정부의 무자비한 보도를 보면서, 유가족들은 자신들을 '자식을 팔아 돈을 챙기는' 사람으로 간주하는 뭇 세상의 태도에 경악했다. 손톱이 문드러지도록 고통스럽게 죽어간 자식들을 희화화하거나 비웃는 '일베'를 비롯한 온라인의 모독 행위들은, 실제 거리에서 집회를 방해하는 보수 단체의 어르신들에게서 받은 상심보다 더욱 깊은 상처를 남겼다. 그 결과 유가족들은 컵라면 하나를 먹거나, 양말을 벗거나, 심지어 웃음 한 번 짓는 행위도 조심스러워했는데, 자신들의 발언과 행동이 어떻게 미디어에 의해 과장되거나 왜곡되어 다루어질 수 있는지를 늘 의식해야 했기 때문이다. 그런 점에서, 미디어는 세월호 참사

• • • • •
4) 공중파 방송과 주요 신문 보도가 드러낸 이러한 특징으로 인해 오마이TV나 고발뉴스와 같은 인터넷방송이 '보다 진실한' 사실보도매체로서 각광받기도 했다.

당일부터 지금에 이르기까지 특정한 방식으로 현실을 가공하고 주체를 형성하는 권력 그 자체의 역할을 수행해 왔다.

3. 사회적 고통의 서로 다른 경험들

세월호 참사가 야기한 사회적 고통의 경험은 단지 단원고에 재학 중이던 자녀를 잃은 부모들만 해당되는 것이 아니다. 안산과 인천과 진도와 제주도에서, 학생들과 어른들, 생존자와 희생자와 실종자의 부모와 형제자매와 일반 시민, 그리고 한국인과 외국인이 겪었던 경험이다. 이들의 경험은 참사 발생 이후 시기와 사안에 따라 서로 다른 형태로 등장했을 뿐 아니라 때때로 서로 충돌하기도 했다.

"안 산다, 안 산다 하면서 사는 곳이 안산이에요"라는 어떤 어머니의 말씀처럼, 안산은 대다수의 주민들에게 평생의 생활공간으로 인식되기보다는 빨리 돈을 벌어서 다른 곳으로 떠나기 위해 거치는 잠정적인 거주지의 성격을 띠고 있다. 안산은 1970년대 말 박정희 정권 말기에 기획·조성된 후 지난 30년간 초고속 성장을 거듭해왔다. 해마다 5만 명이 외부에서 유입되고 3만 명이 유출되는 인구증가를 통해, 원래 20만 명으로 계획되었던 도시가 현재는 70만 명이 넘는 특정시급 도시로 자리 잡았다. 급속한 인구증가를 가능하게 한 것은 무엇보다 전국 최대의 제조업 기반을 갖춘 중소 산업단지가 안산에 있기 때문이다.

세월호가 묻고 사회과학이 답하다

이러한 도시의 특성으로 인해, 안산은 주민들에게 '아무리 가난한 사람이라도 일단 오면 먹고 살 수 있는 곳'이라고 생각되며, 실제로 외국인노동자를 비롯하여 가장 자원이 부족한 이주노동자들이 밀집되어 살고 있는 지역이기도 하다. 국내의 출신 지역별 인구 구성을 보면, 전라남도 출신이 가장 많고, 80년대 후반부터 폐광으로 인해 유입된 강원도 출신도 상당수를 차지한다.

"만일 우리 아이 중 한 명이라도 부모가 강남에 살거나 국회의원이었다면 이런 일이 있었겠나"라는 유가족 부모들의 현실 인식은 안산이 가지고 있는 역사적·지역적 특성 및 한국사회에서 안산 주민이 차지하는 계급적 위치성에 대한 자기 각성의 결과이다. 비록 안산이 먹고 살기에 좋은 곳이라는 공감대가 주민들 사이에 굳건하게 형성되어 있긴 하지만, 안산에서 성공한 사람들은 주변의 신도시나 군포로 이사 가는 것이 관례처럼 되어 있다. 따라서 주민들에게 안산에 산다는 것은 여전히 이곳을 떠날 만큼 아직 성공하지 못했다는 것을 암묵적으로 뜻하게 되는 것이다.

미디어의 표상에 따르면 세월호 참사 피해자들의 고통이 마치 단일하고 일반적인 것처럼 보이지만, 안산 지역만 하더라도 실제로 피해자가 경험하는 고통의 성격은 결코 일관되지 않으며, 시간이 지날수록 피해자들 사이의 차이와 분열과 갈등은 점점 구체적이고 복잡한 양상으로 드러난다. 같은 동네의 이웃이자 같은 반 학부모 모임의 참여자였다고 하더라도, 자녀를 잃은 유가족과 자녀가 살아 돌아온 생존자 가족 사이에는 과거의 친밀감으로 도저히 그 거리를 좁힐 수 없는 살얼음 같은 차가운 긴장과 적대가 흐르기도 한다. 같은 학교나 학원을 다녔던 희생자의 형제자매들과 생존 학생들 사이에도 마찬가지의 불편함과 불신이 존재하며, 간혹 갈등의 폭발로 인해 이미 다치고 상처받은 마음에 또 다른 생채기가 생기기도 한다. 아이들의 쓰라림과 상처를 바라보는 부모들은 자신들의 고통을 잠시 치워둔 채 이리저리 해결책을 찾아보다가도, 도움을 청할 곳도 마땅치 않고 왜 우리에게 이러한 '기가 막힌' 일이 발생했는지 설명할 수 없음에 망연자실하고 만다.

생존 학생들은 이제 더 이상 고등학생이 아니며 졸업한 성인이 되었지만 지금도 때때로 수학여행에 대한 기억이 악몽처럼 되살아날 뿐만 아니라, 눈앞에서 빤히 배에 갇힌 친구들을 보면서도 혼자 살아온 것에 대한 죄책감으로 괴로움에 시달린다. 또한 배에 함께 타고 있던 어른들이 구명조끼를 뺏거나 보트를 타는 과정에서 선수를 빼앗는 등, 어른들의 이기적이고 잔인한 모습을 직접적으로 경험한 까닭에 학교나 지역에서 만나는 어른들에 대한 불신에서 벗어나기가 어렵다. 참사 이후 한참 동안 생존 학생들은 희생 학생들을 위해 유가족들이 추구하는 사회정치적 노력에 참여해야 한다는 생각을 하면서도, 희생자를 떠올리는 것 자체가 너무나 고통스럽기 때문에 이러지도 저러지도 못하는 상황 속에 처해 왔다. 또한 초기에는 유가족들과 함께 진상 규명을 위해 싸워왔던 생존 학생들의 부모들은 시간이 지나면서 유가족들과는 거리를 두면서, 자녀의 트라우마 치료와 정상적인 생활 복귀를 우선순위로 두었다.

세월호 참사는 많은 한국인들에게 더할 나위 없는 커다란 충격으로 각인되었지만, 사실상 시간이 흐름에 따라 피해자들의 실재적인 고통을 공감하고 이해하려는 사회적 노력이나 관심은 턱 없이 부족하였다. 앞서 언급한 것과 같이, 한국사회의 언론 보도는 피해자의 고통을 공감하고 이해시키려는 노력보다 고통을 이미지로 단순화시키고 정치적인 도구로 사용하고자 했다. 또 세월호 피해자들에 대한 보도는 점차 지면과 인터넷에서 사라졌다. 초기에 인산인해를 이루며 몰려들었던 각계각층의 자원봉사자들의 대부분은 고통과 어려움을 견디지 못하고 하나 둘씩 현장을 떠났다. 생존 학생들의 고통은 간혹 트라우마를 연구하는 의료전문가의 관심 대상이 될 뿐, 희생 학생들이 배(세월호) 안에서 경험했을 끔찍한 고통과 마찬가지로 그렇게 사람들에게 잊혀져갔다. 그러는 동안, 생존 학생들은 여전히 삼삼오오 자기들끼리 함께 어울리며 자신들의 삶에 예기치 않게 닥쳤던 사건을 새롭게 의미화하는 데 어려움을 겪고 있다.

유가족의 입장에서는 두 말 할 것도 없이 자식을 억울하게 잃은 것이 가장 커다란 고통이다. 주위에서는 "이제 그만 좀 해라"라고 말하지만, 부모들은 아직도 왜 자신의 아이가 그러한 사고를 당했고 또 구조되지 못하고 죽어가야 했는지 납득하지 못한다. 이것이 바로 진상규명의 문제가 이들에게 다른 무엇보다 중요한 까닭이다. 자녀와 아무리 가까운 친구였다고 하더라도, 한동안 유가족들은 생존 학생들을 편안하게 볼 수가 없었다. 살아나온 아이들이 부럽고, 어떻게든 우리 아이도 함께 데려왔으면 하는 마음에 밉기도 하고, 또 죽은 아이를 연상시켜서 대면하기 싫기 때문이다. 같은 반이었다고 하더라도, 같은 희생 학생 부모들끼리는 오랜 투쟁과 고통 속에서 이제 속마음을 터놓는 가까운 동지와 친구가 되었지만, 생존 학생의 부모들과는 "속마음이 다르기에" 그러한 관계 맺음이 쉽지 않다.

희생 학생 말고도 다른 자녀가 있는 유가족들은 사회적 관심과 트라우마 치료의 주된 대상이 단원고 내의 생존 학생들에게 집중되는 상황에 대해서 불편한 마음이 있었다. 유가족들 중 누구도 이렇게 과정이 오래 걸리고 쉽지 않으리라고는 예상하지 못했지만, 이들이 진상규명 운동을 위해 싸우는 동안, 홀로 집안에 '방치'되고 있는 다른 자녀들에 대한 걱정과 불안은 이들을 더욱 심리적으로 불안정하게 만들어왔다. 잃어버린 아이뿐 아니라 남은 아이마저 잘못될까봐 늘 조바심내야 했던 것이다. 실제로 사고 후 1년여가 지난 뒤에도, 형제자매들 중에는 죽은 형이나 누나를 따라서 자기도 죽겠다고 자해를 하거나 갑자기 이유 없이 폭발적으로 화를 내는 경우도 적지 않았다. 유가족들은 생존 학생과 마찬가지로 희생 학생의 형제자매에 대해서도 사회적 관심과 치료가 이루어지기를 촉구해왔다. 반면, 다 키워놓은 외동아이를 잃어버린 부부들은 갑작스러운 커다란 공허 속에 계속 살아가야 할 자신과 이유를 찾지 못하며, 배우자와 둘이 살아가야 할 미래에 대해서도 불안을 느낀다.

유가족들이 기존의 친척, 친구 및 이웃으로부터 받은 상처는 이들이 경험한 고통의 또 다른 축을 이룬다. 잘못된 언론 보도만을 믿고, 마치 유가족들이 엄청난 배상금을 받았다고 착각하는 친척이나 친구들은 비싼 상품의 구매나 투자를 권유하거나, 심지어 어려운 생활 처지를 도와달라며 돈을 요구한다. 사고 전에 아이가 늘 인사했던 동네 어르신들과 일상적 도움을 주고받던 가까운 이웃들이, 온통 세월호 이야기로 뒤덮인 안산을 불만스러워하면서 "아이가 죽은 게 무슨 벼슬이냐"고 소리칠 때면, 유가족들은 관계에 대한 허망함에 안산을 완전히 떠나버리고 싶은 마음이 울컥 치밀기도 한다.

정부와 미디어는 배상금 금액을 부풀리고 마치 국민의 혈세로 지급하는 것처럼 흑색선전을 일삼지만, 유가족들의 상당수는 혹시라도 그 돈을 받으면 진상규명이 이루어지지 않을까 우려하는 마음에 신청을 거부해왔다. 사실 부모들을 더욱 가슴 아프게 하는 것은 정부가 배상금을 책정할 때 단원고 희생 학생들의 삶의 가치를 그들이 되고자 했던 꿈에 대해서는 전혀 고려 없이 '도시일용직노동자'를 기준으로 책정했다는 사실이다. 단지 가난한 노동자 계급의 부모를 가졌다는 이유로, 아이들이 스스로의 꿈과 노력은 무시된 채 '노동자 계급'으로 취급되는 것을 보면서, 유가족들은 또 한 번 상처를 받았다.

3년이 되어 가는 현재, 유가족들은 진상규명의 문제는 해결된 것이 없지만 특별조사위원회는 정부에 의해 해산되었고, 세월호 선체의 인양은 깜깜무소식인 암담한 상황 속에 놓여 있다. 또한 아이들의 유해는 안산 하늘공원, 평택 서호추모공원, 화성 효원납골공원 등등 여전히 곳곳에 흩어져 있는 상태이며, 정부가 약속했던 희생자들을 위한 추모공원은 언제 실제로 설립될 수 있을지 막막하다. 단원고 교실이 사라졌던 것처럼, 안산 화랑유원지의 분향소도 곧 철거될 것이라는 소식이 불안하게 들리고 있다. 이러한 상황 속에서, 유가족들의 고통은 줄어들 길 없이 하루가 다르게 연장되고 있다.

또한 아직 시신조차 찾지 못한 실종자 가족들의 남다른 고통이 있다. 자녀를 잃고 시름에 빠져 있는 유가족을 '부러움'을 갖고 보는 사람들이 있다면, 지금까지도 자녀의 시신을 찾지 못하고 선박이 인양되기만을 기다리는 네 명의 실종 학생들(조은화·허다윤·남현철·박영인)의 부모들일 것이다. 2016년 8월 20일과 21일, 세월호 참사 당시 2학년 학생과 교사들이 사용하던 단원고 교실의 물품들이 안산 교육지원청 별관으로 이전되는 동안, 실종 학생들의 부모들은 자녀의 책상과 소지품을 원래의 교실에 그대로 남겨두는 것을 선택했다. 혹시 물품을 빼 버리면 자녀의 시신 구조 작업을 더 이상 하지 않을까봐, 또 '미수습자'라는 명칭으로 불리는 자녀들이 잊히게 될까 두려운 까닭이다.

그 외에도, 세월호 참사는 많은 사람들에게 다른 종류의 고통들을 발생시켰다. 유가족들로부터 '죄인' 취급을 받으며 또 다른 형태의 트라우마를 겪어야 했던 단원고 생존 교사들과 그들의 가족들이 있다. 또한 세월호의 침몰 소식을 듣고 무엇보다 생명을 구조하고자 뛰어들었지만, 도리어 언론에 의해 왜곡되고 국가에 의해 비난의 대상이 되어버린 잠수사들도 있다. 이들 중에는 아이들의 시신을 건져 올리던 고통스러운 기억으로 매일같이 불면증에 시달리고, 잠수병으로 더 이상 잠수를 할 수 없는 사람들도 있지만 사회의 관심을 그다지 받지 못하고 있다.

이 절에서 다루어진 생존 학생, 유가족, 그리고 실종자 가족들이 세월호 참사로 인해 가장 큰 고통을 겪고 있는 사람들임에는 틀림없지만, 세월호 참사의 고통은 이들뿐 아니라 안산과 진도를 넘어 더 많은 사람들이 경험한 것이라는 점을 인식할 필요가 있다. 그리고 유가족 또는 생존자라고 하더라도, 각자가 가지고 있던 기존의 삶의 맥락과 참사 이후 가족·공동체와 맺고 있는 관계의 성격에 따라 경험하는 고통의 내용과 강도는 다를 수밖에 없다.

따라서 '유가족의 고통' 또는 '생존 학생의 고통'이라고 명명된 내용들이 이들 각자의 고통, 나아가 세월호 참사가 야기시킨 사회적 고통을 완전히 드러낼 수는 없을 것이다. 더군다나 참사가 불러온 사회적 고통의 상당한 부분들은 여러 가지 이유로 아직 언어나 증상으로 표현되기 어려울 수 있다(Gal, 2002; Das, 2007). 따라서 지금 우리가 현상적으로 접하는 고통이란 빙하의 아주 작은 일부분일지도 모른다.

4. 고통에 대한 정치 및 전문가적 개입의 문제

　　　　　　　　　　사회적 고통은 어떠한 충격적인 사건으로
인하여 일상생활뿐 아니라 부모와 자식, 국가와 국민, 이웃과 공동체,
산 자와 죽은 자 같은 기존의 사회적 관계들과 그에 대한 믿음 체계
가 갑자기 파괴되고 불안정해지는 것과 관련이 있지만, 이러한 문제들
에 대해 국가와 전문가들이 해결하고 개입하는 과정에서 추가적으로
발생하거나 악화되기도 한다(Kleinman, Das & Lock, 1997; Bourgois &
Schonberg, 2009; Holmes, 2013; Farmer, 2009). 이번 절에서는 필자가
안산에서 관찰한 양상들을 중심으로, 어떻게 참사 이후의 개입 과정이
피해자들에게 사회적 고통을 덧붙이거나 보다 더 심각하게 만들어 왔
는지 살펴보고자 한다.

　　인류학적 자료들은 한 사회에 이해하기 어려운 집단적인 재앙이
발생했을 때, 그 사회의 정치적·종교적 지도자들이 나름의 방식을 통
해 '설명'과 '위로'의 역할을 수행하도록 기대되어 왔다는 것을 보여
주었다(예컨대, Malinowski, 1964; Evans-Pritchard, 1982[1969]; Clastres,
2005). 예컨대, 부족 사회에서 추장은 재판 과정을 통해 공동체 성원
다수의 죽음을 야기하는 데 책임이 있는 자를 식별하여 처벌을 명해
야 하며, 주술사는 보통 사람들에게 이해하기 힘든 재앙의 원인을 찾아
내어 설명을 제공하고 공동체에 위로의 메시지를 전한다. 그러나 안타
깝게도 세월호 참사 이후에 우리사회의 정치적·종교적 지도자들은 피
해자들 및 다른 공동체 성원들에게 '설명'과 '위로'를 적절하게 제공하
지 못했다.[5]

참사 이후 대응 과정에서, 유가족들에게 가장 충격적이고 당혹
스러웠던 점은 "어느 누구도 책임지려 하지 않는" 정치적 지도자들(관
료, 정치인, 대통령)의 태도였다. '책임(responsibility)'이라는 단어가 어
원적으로 '응답(response)'을 의미하듯, 지도자들은 진도에서의 가족
들의 혼란, 슬픔, 분노에 응답해 주었어야 했음에도 불구하고 다들 얼
버무리거나 다른 사람의 탓으로 돌리기에 급급했다. 부족 사회에서부
터 오늘날의 국가에 이르기까지, 공동체의 성원들이 납득할 수 없는
상황에 대해서 지도자는 '설명할 수 있는(accountable)' 능력이 기대되
고 그 대가로서 권력과 재산, 명예를 부여받는다. 그렇지만, 적어도
피해자들이 경험하기에 한국의 지도자들은 그런 능력이 없었으며 심
지어 노력조차도 보이지 않았다. 그 결과, 참사로 인한 사회적 혼란은
점차 가중되었으며, 정치적 지도자와 사회 체제에 대한 믿음도 함께
와해되었다.

전근대 부족 사회와 달리 정치와 종교가 분리된 오늘날의 사회
에서, 종교를 가진 피해자들과 공동체 성원들의 경우 정치적 지도자들
에게 듣지 못한 '응답'을 종교적 지도자들에게 기대한 것은 어쩌면 당연
한 현상이었다. 그렇지만 안타깝게도 한국사회에서는 종교적 지도자

• • • • •

5) '납득할만한 설명'을 제시할 책임이 있다는 점에서는 사회과학자들도 예외가 아닐
것이다. 세월호 참사의 원인을 '설명'하고자 하는 시도들은 사실상 적지 않았다.
그러나 원인을 '안전 불감증'으로 보든 혹은 '신자유주의'나 '관료주의의 폐해'로
보든 간에, 궁극적으로 그러한 설명이 대부분의 참사 피해자들에게 전혀 '납득되지
않았다'는 사실은 주목할 필요가 있다. 피해자들이 자기감정에 치우쳐 학문적 설명
을 받아들이려 하지 않는다고 '피해자를 비난'하는 것은 언제나 쉽지만, 이러한
주장은 결국 사회과학적 설명이 얼마나 사회현상에 대한 설명력을 가지지 못하며
실천적으로도 사회통합적인 기능을 수행하지 못하는가를 반증해줄 뿐이다.

들에 의한 설명과 위로조차도 잘 이루어지지 않았다.

지속적으로 새로운 인구가 유입되는 지역이라는 특성으로 인해, 안산은 다른 어느 도시보다 대형교회가 많고 개신교 신도의 비율도 높다. 안산의 교회들은 낯선 도시에 정착한 사람들에게 물질적이고 심리적인 부조를 제공함으로써, 이민자들이 감내해야 할 초기 비용을 줄이고 원만한 새 출발을 할 수 있도록 기여해 왔다.

이처럼 안산에서 교회가 번성하고 있었음에도 불구하고, 세월호 참사 이후 몇몇 교회들은 오히려 피해자들을 위로하기보다는 상처주는 데 일조하였다. 참사 소식을 들은 직후, 가장 많은 단원고 2학년 학생들이 다니고 있던 안산제일교회의 성도들은 다른 국민들과 마찬가지로 눈물로 기도하며 아이들이 살아 돌아오기를 염원했다. 그렇지만, 시간이 흐르고, 진상규명과 특별법을 요구하는 세월호 유가족들이 보수 언론에서 '종북' 내지 '반정부' 세력으로 다루어지면서, 안산 대형교회의 태도도 비판적으로 바뀌기 시작했다. 이러한 국내의 맥락 속에서, 2014년 8월 유가족들의 특별법 농성 중에 한국을 방문했던 프란치스코 교황의 발언("인간의 고통 앞에서 중립을 지킬 수는 없습니다")과 연대의 표시는 유가족들에게 남다른 감동과 위로가 될 수 있었다(정세라, 2014). 대조적으로, 2015년 8월 24일 안산시기독교연합회에서는 안산제일교회에서 행사를 개최하면서 그간 세월호 유가족들에 대한 모욕적인 발언으로 물의를 빚었던 서울 대형교회의 목사들을 강사로 초청하였다. 이 사건은 개신교도 유가족에게 상처를 주었으며, 종교가 정치 못지않게 추가적인 고통을 줄 수 있다는 깨달음을 가져다주었다.

재난 트라우마에 대한 심리적 치료의 중요성을 국가적인 의제로서 본격적으로 다루기 시작했다는 점에서, 세월호 참사는 한국사회에서 그 이전까지의 재난과는 분명히 구별된다. 사건 발생 직후부터 미디어를 통해 강조된 외상 후 스트레스 장애(PTSD)에 대한 걱정과 우려 속에서, 보건복지부는 곧바로 '안산정신건강트라우마센터(이후 가족협의회의 뜻을 따라, 안산온마음센터로 명칭 변경)'라는 참사 피해자의 의료·심리적 개입을 담당하는 전문기관을 안산시에 설치하였다. 그러나 온마음센터 활동에 참여하는 여러 전문가들 — 정신과의사, 임상심리사, 정신보건간호사, 사회복지사 — 의 헌신 및 열심과는 별도로, 세월호 참사의 피해자들이 겪는 심리적 고통의 문제는 결코 '의료적 패러다임'만으로 설명될 수 없었다. 예컨대, 대부분의 의료전문가들은 피해자들이 참사의 원인을 정부의 방관과 무책임에서 찾고 진상규명을 통해서만이 감정적 울분을 해결할 수 있다고 보는 관점을 이해하지 못했으며, 피해자들이 갖는 이러한 태도를 오히려 치료가 필요한 '병리적 증상'으로 간주하였다. 반면, 이미 국가와 관료들에 대한 불신이 쌓여 있는 생존자나 유가족의 입장에서, 가해자인 국가가 설립한 기관에서 국가가 고용한 전문가들에게 상담과 치료를 받는다는 것은 쉽게 수용할 수 있는 일이 아니었다.

피해자들의 고통을 완화시키고자 하는 목적으로 설립되었다고 하더라도, 일찍이 푸코가 인간의 신체에 대한 시선 전환이 가져온 권력효과에 주목했듯이(Foucault, 2006), 정신건강트라우마센터 설립이 한국사회에 생성해 낸 의료적이고 정치적인 함의는 훨씬 더 크고 복잡할 수 있다. 세월호 참사는 한국사회에 다양한 '재난' 관련 학문분야 및 학회의 설립을 이끌어 왔다. 그중에서도 정신건강트라우마센터는 특히 '재난정신건강'과 '재난심리지원'을 강조하는 정신과 전문의들의 임상적 플랫폼으로서의 역할을 수행했다. 이러한 움직임은 한편으로

세월호가 묻고 사회과학이 답하다

2001년 9·11 테러 이후의 미국이나 2011년 3·11 동일본 대지진 이후의 일본의 재난심리지원체계를 본 딴 형태라는 점에서 세계적 흐름에 편승해 왔다. 그렇지만 다른 한편으로, 한국적 특수성을 강조하면서도 피해자 집단의 심리가 뿌리내리고 있는 역사적·정치적·사회문화적 맥락에 대한 충분치 못한 고려로 인해 결국 피해자의 고통을 전문가들이 가지고 있는 일방적 프레임 속에 가두는 결과를 낳았다.

예컨대, 참사 초기에 트라우마센터의 전문가들은 '자살위험'을 걱정하며 집집마다 사전 허락 없이 방문하여 자살위험도를 측정하였다. 이는 자살 예방적 측면에서는 필요한 조사였을지 모르지만, 자식을 잃고 집안에서 넋이 나간 채 고통을 겪는 부모들에게는 폭력적으로 느껴진 측면이 있었다. "자살을 생각하거나 시도한 적이 있느냐"는 질문은 자식의 죽음에 대한 죄책감을 느끼는 유가족들에게 "왜 아직도 죽지 않고 살아있느냐"는 질책처럼 들릴 수 있었던 것이다. 이처럼 사회문화적 맥락에 근거한 피해자의 고통의 성격을 제대로 이해하지 못한 채 보편적인 의료적 패러다임을 적용하는 의료전문가들의 태도는 고통을 강화시키거나 새로운 고통을 부가하는 데 기여했다.

또한 보건복지부와 안산 교육지원청 간의 화합할 수 없는 부서 간 갈등으로 인해, 트라우마 치료는 피해자들에게 비연속적이고 체계 없이 이루어질 수밖에 없었다. 교육지원청은 학교를 다니는 학생들과 관련된 것이라면 모든 사안이 교육지원청의 독자적인 관할이라고 생각하였다. 따라서 단원고 생존자 학생들에 대한 관리는 교육지원청에서 섭외한 전문가 집단들에 의해 이루어진 반면, 단원고 바깥의 피해자들 — 희생자 학생들의 형제자매 및 유가족들 — 은 보건복지부에서 요청한 전문가들에 의해 관리되는 이분법적 구조가 만들어졌다. 이처럼 분열된 전문가적 개입은 앞서 유가족들과 생존자 가족들 간의 갈등을 강화시키는 요인으로 작동하였다. 또한 학교를 다닐 동안에는 교육지원청의 관리하에 있다가 졸업한 이후에는 트라우마센터의 지원을 받아야 하는 생존 학생들은 치료의 연속성을 보장받을 수 없었고, 행정 편의주의로 인한 피해를 받아야 했다.

이처럼 세월호 참사 발생 이후 전문가들의 개입은 사회적 고통을 줄이는 데 언제나 긍정적인 작용만을 한 것은 아니다. 전문가의 개입이 피해자들의 고통의 구체적인 맥락과 그 의미를 파악하기 전에 이루어진다면, 의도와는 달리 고통을 도리어 악화시키게 된다는 것을 전문가들은 알아야 할 것이다.

5. 나가며

이 글에서는 인간의 고통에 대한 이해에 있어서 그간 사회과학이 추구해 온 분과 학문적이고 실증주의적 접근 방식이 갖는 한계에 대한 문제의식 속에서, 세월호 참사 이후 피해자들의 고통의 경험을 '사회적 고통'이라는 개념을 통해 총체적으로 파악하고자 시도하였다. 고통의 지점들을 측정 가능한 것으로 바라보고 분류하는 작업은 고통을 다루는 전문가들의 특화된 영역을 설정해줄 뿐 아니라 개입의 지점을 명료하게 하지만, 세월호 참사와 같이 그 고통이 정치적·경제적·제도적 권력의 복잡한 영향에 의해 발생된 경우에는 오히려 고통의 실질적인 내용과 성격에 대해서 제대로 보지 못하게 할 위험이 있다.

본문에서 다룬 바와 같이, 세월호 참사에서의 고통의 문제는 미디어를 통해서 특정한 이미지로서의 고통이 현실로 주조되는 순간부터, 다양한 사회 집단들에게 다른 형태의 고통과 갈등으로 경험되고, 이후 개입의 과정 속에서 국가와 전문가에 의해 고통이 도리어 강화될 수 있는 여지를 생성하기까지, 언제나 사회적 성격을 지니고 있었다. 또한 세월호 참사의 고통은 국가 및 사회 지도자들의 대응 방식에서 나타나듯이, 권력이 특정한 방식의 현실과 주체를 만들고자 하는 시도와 무관하지 않았다. 이러한 시도들은 한편으로 현대사회가 가지고 있는 권력의 훈육적 성격을 드러내는 것이지만, 다른 한편으로 국가적 재앙 속에서도 공동체 성원들의 공감의 능력을 훼손시키고 문제를 해결해 나가기 어렵게 만들어 왔다는 점에서 보다 깊은 사회과학적 분석의 필요를 제기한다.

나아가 세월호 참사는 오늘날의 사회과학이 그간의 이론적이고도 방법론적인 발전에도 불구하고, 과연 한국사회가 겪고 있는 구체적이고도 선명한 경험에 대해 적절하고 책임 있는 설명을 제시하고 있는가에 대해 근본적으로 질문하는 듯이 보인다. 피해자를 포함하여 대부분의 사회 성원들이 이해할 수 없는 사건에 직면하여, 지금까지 사회과학은 어떠한 설명을 얼마나 설득력 있게 제시해 왔는가? 만일 부족 사회의 주술사 만큼조차도 공동체를 혼란스럽게 하는 사회적 현상에 대해서 설득력 있게 설명할 수 없다면, 사회과학은 근본적인 변화의 시점을 맞이하고 있는 것인지도 모른다.

• 참고문헌

강부원. 2015. "소문의 힘과 일상 미디어의 가능성." 인문학협동조합 편. 『팽목
　　항에서 불어오는 바람』, pp.219-249. 서울: 현실문화연구.

광주광역시. 2014. 「2014 재난과 정신건강 심포지엄 자료집」.

김명희. 2015. "고통의 의료화: 세월호 트라우마 담론에 대한 실재론적 검토."
　　『보건과 사회과학』 38, 225-245.

김수미. 2015. "고통의 재현, 그 정치성에 대한 단상: 세월호 참사에 대하여."
　　『언론과 사회』 23(4), 67-119.

김왕배. 2014. "'트라우마' 치유과정에 대한 사회학적 탐색과 전망." 『보건과
　　사회과학』 37, 5-24.

대한정신건강재단 재난정신건강위원회. 2015. 「세월호 사고 1주기 재산과 정신
　　건강 국제 컨퍼런스 자료집」.

박기묵. 2015. "세월호 참사 희생자 부모들의 심리적 외상에 관한 기술적 접근."
　　『한국콘텐츠학회 논문지』 15(9), 134-145.

박종희. 2016. "세월호 참사 1년 동안의 언론보도를 통해 드러난 언론매체의
　　정치적 경도." 『한국정치학회보』 50(1), 239-269.

서울대학교의과대학·서울대학교병원. 2014. 「2014 재난의료 정책 심포지엄 자

료집」.

이나빈·심기선·한상우·이강욱·심민영·채정호·안현의. 2015. "세월호 참사 후 재난심리지원 실무자들의 경험을 통해 본 국내재난심리지원체계의 한계 및 개선방안."『정신보건과 사회사업』43(4), 116-144.

이동훈·신지영·김유진. 2016. "세월호 재난으로 친구를 잃은 청소년의 외상경험에 관한 질적연구: 상담자의 보고(report)를 중심으로."『한국심리학회지: 일반』35(1), 89-120.

이정애. "광복 이후 가장 중요한 사건 … 2040 "세월호" 5060 "한국전쟁"."『한겨레』, 2014년 12월 31일.

이현정. 2014. 「416참사 관련 장기적 심리지원을 위한 의료인류학적 기초연구」. 안산: 안산온마음센터.

_____. 2015a. "인간성, 가족, 그리고 기억하는 행위에 관하여." 인문학협동조합 편.『팽목항에서 불어오는 바람』, pp.107-128. 서울: 현실문화연구.

_____. 2015b. "세월호 참사와 사회적 고통: 인류학적 현장보고." 서울대 사회과학연구원. 세월호 참사 1주기 심포지엄 자료집:「세월호가 묻고 사회과학이 답하다」, pp.1-7.

이홍표·최윤경·이재호·이홍석. 2016. "세월호 뉴스 노출을 통한 간접 외상의 심리적 영향."『한국심리학회지: 문화 및 사회문제』22(3), 411-430.

임연희. 2014. "세월호 참사에 대한 텔레비전 뉴스의 보도행태."『사회과학연구』25(4), 179-201.

정세라. 교황 "인간의 고통 앞에서 중립을 지킬 수는 없습니다."『한겨레』, 2014년 8월 19일.

정원옥. 2015. "'애도의 정치'에서 민주주의로." 인문학협동조합 편.『팽목항에서 불어오는 바람』, pp.309-334. 서울: 현실문화연구.

최미정. 2015. "특별재난지역에서의 지역사회복지관의 역할: 재난관리 협력적 거버넌스 관점에서"(석사학위논문). 서울: 중앙대학교 행정대학원.

함한희. 2002. "사회적 고통을 보는 문화적 시각: 새만금지역의 경우." 『환경사회학 연구 ECO』 2, 261-283.

4·16 세월호 참사 특별조사위원회. 2016. "4·16 세월호 참사 피해자 실태조사."

416기억저장소 구술증언팀. 2016. 『4.16 구술증언록: 유가족 편』. 제1권~제10권. 안산: 416기억저장소.

Bourgois, P., & J. Schonberg. 2009. *Righteous Dopefiend*. Berkeley: University of California Press.

Clastres, P. 2005. 『국가에 대항하는 사회』. 홍성흡 역. 서울: 이학사(원서발행연도 1987).

Das, V. 2007. *Life and Words: Violence and the Descent into the Ordinary*. Berkeley: University of California Press.

Evans-Pritchard, E. E. 1982[1969]. *The Nuer: A Description of the Modes of Livelihood and Political Institutions of a Nilotic People*. New York: Oxford University Press.

Farmer, P. 2009. 『권력의 병리학』. 리병도 역. 서울: 후마니타스 (원서발행연도 2003).

Foucault, M. 2006. 『임상의학의 탄생: 의학적 시선의 고고학』. 홍성민 역. 서울: 이매진 (원서발행연도 1973).

Gal, S. 2002. "Between Speech and Silence." In J. Vincent, ed. *The Anthropology of Politics*, pp.213-221. Malden: Blackwell Publishing.

Geertz, C. 1998. 『문화의 해석』. 문옥표 역. 서울: 까치 (원서발행연도 1973).

Good, B. 2012. "Theorizing the 'Subject' of Medical and Psychiatric Anthropology." *Journal of the Royal Anthropological Institute* 18(3), 515-535.

Holmes, S. M. 2013. *Fresh Fruit, Broken Bodies: Migrant Farmworkers in the United States*. Berkeley: University of California Press.

세월호가 묻고 사회과학이 답하다

Kleinman, A. 1997. "Everything That Really Matters: Social Suffering, Subjectivity, and the Remaking of Human Experience in a Disordering World." *Harvard Theological Review* 90(3), 315-336.

Kleinman, A., and J. Kleinman. 1997. "The Appeal of Experience; The Dismay of Images: Cultural Appropriations of Suffering in Our Times." In A. Kleinman, V. Das and M. Lock, eds. *Social Suffering*, pp.1-23. Berkeley: University of California Press.

Kleinman, A., V. Das, & M. Lock. 1997. *Social Suffering*. Berkeley: University of California Press.

Malinowski, B. 1964. *Crime and Custom in Savage Society*. Paterson: Littlefield, Adams & Co.

Renault, E. 2010. "A Critical Theory of Social Suffering." *Critical Horizons* 11(2), 221-241.

Sontag, S. 2004. 『타인의 고통』. 이재원 역. 서울: 이후 (원서발행연도 2003).

제4장

사회적 이슈와 정치 갈등:
세월호 사건을 중심으로

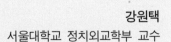

강원택
서울대학교 정치외교학부 교수

새벽의 꿈에, 배 빠진 맹골수로에도 4월이 와서 봄빛이 내리는 바다는 반짝이는 물비늘에 덮여 있었다. 그 바다에서 하얀 손목들이 새순처럼 올라와서 대통령의 한복 치맛자락을 붙잡고, 친박 비박 친노 비노 장관 차관 이사관들의 바짓가랑이에 매달려 우는데, 바짓가랑이들은 그 매달리는 손목들을 뿌리치고 있었다. 그 바다는 국가가 없고 정부가 없고 인기척이 없는 무인지경이었다. 손목들은 사람 사는 육지를 손짓하다가 손목들끼리 끌어안고 울었다. 나는 식은땀을 흘리며 기진하였다.

_ 김훈 2015: 17

사이 2

사람들 사이에
사이가 있었다 그
사이에 있고 싶었다
양편에서 돌이 날아왔다
나는 쌱 피했다
뒤축을 자갈밭에 묻고
시궁창에 코를 처박고

_ 박덕규

*　　*　　*　　*

1. 서론

    세월호 참사는 그 자체로도 매우 비극적인 사건이었지만, 그 사건 이후 전개된 또 다른 갈등과 대립은 우리사회에 또 다른 상처와 안타까움을 안겨 주었다. 인천을 출발하여 제주도로 가던 청해진해운 소속의 여객선 세월호는 2014년 4월 16일 오전 8시 48분경 전남 진도군 조도면 부근에서 전복되어 침몰했다. 당시 세월호에는 제주도로 수학여행을 가던 단원고등학교 2학년 학생 325명을 비롯하여 모두 476명이 타고 있었는데, 이 가운데 295명이 사망하고 9명이 실종되었다. 재난 사고로 인한 피해자의 규모도 엄청났지만, 더욱 큰 충격을 준 것은 구조할 수 있는 시간이 있었음에도 불구하고 그렇게도 많은 수의 희생자가 발생했다는 사실이다.

이와 같은 대형 재난 사고는 결국 이에 대한 관리, 감독의 책임을 지는 정부에 대한 비판으로 이어지게 마련이다. 특히 세월호 사건의 경우에는, 여객선이 침몰해 가는 과정이 TV를 통해 종일 생중계되었기 때문에, 조난된 승객을 제때에 제대로 구조해 내지 못한 관련 정부 부서의 무기력과 늑장대응에 대한 국민의 불만이 높을 수밖에 없었다. 세월호 사건의 충격은 그 이후 국가의 역량, 관료제, 위기대응 등 다양한 측면에서 한국사회의 실상을 되돌아보게 하는 계기를 마련했다. 그리고 사고의 원인과 구조 과정, 책임 소재, 그리고 사후 처리 등을 둘러싸고 많은 논의가 진행되었다.

그런데 뜻밖에도 세월호 사건은 그 이후 매우 정치적인 사안으로 변모했다. 사실 세월호 사건의 본질은 대형 해상 재난 사고였다. 즉, 세월호 사건 그 자체를 두고 본다면, 소위 보수와 진보, 혹은 좌와 우의 대립과 같은 이념적 갈등과는 전혀 무관한 사건이다(박종희, 2016: 249). 그러나 세월호 사건의 후속 처리들을 둘러싸고 집권당과 야당이 대립했으며, 대통령과 정부 역시 세월호 관련 사안에 대해 소극적이거나 회피하는 태도를 보였다. 시민사회도 분열하여 소위 보수 단체는 세월호 진상 조사나 유족들의 요구에 대해 적대적인 태도를 보였으며, 진보 단체들은 이들과 매우 상반된 입장을 취했다. 세월호 사건의 여파가 어이없게도 보수 대 진보 간의 정파적·이념적 대결로 이어지게 된 것이다.

이 글은 본질적으로 해상 재난 사고인 세월호 참사가 어떤 과정을 통해 사건의 본질과 전혀 무관해 보이는 정파적·이념적 대결로 변질되었는지 그 원인을 찾고자 하는 것이다. 세월호 사건이 정파적·이념적 대립으로 변질된 것은 어떤 이슈라도 쉽사리 정파적 갈등으로 비화되는 한국 정치의 문제점을 그대로 드러내 보인 상징적인 사례라는 것이 이 글에서의 시각이다. 즉, 사회적인 갈등이나 대립이 제도권 정치를 통해 해소되거나 완화되기보다는 오히려 더욱 격화되거나 악화되어온 악순환의 정치과정을 세월호 사건을 통해 잘 살펴볼 수 있다는 것이다. 이 글에서는 사회적 갈등이 이념적 양극화(polarization)로 이어지는 원인을 한국 정치의 제도적 특성에서 찾아보고자 한다. 특히 양당제라는 정당체계, 그리고 대통령제에서 나타나는 승자독식의 속성이 사회적 갈등을 정파적 대립으로 전환시키는 주요한 원인으로 간주한다.

2. 이론적 논의

정치적 양극화에 대한 논의는 최근 미국에서 활발하게 이뤄지고 있다. 이는 그만큼 미국 정치의 양극화가 심각해졌음을 의미하는 것이다. 과거 미국 정치는 공화당, 민주당 두 정당 간의 이념적 거리가 크지 않으며, 정당의 정강 정책이나 정치적 원칙도 많이 다르지 않고, 또 이념적 특성도 그다지 뚜렷하지 않은 것으로 알려져 있었다(Layman et al., 2006: 83). 그러나 최근 들어 미국 정치에서 양극화의 추세는 매우 뚜렷하게 나타나고 있다. 2016년 미국 대통령선거에서 공화당 도널드 트럼프의 예기치 못한 당선이나, 민주당 후보로 지명되지는 못했지만 버니 샌더스의 돌풍 역시 과거라면 보기 어려운 현상이었다. 이 두 인물은 미국 정치에서 이념적으로 양극단을 대표한다고 볼 수 있다.

미국의 정치학자들은 이미 1990년대부터 미국 정치의 양극화 및 정파적 성향의 강화를 지적해 왔다(Jacobson, 2005; Abramowitz & Saunders, 2008; Weisberg, 2002; Theriault, 2003; McCarty, Poole and Rosenthal, 2006 등). 이러한 논의에서는 민주당·공화당 두 정당 간 이념적·정책적 차이의 확대에 주목하거나 사회경제적 구성의 변화, 선거구획정 등 제도적 변화 등을 주요한 원인으로 간주했다. 이념적 양극화에 따라, 미국 의회에서는 우주 탐사, 재난 구호, 교통 계획(Lee, 2005) 등 이념적 입장과 무관한 사안들에 대해서도 소속 정당의 입장을 쫓아 투표하는 경향이 나타나고 있다. 일반 국민들 사이에서도 종교 정향, 가치, 생활양식, 경제적 처지 등의 차이에 따라 정치적 태도와 지지 정파가 달라질 뿐만 아니라 이들 간 '문화전쟁(culture war)'(Fiorina et al., 2005)이 벌어지고 있다는 주장도 나오고 있다.

그런데 사실 어느 사회에서나 갈등과 이견은 존재하게 마련이다. 궁금한 점은 왜 최근 들어 사회적 갈등이 유독 이념적·정파적 대립으로 이어지게 되었나 하는 점이다. 레이먼과 그의 동료들(Layman et al., 2006)은 미국에서 정파적 양극화(party polarization)와 관련하여 흥미로운 주장을 펼치고 있다. 그들의 연구에 따르면, 현재 나타나고 있는 미국에서의 정파적 양극화는 '갈등 확장(conflict extension)'의 결과라는 것이다. 과거의 미국 정치에서처럼 새로이 부상한 정치적 갈등이 그 이전의 갈등을 대체하는 것(conflict displacement)(Schattschneider,

1960)이 아니라, 추가적인 갈등으로 계속 확산된다는 것이다. 즉, 과거에는 정당이 정치적 지지의 동원에 보다 유리한 이슈를 찾게 되면 그러한 새로운 갈등으로 이전의 갈등을 대체해 갔다. 그런데 오늘날에는 여러 개의 이슈들이 동시에 정파적 갈등 속으로 확산되어 간다는 것이다. 이들은 1970년대부터 존재해 온 낙태나 동성애 등의 문화적 이슈뿐만 아니라, 인종 이슈, 그리고 사회복지 관련 이슈로까지 점차 '갈등 확장'이 이뤄지고 있다고 보았다.

미국에서 이러한 갈등 확장이 정치적으로 심각한 결과를 초래하는 것은 정당 정치가 양당제적이기 때문이다. 미국은 비교정치적으로 볼 때 예외적이라고 할 만큼 대표적인 양당제 국가이다. 연방수준에서 민주당, 공화당 두 정당에 위협을 가할 만한 새로운 정당의 출현 가능성은 사실상 없다고 해도 과언이 아닐 만큼 미국은 강력한 양당제에 기반하고 있다. 따라서 갈등 확장은 민주당과 공화당이라는 두 정파 간 대립 속으로 다양한 이슈 간의 갈등을 중첩시킬 수밖에 없으며, 그만큼 정파적 양극화의 정도는 더욱 심해질 것이다. 즉, 균열 구조가 상호 상쇄될 수 있는 교차적(cross-cutting) 특성을 보일 경우 갈등의 조정 가능성이 존재하겠지만, 균열 구조가 일치되는(coinciding) 경우 갈등은 심화될 수밖에 없다(김형준·김도종, 2000: 320).

한편, 발다사리와 젤먼(Baldassarri and Gelman, 2007)은 정파적 갈등의 원인을 정당의 양극화에서 찾았다. 유권자들의 정파적 입장에 따른 이슈 태도(issue partisanship)가 강화된 것은, 유권자들이 스스로 변화했기 때문이 아니라, 정당들의 이슈에 대한 태도가 이전에 비해 양극화되었기 때문이다. 즉, 정치적 양극화의 현상이 생겨나게 된 까닭은 지지자들이 정당의 양극화된 태도에 동조하게 되었기 때문이라는 것이다. 따라서 미국 정치의 양극화는 일반 유권자로부터 비롯된 것이 아니라, 정당의 이념 극화에 따른 문제인 것이다.

이념적 양극화와 관련해서 볼 때 주목해야 할 또 다른 대상은 정치 엘리트와 정파적으로 열정적인 활동가들(party activists)이다. 유권자는 종종 이슈에 대한 태도를 변경할 때, 그들과 정치적 정향을 공유하는 정치 엘리트의 입장에 따라 자신의 태도를 변화시킨다(Zaller, 1992). 정치 엘리트는 정파적으로 유리한 새로운 이슈를 찾아내고 부각시키는 능력을 갖고 있으며, 새로운 이슈의 부상은 그들의 존재감을 강화시킬 수 있다. 그리고 이들의 이슈 제기는 일반 유권자에게 영향을 미칠 수 있다. 특히 정당 일체감(party identification)이 강한 유권자라면 이러한 정치 엘리트의 이슈 제기를 무비판적으로 받아들일 수 있다. 이들은 '자기 정당'과 자신의 입장이 동일하다고 합리화(rationalization)하게 되는 것이다. 즉, 내가 지지하는 정당의 입장이 바로 나의 정책 태도와 동일하다고 스스로 추정하거나(projection), 혹은 어떤 선거 쟁점이 부상했을 때 내가 지지하는 정당의 입장이 옳다고 받아들이게 되는 것이다(persuasion)(Brody and Page, 1972).

이와 함께 정파적으로 열정적인 활동가들(party activists) 역시 양극화 과정에서 매우 중요한 역할을 한다. 이들은 일반인들에 비해 강하고 극단적인 이념적 입장을 갖고 있으며, 자신들의 입장과 다른 이들과의 타협이나 양보를 거부하는 경향이 강하다. 정치가 양극화될수록 이들의 주장과 역할은 두드러진다. 이들은 특정 이슈의 해석과 인식에 대해 여론 주도자와 같은 역할을 담당하기도 한다(Carmines & Stimson, 1989). 미국에서는 최근 들어 이러한 정파적 활동가들의 영향력과 역할이 커지고 있으며, 이들의 정치적 입장은 시간이 갈수록 더욱 극화된 태도를 보이고 있다(Layman et al., 2006: 97).

결국 다양한 이슈로의 갈등 확장, 이에 대한 정치 엘리트와 정파적인 열정 활동가들의 개입과 해석을 통한 정파적·이념적 극화가 민주당, 공화당이라는 양당 구조를 통해 강화되고 있는 것이다. 이러한 양극적 대립, 갈등을 완화하거나 중재해 줄 정치 세력의 부재가 사회적 갈등의 전반적 심화로 이어지고 있는 것이다.

이러한 특성은 우리 정치에서도 유사하게 찾아볼 수 있다. 한국의 정당체계 역시 양당적이다. 때때로 두 개 이상의 정당이 국회 내 존재하기도 하지만, 큰 틀에서 본다면 한국 정당체계는 한나라당계, 민주당계로 대표되는 두 정치 세력의 지배하에 놓여 있다. 적어도 1990년 1월의 3당 합당 이후 이러한 양당적 경쟁의 패턴은 지금까지도 근원적으로 변화하지 않은 채 유지되고 있다. 이러한 한국의 양대 정파는 영남과 호남으로 대표되는 지역 간 대립에서 출발하여, 점차 새로운 갈등을 추가적으로 동원해 내고 있다. 상호 간의 대립 속에서 이러한 두 개의 거대한 정파적 블록은 존재감과 정당성을 부여받게 되는 것이다. 지역주의 갈등에 더해 2002년 대선 이후에는 보수, 진보 간 이념적인 대립을 끌어들여, 영남 지역주의와 보수가 결합했고 호남 지역주의와 진보가 결합했다. 여기에 세대 갈등도 추가적으로 연계되었으며, 최근에는 계층적 갈등을 정파적 대립에 동원하려는 모습도 나타나고 있다.

결국 한나라당계와 민주당계라는 두 정당을 중심으로 다양한 갈등이 축적되어 온 것이다. 이로 인해 하나의 갈등은 두 정파 간 대립을 통해 점차 보다 다양한 영역으로 확대되어 가는 경향을 보이고 있다. 레이먼 등이 말하는 갈등 확장이 이뤄지는 것이다. 우리사회에서 일반

세월호가 묻고 사회과학이 답하다

적으로 말하는 '진영(陣營) 논리'는 바로 이런 특성을 지칭하는 것이다.

양당제라는 정당체계 이외에 양극화를 부르는 또 다른 중요한 요인은 승자독식의 정치 시스템이다. 대통령제는 대통령 1인에게 통치의 전권을 위임하는 시스템이다. 따라서 정당이라는 집단이 통치의 위임을 받는 내각제와는 달리, 대통령제는 본질적으로 권력의 공유가 쉽지 않다. 더욱이 한국의 대통령제는 제도적으로나 관행적으로 대통령 1인에게 막강한 권력을 부여하고 있다. 민주화 이후에도 한국 대통령제는 여전히 중앙집권적인 특성을 가지고 있다. 당선된 대통령은 선거에서 50%에 미치지 못하는 지지를 받거나, 근소한 차이로 우세를 보이더라도, 승리하게 되면 100%의 권력을 모두 독점하게 된다. 즉 승자가 모든 권력을 독점하며, 0.1%의 차이로 패했더라도 패자는 아무 것도 가질 수 없다.

한국 대통령제에서 정치적 경쟁은 제로섬(zero-sum)이며, 승자와 패자의 차이는 하늘과 땅이다. 그런데 바로 이러한 승자독식의 시스템으로 인해 정책의 실패나 미흡한 대응에 대한 책임도 대통령이 모두 지게 되는 것이다. 즉, 사소한 문제라도 정치적·정책적 실패나 문제점이 생겨나면 대통령이 이에 대한 비판과 책임으로부터 벗어나기는 쉽지 않다. 따라서 한국 대통령제에서 대통령은 언제나 정치적 대립과 갈등의 중심에 놓여지게 된다.

그런데 이런 승자독식의 구조가 양당제와 결합하게 되면 더더욱 그 특성이 분명해진다. 3당이나 4당 같은 다당 구조라면 선거 승리를 위해 정파 간 연대나 협력이 추진될 수 있다. 1997년 대통령선거에서의 이른바 'DJP 연합'이 그 예가 된다. 이런 경우라면 대통령제하에서도 권력은 공유될 수 있고, 제3당은 양당적 대립을 완화하거나 중재할 수 있는 역할을 담당할 수 있다. 그러나 두 개의 정파만이 존재하는 상황에서, 대통령을 만들어 낸 정파는 권력을 독점한다. 권력의 공유는 말할 것도 없고 타협이나 양보를 만들어내기도 쉽지 않다. 또한 양당적 구조하에서는 두 정파 간 갈등이 발생했을 때 이를 중재할 제3의 세력도 찾기 어렵다.

대통령의 막강한 권력, 양당적 구조, 그리고 승자독식이라는 제로섬적 경쟁은 한국사회에서 발생하는 갈등을 두 정파 간 권력다툼의 차원에서 바라보도록 만들고 있다. 승자독식의 시스템하에서는 두 정파 간 공유할 수 있는 공통의 이해관계를 만들어내기 어렵기 때문에, 대통령선거 때만이 아니라 일상적 정치활동에서도 모든 갈등은 두 정파 간 권력다툼으로 비화되는 것이다. 다시 말해, 양당적 정치 구조는 정파 간 갈등을 확산, 공고화시켜 왔으며, 특히 정파성이 강한 이들에게 대통령은 자신이 속한 정파의 이익을 지켜내는 수호자처럼 여겨지는 것이다. 대통령을 국민 모두를 대표하는 국가의 지도자로서가 아니라, 정파적 대표로 간주하게 되는 것이다.

세월호 참사를 보면, 대형 재난 사고에 대한 정부의 명백한 과실이 드러난 사건이다. 그러나 이것이 정부 구조, 관료 체계, 혹은 국가역할에 대한 문제점의 진단과 개선으로 이어지기 전에, 각 정파는 이 사건을 '현 정권의 무능한 대응'에 대한 비판과 방어라는 차원에서 바라보게 되는 것이다. 야당에게는 이 사건이 현 정권의 무능을 드러내 보이는 호기로 간주될 것이며, 반대로 현 정권에게는 야당의 이러한 비판에 밀리고 싶어하지 않는 것이다. 더욱이 사고 당일 박근혜 대통령의 애매하고 무책임한 행동에 대한 논란이 일면서, 집권세력은 세월호 사건을 보다 정파적으로 바라보게 되었으며, 유족·야당·시민사회의 비판에 더욱 적극적으로 스스로를 방어하려는 입장을 취하게 되었다.

대통령과 여당이 세월호 사건을 정파적으로 다루게 되면서 정치적 관심이 높고 이념적 지향성이 강한 열렬 당원과 적극적인 정치 활동가들이 이러한 정파적 시그널에 반응하기 시작했다. 이들은 세월호 사건 진상규명이나 정부의 무능한 대응에 대한 문제 제기를, 국정 최고 책임자로서의 대통령의 정책 수행에 대한 평가나 비판으로서가 아니라, 박근혜로 대표되는 보수 집권에 대한 이념적 반대 세력의 공세로 해석하는 것이다. 이와 함께 정파적으로 경도된 언론의 보도 역시 이념적·정파적 시각으로 이 사건을 바라보게 하는 데 큰 영향을 미쳤다.

세월호 사건은 TV를 통해 선체의 전복부터 침몰까지의 전 과정이 생중계되었고, 어린 학생들을 포함한 대규모 참사에 대한 정부의 무기력한 대응이라는 사건의 특성 때문에 많은 이들의 공분을 부르는 정치적 폭발력을 지니고 있었다. 따라서 '정파적으로 우리 편'인 대통령이 세월호 사건으로 인해 비판을 받게 되는 상황은, 경쟁 정파에게 정치적으로 밀리거나 지지도의 하락 등으로 궁극적으로 차기 선거에서 권력을 넘겨줄 수도 있는 위기상황으로 정파적 활동가들은 인식하게 되는 것이다. 그리고 이를 저지하기 위해 적극적으로 나서게 되는 것이다. 즉 양당 간의 승자독식의 정치적 경쟁 구조하에서는, 세월호 사건처럼 정치와 무관해 보이는 사건이라도, '정파적으로 바라보는 대통령'을 매개로 정치적·이념적 갈등으로 쉽사리 비화될 수 있는 것이다. 지금까지의 논의를 토대로 세월호 사건이 어떻게 정치적·이념적 갈등으로 변환되어 왔는지 그 구체적 과정에 대해 살펴보기로 한다.

3. 세월호의 정치화 과정

처음 세월호 사고가 발생했을 때 사회적으로 이 사건을 바라보는 시각에 차이가 존재하지 않았다. 어린 학생들을 포함한 다수의 희생자가 발생한 데 슬픔을 같이 했으며, 구조를 위한 시간과 가능성에도 불구하고 제대로 대응하지 못한 관계 당국의 무능과 무책임을 비판했다. 이와 함께 대형사고를 부른 원인의 진상규명을 위한 철저한 수사를 촉구했다. 아래에 인용한 글은 조선일보와 경향신문에서 세월호 사건 이후 게재한 사설이다. 두 신문사의 정치적 성향은 서로 다르지만 모두 동일한 주장을 하고 있음을 알 수 있다.

세월호 사고 이후 드러나는 사실들을 보면 정부의 해운 안전 행정은 무책임한 수준을 넘어 비리의 악취(惡臭)가 물씬 풍기고 있다. 해운사 내부 비리는 물론 안전 검사, 운항 점검을 맡은 해운사 주변 조직들이 부패 고리를 형성하고 있을 가능성이 높다. 이제라도 선박 운항을 안전하게 만들려면 검찰·경찰이 단호한 사법처리로 경종(警鐘)을 울려야 한다. 세월호 비리 수사마저 부실하다는 평가를 듣게 되면 정말 정부가 설 곳이 없게 된다.

_『조선일보』, 2014년 4월 22일 사설

세월호 침몰 사고에 대한 검찰 수사가 본격화됐다. 당사자인 세월호 선원뿐 아니라 청해진해운 실소유주인 유병언씨 일가의 개인 비리와 해운업계의 고착화된 부패 구조로 수사가 확대되고 있다 …… 인명 피해를 키운 해경과 구조당국의 부실한 대응도 수사대상에서 예외가 아니다 …… 해운회사를 관리·감독하는 이른바 '해운

세월호가 묻고 사회과학이 답하다

마피아'와 선박 안전검사를 맡은 한국선급의 구조적인 비리도 손봐야 한다. 선박 검사와 인증 과정에 뇌물이 오갔다면 더 말할 나위가 없다. 이번 수사가 들끓는 여론을 무마하기 위한 한풀이로 흘러서는 곤란하다. 수사에 성역이 있을 수 없다. 철저한 진상규명을 통해 사고 관련자 모두에게 엄중한 책임을 묻는 것이 제2의 참사를 막는 첫걸음이다. _『경향신문』, 2014년 4월 24일

그러나 세월호 사고에 대한 책임과 관련하여 박근혜 대통령이 연루되기 시작하면서 상황이 다르게 전개되기 시작했다. 사실 세월호 사건에 대해 박근혜 대통령은 초기부터 그 대응이 매우 소극적이었고 더욱이 시간적으로도 지체했다. 사고 당일 박 대통령이 중앙재해대책본부에 모습을 드러낸 것은 사고 발행 이후 7시간이 지나서였고, 4월 17일 진도 체육관을 방문한 것도 형식적이고 의례적인 것이었다. 이러한 소극적인 대응은 대통령에 대한 불만의 증가와 함께 지지도의 하락으로 이어졌다. 2014년 4월 초 59% 수준이었던 '잘한다'는 평가는 5주차 조사에서는 48%로 떨어졌고, '잘 못한다'는 부정적 평가는 28%에서 40%로 높아졌다.[1]

이러한 여론의 부정적 평가 속에서 박 대통령의 첫 유감 표명은 사고발생 후 거의 두 주 뒤인 4월 29일에 이루어졌다. 더욱이 그 유감 표명조차 국무회의 자리를 통한 간접 방식이었다. 국무회의 석상에서 박 대통령은 "이번 사고로 많은 고귀한 생명을 잃었는데 국민 여러분께 죄송스럽고 마음이 무겁다"고 국정 책임자로서 사과를 표명했다.

• • • • •

1) http://www.gallup.co.kr/gallupdb/reportContent.asp?seqNo=546(검색일: 2016. 10.20).

이 자리에서는 또한 "과거로부터 이어온 잘못된 행태들을 바로잡고 새로운 대한민국의 틀을 다시 잡을 것이다"라며 "내각 전체가 모든 것을 원점에서 다시 '국가개조'를 한다는 자세로 근본적 대책을 마련해 달라"고 말했다.[2] 하지만 박 대통령의 이러한 대응 방식은 TV로 배가 침몰해 가는 과정을 지켜본 대다수 국민의 감정을 제대로 헤아리지 못한 것이었다. 대통령의 유감 표명 이후 여론은 더 악화되었고, 세월호 유족들은 이를 '사과로 볼 수 없다'고 불만을 드러냈다.

박 대통령의 유감 표명에 대한 여론이 나빠지면서 추가적인 조치를 취했다. 5월 2일 박 대통령은 종교 지도자들을 청와대로 초청하여 세월호 사건과 관련된 조언을 듣는 형식을 취했고, 그 직후인 5월 4일 팽목항을 찾아 유가족을 만났고 진도항도 다시 방문했다. 그러나 유가족과의 면담은 짧았고 그나마도 비공개로 진행되었다. 진도항 방문 역시 짧은 일정이었다.

박 대통령이 대국민 담화 형식으로 사과를 표현한 것은 세월호 참사 이후 한 달이 넘은 5월 19일이었다. 대국민 담화를 통해 박 대통령은 "국민의 생명과 안전을 책임져야 하는 대통령으로서 국민 여러분께서 겪으신 고통에 진심으로 사과"한다고 했다. 그리고 해경이 본연의 임무를 다하지 못했고, 해경을 지휘 감독하는 해양수산부도 책임에서 자유롭지 못했으며, 국민 안전을 최종 책임져야 할 안정행정부도 제 역할을 다하지 못했다는 점을 인정했다. 이와 함께 정부 조직법을 개정하겠다고 했다. 해경을 해체하고, 안전행정부의 안전과 인사조직

• • • • •

2) http://www.ohmynews.com/NWS_Web/View/at_pg.aspx?CNTN_CD=A0001987548

기능을 분리하여 안전 업무를 국가안전처로 넘기고, 해수부의 해양교통관제센터 역시 국가안전처로 넘기겠다는 것이다. 또한 "여야와 민간이 참여하는 진상조사위원회를 포함한 특별법을 만들" 것을 제안하고 "거기서 세월호 관련 모든 문제들을 여야가 함께 논의해" 줄 것도 요청했다.[3]

대통령이 뒤늦게 정부의 책임을 인정하고 사과하는 모습을 보였지만, 사실 해경 해체와 정부 조직 개정 이외에 다른 조치가 이뤄진 것은 없었다. 진상조사위원회 구성도 언급했지만 그 이후 이를 위한 구체적인 움직임도 없었다. 따라서 박 대통령의 대국민 담화는 진정성을 가진 것이라기보다 두 주 앞으로 다가온 지방선거를 의식한 것이 아닌가 하는 의구심을 갖게 하기에 충분했다.

실제로 6.4 지방선거에서 새누리당은 세월호 참사에도 불구하고 대체로 선방했다. 광역단체장선거를 보면, 서울, 강원, 충청, 호남에서는 새정치민주연합이 승리했지만, 경기도와 인천, 그리고 영남에서는 새누리당이 승리했다. 야당이 선전했지만 새누리당을 압도했다는 평가를 받을 수는 없는 선거 결과였다. 유권자 투표 행태 분석에서도 세월호 사건이 그다지 중요한 선거 이슈로 받아들여지지 않았다(강원택, 2015).

세월호 이슈는 재난 초기 대응에 실패한 정부에 대한 불만과 불신이 높았고 박근혜 정부에 대한 지지도 하락을 초래하기도 했지만, 이것이 정파적이거나 이념적인 갈등으로까지 이어지지는 않았

· · · · ·

3) http://www.yonhapnews.co.kr/politics/2014/05/19/0501000000AKR20140519
035400001.HTML(검색일: 2016.9.5).

다. 즉, 세월호 이슈는 그것이 준 사회적 충격이나 정부의 역할에 대한 불신, 그리고 일부 정치권과 시민단체가 관련된 정치적 논란에도 불구하고 지방선거에서 투표 선택에 영향을 미칠 정도로 심각한 정치적 갈등으로 비화되지는 않았다.   _ 강원택 2015: 33

　　지방선거 무렵까지 세월호 사건이 심각한 이념적·정파적 갈등으로 비화되지는 않고 있었던 것이다. 세월호 이슈가 본격적인 정쟁의 대상이 된 것은 지방선거가 끝이 난 이후, 특히 세월호 특별법 제정을 둘러싼 논란과 함께였다. 5월 19일 박근혜 대통령이 '여야와 민간이 참여하는 진상조사위원회를 포함한 특별법' 제정을 제안하면서 특별법 제정을 위한 움직임이 본격화되었지만, 이는 곧 정치적 갈등으로 비화되기 시작했다.

　　지방선거 이후인 7월 9일 세월호 가족대책위원회와 국민대책회의 그리고 대한변호사협회는 '4·16 참사 진실규명 및 안전사회 건설 등을 위한 특별법안'을 국회에 입법청원하였다. 청원한 법안에 따르면, 특별위원회는 3개의 소위원회로 구성되는데, 특별검사에 의한 진실규명, 피해자 치유와 희생자 추모, 그리고 안전사회를 위한 법적·제도적 방안 제시 등을 각각 담당하도록 했다.[4] 이와 함께 특별법 제정을 위한 유가족들의 움직임도 활발해졌다. 7월 14일 특별법 제정을 요구하는 '유민 아빠'의 단식 농성이 시작되었고, 7월 15일에는 유가족과 단원고 학생들의 도보행진도 있었다.

· · · · ·

4) http://www.ohmynews.com/NWS_Web/View/at_pg.aspx?CNTN_CD=A000202
8110(2014.9.16. 『오마이뉴스』, 2014.9.16), "세월호는 교통사고 왜 자꾸 들먹이나 했더니"(검색일: 2016.7.3).

세월호가 묻고 사회과학이 답하다

그러나 이에 대해 여당과 보수 단체들이 본격적으로, 그리고 조직적으로 반발하기 시작했다. 새누리당 사무총장이었던 홍문종은 7월 29일 라디오 방송 인터뷰에서 세월호 사건은 "일종의 해상교통사고라고 볼 수 있는 것 아니겠나. 거기서부터 이 문제를 바라봐야 하는 것 아닌가 생각한다"고 말했다. 또한 주호영 새누리당 정책위의장은 지난 24일 "저희들 기본 입장은 이것이 손해배상 관점에서 보면 기본적으로 교통사고"라고 했다.[5] 세월호 사건을 단순한 '교통사고'로 규정하려는 것은 이에 대한 대통령과 정부의 책임을 인정하지 않으려는 입장인 것이다.

또한 어버이연합회 등 이른바 보수 단체는 이 무렵부터 세월호 특별법 제정 반대 집회를 갖기 시작했다. 이들은 7월 21일 광화문 KT 건물 앞에서 세월호 특별법 제정 반대 집회를 가졌고, 7월 30일에는 동아일보 앞에서 세월호 유가족을 '선동하는 세력'을 규탄하는 집회를 가졌다. 그런데 사실 어버이연합회 등은 그 이전인 5월 초부터 박근혜 대통령에 대한 비판을 방어하기 위한 활동을 해 왔다.[6] 이들은 5월 3일 광화문 앞에서 세월호 침몰 사고와 관련하여 진보 세력을 비난하는 집회를 가졌으며, 5월 13일에는 "세월호 참사, 정치적 이용 말라"는 구호를, 5월 15일에는 전교조 건물 앞에서 "세월호 관련 정치적 선동 일삼는 전교조 거부한다"는 구호를 외쳤다. 이들 보수 단체들은 이미

• • • • •

5) http://news.khan.co.kr/kh_news/khan_art_view.html?artid=201407292247595&code=910402#csidx770fa99d26913f386e2139c146ab064(『경향신문』, 2014.7.29)(검색일: 2016.7.3).

6) http://www.sisapress.com/journal/article/149062, 『시사저널』, 2016.4.11(검색일: 2016.9.5).

사건 초기부터 이 사건과 관련된 대통령과 정부에 대한 비판을 정파적·이념적 차원에서 바라보고 있었던 것이다.

특별법 제정 문제가 정치적 갈등으로 번지게 된 본질적 이유는 이것이 불가피하게 대통령과 정부의 책임규명으로 이어질 수밖에 없었기 때문이다. 대국민 담화에서는 대통령 스스로가 정부 책임을 인정하고 특별법 제정을 제안했지만, 정작 유가족 측에서 이를 요구하자 집권세력은 곧바로 방어적 태도로 전환했다. 정부의 소극적인 대응에 대한 비판이 고조되는 가운데, 유가족 측의 반발이 거세지고 이것이 박 대통령에 대한 비판과 공격으로 이어지면서 이념, 정파가 동원되는 '진영논리'가 본격적으로 부상하게 되었다. 즉, "세월호 사건에 대한 진상규명, 책임자 처벌, 배상보상의 논의 단계로 넘어가자, 마음 형태들은 급변했다. 재빠른 분기 속에서 국가의 책임과 특별법의 구체적인 내용이 논의되자, 명확하게 대오가 정렬되었다"(박명림, 2015: 14).

더욱이 세월호 사건 당일 '대통령의 7시간'에 대한 정치적 문제제기가 본격화되면서 세월호 사건은 이제 '대형 재난 사고와 정부의 무능한 대응'이라는 원래의 의미에서 벗어나, 심각한 정파적 갈등의 중심에 놓이게 되었다. 2014년 7월 7일 국회 운영위원회에 대한 청와대 비서실의 업무 보고에서 김기춘 비서실장은 사고 당일 대통령의 행적에 대한 박영선 새정치민주연합 의원의 질문에 대해 '대통령이 어디에 있었는지 모른다'고 대답하면서, 7시간의 행방에 대한 논란이 불거졌다.

이후 8월 3일 일본 산케이신문 가토 다쓰야 서울지국장이 세월호 사건 당일 7시간 동안의 박근혜 대통령에 대한 사생활 보도로 다시 이 문제가 부각되었고, 이른바 보수 단체인 독도사랑회의 고소로 검찰까지 이 사건에 개입하게 되었다. 9월 12일에는 당시 국회 교육문화체

육위원장이었던 설훈 새정치민주연합 의원의 대통령 '연애' 발언으로 다시 정치적 논란이 커졌다.

이제 단순히 정부의 무능력한 대응과 책임 문제를 넘어 '대통령의 7시간'이 직접적인 정치적 공방의 대상이 되면서 세월호 문제는 더 이상 한 걸음도 나아갈 수 없는 상황으로 변질되었고, 진실규명이나 문제해결의 가능성도 더욱 낮아졌다.

이처럼 제도권 정치가 세월호 문제를 풀어내지 못하면서 이 사건은 이념 갈등까지 동원되는 사회적 대립으로 악화되었다. 오랫동안 대립해 오던 여야는 8월 7일 마침내 세월호 특별법에 대한 합의를 이뤄냈다. 세월호 진상조사위원회를 도입하되, 수사권과 기소권은 기존의 특검제도를 통해 해결하기로 합의했다. 특별검사는 현행 상설특검법에 따라 7인의 특검후보추천위원회가 추천하여 대통령이 임명하도록 했다. 진상조사특별위원회는 17명으로 구성되며, 새누리당과 새정치민주연합이 각 5명, 대법원장과 대한변협 회장이 각 2명, 유가족이 3명을 추천하도록 했다. 이와 함께 특검보가 진상조사위와 특검을 오가며 업무 협조를 맡도록 했다.[7]

그러나 이러한 여야 합의에 대해 이미 정치권에 대한 불신이 높았던 유가족 등에서 강하게 반발했다. 당내 강경파의 비판으로 협상을 이끌었던 박영선 새정치민주연합 원내대표가 결국 사퇴했다. 이후 야당은 세월호 특별법의 재협상을 요구했지만, 새누리당은 이에 대해 양당 합의를 새정치민주연합이 파기한 것이라고 비판하고 재협상 요구를 거부했다. 세월호 참사의 진상규명을 위한 마지막 기회나 다름없는

• • • • •

7) http://www.pressian.com/news/article.html?no=119405

특별법 처리에 대한 여야 간 합의가 무산되면서 제도권 정치를 통한 문제해결은 이제 무망한 일이 되었다.

정치권이 문제를 해결하지 못하면서 갈등은 제도권 밖에서 더욱 가열되었다. 세월호 사건의 본질과 무관하게 이제 사건은 정파적·이념적 갈등으로 변질되었다. 피해자 가족 등 희생자의 요구를 야당, 진보적 시민단체가 보다 적극적으로 수용하고 특별법 제정을 추진하면서 유가족과 야당은 하나의 진영으로 묶이게 되었다. 실제로 보수적 시민단체나 새누리당은 세월호 사건의 진상 요구를 진보 진영의 정치적 공세로 간주했다. 특히 어버이연합 등 강경 보수 단체는 정파적·이념적 공세를 통해 대통령과 정부의 책임회피를 앞장서서 주장했다. 아래의 인용문은 어버이연합회를 비롯한 이른바 보수 단체들이 2014년 7월 19일 집회에서 밝힌 세월호 관련 성명문이다.

세월호 참사를 규탄하면서 정치적으로 악용하는 좌익세력은 억지와 궤변으로 일관하고 있다. 만약 그들이 주장하는 것처럼 대통령과 정부가 잘못한 인재라면 고의성이 있어야 한다. 세월호가 사고를 일으킬 수 있다는 사실을 대통령과 정부의 관계자들이 알고 있어야 한다. 그런데도 전교조를 포함한 좌익단체들은 대통령을 향해 "아이들을 살려내라, 대통령은 책임져라"는 구호를 외친다. 사고를 일으킬 수 있다는 사실을 충분히 알고 있었을 유병언 일당에 대한 비난은 일언반구도 없다. 그래서 저 멀리에 있는 대통령을 끌어들여서 "대통령은 하야하라"고 외치는 것은 반정부 정치투쟁에 불과한 것이다. 선동세력들은 세월호 참사의 억울한 희생자 유가족들이 더 억울하게 국민적 비난을 자초하지 않도록, 무리한 주장을 유족들에게 주입시키지 말아야 한다. 야당이 만든 세월호 특별법은 유가족에게 억지를 부리라고 강요하고 있다. 국민들로부터 반감을 받도록 조장하고 있다. 너무 상식과 보편에서 어긋난 요구를 유가족들을 내세워 주장을 하는 것은 세월호 참사를 끝까지 이용해 자신들의 정치적 목적인 대한민국 뒤집기에 악용하려는 것이다. 희생자와 유가족까지 이용하는 저들의 잔인함에 치가 떨린다.[8]

성명문을 보면, '정치적으로 악용하는 좌익세력', '저 멀리에 있는 대통령을 끌어들여서', '반정부 정치투쟁', '선동 세력', '야당이 만든 세월호 특별법', '자신들의 정치적 목적인 대한민국 뒤집기에 악용' 등의 표현이 나온다. 이 글의 내용을 보면, 이들이 세월호 사건에 대한 비판을 '좌익세력'에 의한 '반정부 정치투쟁'으로 평가하고 있다는 것을 알 수 있다. 이들에게 '야당'은 '좌익세력'과 그리 다르지 않은 것이다. 그리고 '저 멀리에 있는' 박근혜 대통령은 사고의 책임으로부터 벗어나야 하는 것이다. 이념과 정파성을 동원한 전형적인 진영 논리로 세월호 사건을 둘러싼 공방을 바라보고 있는 것이다.

> 침몰과 구출과정에서 실종되었던 국가는 진실규명과 책임논란 국면에서 진영구도와 담론에 힘입어 다시 등장했다. 국가의 일반적 포괄적 책임담론을 넘어 논의구조가 "진보냐 보수냐", "보수정부 박근혜 정부가 위기다", "대통령이 비판 받는다"라고 전변되자, 초기의 국가 실패 국면은 곧바로 '보수 결집－박근혜 지지－정부 보호－국가 부활과 진보 공격－유족 공격' 구도로 전변되었다. 진실규명을 차단하고 국가책임을 면탈해줄 담론전환의 고리는 분명했다. 진영구도였다.
>
> _ 박명림, 2015: 23

• • • • •

8) http://allinkorea.net/sub_read.html?uid=30172&section=section11(검색일: 2016. 10.15).

언론 역시 이러한 정파적·이념적 다툼에 편승했다. 예컨대, 이 사건이 정치적 위기로 번져가는 상황에서 조선일보는 보수 세력의 입장을 대변하며 위기의 확산을 막고 사태의 신속한 봉합을 이루기 위한 담론정치를 시도했다. 진보세력의 입장에서 정부여당의 정치적 책임을 강조한 한겨레는 사건을 초래한 구조적인 요인들을 환기시키고 진상규명을 촉구하는 방식으로 지배층의 위기관리 노력에 맞섰다(이선민·이상길, 2015: 35). 또한 "조선일보는 선원, 선장, 그리고 선주인 유병언 일가 등 개인에 책임을 강조한 반면에, 한겨레는 정부와 국가의 책임을 보다 강조했다. 특히 한겨레는 조선일보와는 달리 선박회사, 해양경찰 등 조직의 책임성을 강조하는 양상을 보였다. 조선일보는 개인의 책임성을, 한겨레는 조직, 정부 또는 국가에 책임을 강조하는 식의 보도 편향성"을 보였다(이완수·배재영, 2015: 292).

진보 매체는 세월호 참사와 관련되어 정부와 여당의 책임을 강조하고 정부와 여당의 입장을 비판하는 위치에 있었던 반면, 보수 매체는 참사를 개인의 불행으로 간주하고 책임 소재를 선원들과 선박회사의 부도덕성에 귀책시키는 입장을 택했던 것이다(박종희, 2016: 249). 한편, 세월호 사건 이후의 언론보도를 통한 여론의 흐름을 분석한 박종희(2016: 216)는 다음과 같이 지적하고 있다.

세월호 참사라는 비극적 사건에 대한 언론 보도가 극심한 정치화(politicization)의 양상을 보였음을 확인할 수 있었다. 언론 보도를 통해 확인된 여론의 흐름은 선거와 같은 정치 일정이나 참사 자체와 직접적 관련이 없는 사건들에 의해 크게 요동치는 모습을 보였으며 세월호 참사와 관련된 매체의 보도 논조는 진보와 보수의 이념적 구도를 그대로 답습하는 모습을 보였음을 확인할 수 있었다. 세월호 참사 1년 동안 한국 언론의 보도는 세월호 참사가 우리사회에 던지는 엄중한 질문에 답하고 이에 대한 사회적 합의를 도모하기보다는 세월호 참사를 둘러싼 정치적 대립을 조장하고 중계하는 역할에 더 가까웠던 것이 아닌가 하는 의구심을 들게 한다.

이처럼 세월호 사건은 정치권이 제대로 문제를 해결하지 못하면서 이념적으로 편향된 시민단체와 언론에 의해 더욱더 정파적·이념적 갈등으로 전환되었다. 이에 따라 일반 시민들 역시 여기에 영향을 받기 시작했다. 2014년 4월 15일에서 2014년 10월 31일까지 200일간 트위터에 게재된 196,517명의 이용자를 대상으로 한 562만 7,867건의 트윗을 분석한 한 연구에 의하면,

> 보수 성향 집단의 경우 '세월호 사건'과 관련하여 '대통령'을 언급할 때 '진심', '유감'과 같은 단어를 유사 단어로 사용하는 반면, 진보 성향 집단의 경우 '회피', '외면', '책임', '무능'과 같은 단어를 유사 단어로 사용했다. 이를 통해 보수 성향 집단에서는 대통령이 진심으로 '세월호 사건'에 대한 유감을 표현함을 언급한다는 것을 알 수 있으며 진보 성향 집단에서는 '세월호 사건'에 대해 대통령이 책임을 회피(외면)하며 대통령의 무능함에 대해 언급함을 알 수 있다. 즉, 보수 성향 집단에서는 대통령의 입장을 변호하는 단어를 사용하나 진보 성향 집단에서는 대통령의 책임이나 지도자로서의 자격에 대해 비판하는 단어를 사용한다." _ 장효정 외 2016: 292

이처럼 재난 사고에 대한 원인과 책임규명에 대한 요구는 진영 논리로 전환되었고, 그로 인해 대통령과 정부에 대한 정치적 책임성의 요구는 정파적·이념적 공세로 변형되어 갔다. 새누리당과 민주당의

양당적 경쟁이 지역주의, 이념, 세대 등 복수의 갈등을 중첩적으로 대표하면서, 재난 사고를 둘러싼 책임공방 역시 진영 간 다툼으로 변모한 것이다. 이런 상황에서 국정 운영의 책임을 지는 대통령은 국민 모두의 대통령이 아니라, 보수 정파의 수호자로 받아들여지는 것이다.

따라서 아무리 정당한 문제제기라도 '보수의 대통령'이 정치적으로 상처를 입게 된다면 그것은 '정치적 적군'인 진보 진영에 유리함을 줄 수 있고, 궁극적으로 권력을 빼앗길 수도 있다는 제로섬적 인식이 세월호 사건을 정치화시켜 버린 것이다. 비단 세월호 사건뿐만 아니라 이와 같은 양극적인 정파적 편가르기는 우리사회 곳곳에서 확인할 수 있다.

> 싸움의 논리는 매우 간명해진다. 모든 정치적 이슈가 진보와 보수, 즉 급진 좌파와 수구 기득권의 싸움으로 단순화된다. 대북정책뿐 아니라 경제, 환경, 인권, 여성, 심지어 문화 이슈까지도 이념 논쟁으로 환원되면서 극명한 편 가르기가 이루어진다. 여기에는 정당뿐 아니라 시민단체 그리고 일반 시민들까지도 어느 한쪽 편에 서게 된다. 각 진영의 우군은 이슈와 상관없이 항상 일정하다. 대북정책에 있어 진보적 정책을 지지하면 다른 모든 이슈에서도 진보진영 편에 설 수밖에 없는 구조인 것이다. 적군과 아군이 명확한 사회 갈등 구조가 시간이 갈수록 탄탄하게 자리 잡게 된다. 이 같은 이념 갈등에 지역과 세대 갈등이 중첩되면서 양 진영 간의 다툼은 더욱 극렬해지는 양상을 보이게 된다.   _ 윤성이 2015: 51

세월호 사건은 재난 사고 구조에 대한 정부의 무능한 대응으로 인해 국가적으로 큰 충격을 준 사건이었다. 그런데 이 사건이 그 속성과 전혀 무관한 정치적 갈등으로 이어지게 된 데에는 무엇보다 박근혜 대통령의 무책임하고 적절치 못한 대응에서 비롯되었다. 후일 드러나듯이 특히 박 대통령의 석연치 않은 사고 당시 7시간의 행적은, 유족, 야당과 시민사회에서 마땅히 문제제기를 하고 비판해야 할 것이었다. 그러나 바로 그 당당하지 못한 이유 때문에 박근혜 대통령은 이 사건의 진실규명을 원하지 않았고 책임공방에서도 벗어나고자 했다. 따라서 새누리당은 제도권 정치를 통해서 이 문제를 해결하는 데 소극적이었고, 결국 이 사안은 장외로 나아가게 되었다. 이념적·정파적으로 극단적 입장에 놓인 이른바 보수 단체들이 동원되어 색깔론으로 정당한 문제제기를 호도했고, 이러한 갈등에 이념적·정파적 편향성을 갖는 언론과 시민들이 반응하면서 세월호 사건에 대한 진실규명은 사라졌고, 무의미하고 분열적인 이념적·정파적 갈등만 남아 있게 된 것이다.

4. 결론

대형 재난 사고인 세월호 사건이 보수와 진보 간의 이념적·정파적 갈등으로 변질된 것은 한국 정치의 심각한 문제점을 드러내 보인 것이다. 이 사건은 특히 대의제민주주의에서의 정치적 책임성(political accountability)의 문제와 관련하여 매우 심각한 한계를 노정했다. "분명히 세월호의 비극은 국가의 안전관리능력 부족에서 기인한 것이다. 해경의 무능함은 물론이고 초기 잘못된 정보전달과 비효율적인 비상체제 운영 등 어떤 것 하나도 국민들이 구조작업이나 수색작업에 희망을 갖게 하지 못했다. 이 사태에 대한 일차적 책임이 정부와 여당에 있으며, 위기대처능력 역시도 국민들을 실망시키기에 충분하였다"(이현우, 2015: 264). 따라서 무능한 정부, 무관심했던 대통령에 대해 국민이 실망감을 느끼고 불만을 갖는 것은 당연한 일이었다. 나아가 세월호 사고에 대한 진실규명과 대통령을 포함한 정부에 대한 책임 추궁 역시 마땅히 제기되어야 하는 것이었다.

세월호 사건 직후인 2014년 4월 25일 실시한 한 여론조사에서는, 인명구조를 취한 정부의 초동대처에 대해 응답자의 31.1%만이 '잘했다'고 평가한 반면, 65.5%의 국민들은 '잘못했다'고 평가했다. 이 가운데 '매우 잘못했다'는 응답의 비율이 47.6%였다. 또한 세월호 참사와 관련한 정부 책임에 대해 물었을 때, 가장 높은 비율인 33.9%의 응답자가 청와대의 책임이라고 답했고, 그 뒤로 해양수산부(19.4%), 안전행정부(17.8%), 해양경찰청(14.7%), 국무총리실(1.4%)순으로 나타났다.[9] 이런 상황이라면 박근혜 대통령이 신속히 나서 책임을 인정하고 사건의 진상규명과 재발 방지를 위한 제도적 개선 작업을 앞장서서 이끌어야 했을 것이다. 그랬다면 세월호 사건은 정치적인 갈등으로 비화되지 않았을 것이다. 미국에서는 9·11 테러 사건이나 허리케인 샌디로 인한 재해에 대해 대통령이 신속하게 대응하면서 대통령의 지지율을 오히려 높이는 결과를 낳기도 했다.

그러나 박근혜 대통령은 세월호 사건 당일 7시간의 석연치 않은 행방으로 인해 이 사건의 진상규명에 대해 소극적이었고, 이 사건의 책임공방이 자신과 연결되는 것을 우려했다. 즉, 처음부터 박 대통령은

• • • • •

9) http://www.mediatoday.co.kr/news/articleView.html?idxno=116250

이 사건에 대해 무관심했고 이후에는 수세적이었다. 이 때문에 대통령이나 새누리당은 이 사건에 대한 정치적 책임을 인정하거나 진실을 밝히려는 의지를 갖고 있지 않았다.

하지만 이 엄청난 참사에 대한 진실규명의 요구를 쉽사리 회피할 수는 없는 일이었다. 이런 이유로 박 대통령과 새누리당 등 집권세력은 이념 갈등, 정파 갈등에 기초한 '진영 논리'로 이런 책임 추궁과 진실규명의 요구에서 벗어나고자 했다. 세월호 사건의 진실과 책임규명의 요구 역시 양당적 대립의 틀 속으로 포섭해 버린 것이다. 이러한 권력층의 정치적 시그널에 정치적으로 편향된 언론과 단체들이 호응하면서, 정치 갈등과 전혀 무관한 해양 재난 사고는 또 다른 이념적·정파적 갈등으로 변질되어 간 것이다.

세월호 사건이 정치적 갈등으로 변질되어 간 과정은 정당정치의 양극적 폐쇄성과 제로섬적 승자독식주의가 가져올 수 있는 부정적 결과를 잘 드러내고 있다. 이와 함께 정치적 책임성의 확립을 어렵게 하는 우리 민주주의의 한계도 잘 보여주고 있다.

• 참고문헌

강원택. 2015. "2014년 지방선거에서 이슈의 영향: 세월호 사건을 중심으로."
　　　강원택 편. 『2014년 지방선거 분석』. 나남. 15-36.

김 훈. 2015. 『김훈 산문: 라면을 끓이며』. 문학동네.

박명림. 2015. "'세월호 정치'의 표층과 심부." 『역사비평』. 8-36.

박종희. 2016. "세월호 참사 1년 동안의 언론보도를 통해 드러난 언론매체의
　　　정치적 경도." 『한국정치학회보』 50집 1호. 239-270.

윤성이. 2015. "무엇이 이념 갈등을 증폭시키는가." 『황해문화』 88, 40-58.

이선민·이상길. 2015. "세월호, 국가, 미디어: 〈조선일보〉와 〈한겨레〉의 세월호
　　　의견기사에 나타난 '국가 담론' 분석." 『언론과 사회』 23(4), 5-66.

이현우. 2015. "2014년 지방선거에 세월호 사건이 미친 영향." 『한국정치학회보』
　　　49(1), 247-268.

장효정·배정환·홍수린·박찬웅·송 민. 2016. "정치적 이념에 따른 트위터 공간
　　　에서의 집단 간 의견차이 분석: 세월호사건을 중심으로." 『한국언론
　　　학보』 60(2), 269-302.

Abramowitz, Alan I., and Kyle L. Saunders. 2008. "Is polarization a myth."

세월호가 묻고 사회과학이 답하다

Journal of Politics 70(2), 542-555.

Baldassarri, Delia, and Andrew Gelman. 2008. "Partisans without constraint:
Political polarization and trends in American public opinion."
American Journal of Sociology 114(2), 408-446.

Brody, Richard A., and Benjamin I. Page. 1972. "The Assessment of Policy
Voting." *American Political Science Review* 66(2), 450-458.

Fiorina M., Abrams J., Pope C. 2005. *Culture War? The Myth of a Polarized
America.* New York: Pearson Longman.

Jacobson, C. 2005. "Polarized politics and the 2004 congressional and pre-
sidential elections." *Political Science Quarterly* 120, 199-218.

Layman, G., T. Carsey, and J. Horowitz. 2006. "Party polarization in Ameri-
can politics: characteristics, causes and consequences." *Annual
Review of Political Science* 9, 83-110.

Lodge, Milton, and Charles S. Taber. 2013. *The Rationalizing Voter.* New
York: Cambridge University Press.

McCarty, Nolan, Keith T. Poole, and Howard Rosenthal. 2006. *Polarized
America. The Dance of Ideology and Unequal Riches.* Cambridge,
Massachusetts: MIT Press.

Schattschneider, E. E. 1960. *The Semisovereign People: A Realist's View
of Democracy in America.* Hinsdale, IL: Dryden.

왜 세월호 참사는 극단적으로 정치화되었는가?

— 재난정치의 딜레마

박종희
서울대학교 정치외교학부 교수

1. 왜 세월호 참사는 극단적으로 정치화되었는가?

이 글은 "왜 세월호 참사는 극단적으로 정치화되었는가?"라는 단순하지만 쉽지 않은 질문으로부터 출발한다. 먼저 본 글에서 다루게 될 "세월호 참사의 극단적 정치화"에 대해 간단히 설명하는 것이 필요할 듯하다. 정치화(politicization)란 일반적으로 비정치적 행위자나 사건이 당파적 정쟁의 소재가 되는 현상을 일컫는다 (Samuels, 1980). 정치화란 사실 엄밀한 학문적 용어라기보다는 저널리즘에서 규범적 맥락에서 주로 사용된 표현으로, 당파적 정쟁의 대상이 되어서는 안 될 소재가 당파적으로 처리되는 것을 비판하는 속뜻을 지니고 있다. 이런 맥락에서 볼 때, "세월호 참사의 극단적 정치화"란 지극히 규범적인 질문임에 틀림없다.

"세월호 참사의 극단적 정치화"의 상징적인 사건은 이루 열거할 수 없을 만큼 많으나, 그중 가장 극적인 것은 아마도 2014년 8월 한국을 찾은 프란치스코 교황의 추모리본을 둘러싼 논란일 것이다.[1] 세월호 참사로 희생된 이들을 추모하는 노란리본의 착용이 노골적인 반정부적 행위로 인식되는 현실이 세월호 참사의 극단적 정치화의 단면을 무엇보다도 잘 보여주고 있다.[2] 탑승인원 476명 중 295명이 사망하고 9명이 실종되었으며, 그중 다수는 수학여행을 떠난 꿈 많은 고등학생들과 그들 곁에 끝까지 남아 있었던 선생님들이었던 이 끔찍하고 가슴아픈 대형참사가 어떻게 이토록 치열하고 냉정한 정치적 수싸움과 편가르기의 대상이 되었는가?

이 퍼즐을 해명하지 못한다면 아마 대형재난이 자주 발생하고 발생한 재난은 정치적 갈등으로 이어지는 악순환의 고리가 반복될지도 모른다. 세월호 참사가 정치학을 고민하는 연구자들에게 무겁게 다가

· · · · ·

1) "교황 '세월호 노란리본 떼라더라 — 프란치스코 교황 '세월호 리본' 착용 기자회견'," 『한국일보』, 2014년 8월 19일, https://www.hankookilbo.com/v/3418c8c cfbb5446599f8c68b3456fb1f(검색일: 2016년 11월 18일); "교황한테 노란리본 떼자고 한 사람은 누구? 궁금증 '폭발'," 『한겨레신문』, 2014년 8월 19일, http://www.hani.co.kr/arti/society/society_general/651795.html#csidx63885a0eceba e299ec484880d390e08(검색일: 2016년 11월 18일).
2) "교내 노란리본 달기 금지 … 인권위 표현의 자유 침해," 『한국일보』, 2015년 5월 4일, http://www.hankookilbo.com/v/affb694ad1854ca5a825a76ac5dc7ba8(검색일: 2017년 2월 6일).

오는 이유는 바로 여기에 있다. 세월호 참사의 극단적 정치화라는 퍼즐을 해명하고 이러한 악순환을 끊을 수 있는 방법을 고민해 보는 것이 이 글의 목적이다.

세월호 참사의 극단적 정치화의 원인에 대해서는 다양한 답변이 가능하다. 제도적 요인(한국 대통령제의 특성, 사법부와 입법부의 행정부 종속성)에서부터 구조적 요인(정당지도자와 지역주의 중심의 정당체제, 언론의 취약한 독립성, 전문적 재난대응체계의 부재), 그리고 세월호 참사와 직접 관련된 사건적 요인(대통령 리더십의 부재, 새누리당과 민주당의 대응 전략, 유가족단체의 활동방식, 국민여론의 변화)까지 많은 요인들이 세월호 참사의 극단적 정치화에 직간접적 영향을 주었다.

이 글은 세월호 참사의 극단적 정치화를 합리적 행위자의 관점에서 접근한다. 세월호 참사의 정치화와 관련된 개인들의 구체적 특성에 집중하기보다는 이들을 제도, 조직, 정보의 제약 속에서 자신의 이익을 추구하기 위해 전략적 선택을 내리는 합리적 행위자(rational actor)로 보는 것이다. 합리적 행위자의 관점은 선거를 통해 지위를 유지해야 하는 정치인들이 사회후생적 관점에서 최선의 정책을 선택하기보다는 자신들의 재집권 가능성을 극대화하기 위한 정책을 선택하려는 유인이 강하다고 전제한다. 합리적 행위자 관점에서 바라볼 때, 대형재난의 예방, 대응, 그리고 원인규명에 필요한 최선의 정책들이 차선, 혹은 최악의 정책으로 대체되는 딜레마를 매우 효과적으로 이해할 수 있다.

민주국가에서 대형재난이 발생하면 정부는 이에 즉각 대처해서 국민의 생명과 재산을 최대한 보호해야 할 의무를 가지고 있다.[3] 구체

• • • • •

3) 이 글에서 지칭하는 재난은 "국민의 생명·신체·재산과 국가에 피해를 주거나 줄

적으로 대한민국 헌법 제34조 6항은 "국가는 재해를 예방하고 그 위험으로부터 국민을 보호하기 위하여 노력하여야 한다"고 규정하고 있다. 재난 발생 시에는 "국민의 생명·신체 및 재산을 보호할 책무를 지고, 재난이나 그 밖의 각종 사고를 예방하고 피해를 줄이기 위하여 노력하여야 하며, 발생한 피해를 신속히 대응·복구하기 위한 계획을 수립·시행"하는 것을 국가의 책무로 규정하고 있다(재난 및 안전관리 기본법 제4조).

국가가 이러한 책무를 이행하는 과정이 "정치적"일 이유는 마땅히 없어 보인다. 행정부는 재난수습을 위해 국론을 모으고 자원을 집중해야 하며 이 과정에서 대통령은 효과적인 리더십을 행사해야 한다. 그러나 대형재난이 발생할 경우, 그 원인과 대응 과정, 그리고 예방조치를 둘러싸고 정치적인 견해가 서로 대립할 수 있다. 재난발생과 대응 과정에서 행정부의 잘못을 지적하고 이에 대한 책임을 공론화하는 것은 의회 내의 야당의 책임이며 야당은 그 맡은 바 소임에 따라 재난의 예방과 대응, 그리고 사후대책에 대한 정부의 책임을 꼼꼼하게 물을 것이다. 이러한 과정은 지극히 정상적인 대의민주주의의 작동과정이며 특별히 "정치화"라는 표현이 적합하지 않다.

문제는 대형재난이 발생하고 그 책임이 전적으로 혹은 부분적으로 현 행정부에 있다는 주장이 제기될 경우이다. 책임소재에 대한 사실관계가 논란이 될 경우, 야당은 행정부의 수반인 대통령을 비판하고 대통령은 야당의 공격을 정치적인 동기로 폄하하는 정치적 갈등이 발생하게 된다. 이때 유권자들은 대형재난으로 인한 피해가 대통령의 주장대

- - - - -
수 있는 것"으로 자연재난과 사회재난을 포함한다(재난 및 안전관리 기본법 제3조).

로 불가피한 "사고" 또는 "천재(天災)"인지, 아니면 야당의 주장대로 "사건" 또는 "인재(人災)"인지 구분해야 하는 인지적 과제에 직면한다. 그러나 재난과 정치인의 유형에 대한 정보는 정치인과 유권자들 사이에 비대칭적으로 분배되어 있어서 유권자들은 재난을 둘러싸고 진행되는 정치적 갈등에서 판단을 내리기가 쉽지 않다. 여기서 주목할 점은 이러한 유권자의 인지적 혼란과 이로 인한 정치적 피로감은 재난발생과 부실대응에 책임이 있으며, 재난으로 인한 정치적 책임으로부터 벗어나기 위해 몸부림을 치는 정치주체에게 매우 매력적인 결과라는 점이다. 반대로 재난으로 인한 정치적 책임으로부터 자유로운 정치주체는 유권자의 인지적 혼란과 이로 인한 정치적 피로감을 발생시킬 유인이 없다. 따라서 정치주체가 언론이라는 독립된 감시자나 의회에서 여야 합의로 발족된 특별조사위원회에 대해 취하는 태도는 재난에 대한 정치인의 유형을 유권자에게 보여주는 매우 중요한 신호(signal)이다.

신호게임의 관점에서 보았을 때, 세월호 참사의 극단적 정치화에 대한 가장 큰 책임은 참사대응 과정에서의 정부실패를 감추고 국면을 의도적으로 전환하려 했던 대통령과 행정부에 있다고 볼 수 있다. 세월호 참사에 대한 언론보도를 통제하고 제한하려는 정부의 시도와 국회에서 여야합의로 출범한 특별조사위원회의 활동에 대한 정부의 비협조적인 태도는, 정부가 자유로운 언론보도와 특별조사위원회의 활동으로 얻게 될 사회후생적 이익보다 이를 막음으로써 오는 당파적 이익에 더 초점을 두었다는 중요한 신호이다. 스포츠경기에서 상대팀의 비디오 판독 요청을 거부하는 것은 자신의 팀이 잘못된 판정으로 이익을 얻고 있음을 실토하는 것과 같다. 마찬가지로 정부가 언론보도와 특별조사위원회 활동을 제한하는 것은 ─ 그 이유가 무엇이든 ─ 유권자들에게 재난에 대한 자신의 귀책성을 스스로 고백하는 것과 유사하다고 볼 수 있다.

당파적 재난정치는 정치적 책임소재를 희석시켜 책임정치를 약화시키는 것이 목적이지만 사회 전체에 미치는 해악은 훨씬 중대하다. 당파적 재난정치는 재난의 근본 원인에 대한 사회적 논의를 마비시켜 재난에 대한 근본적 수습이나 예방을 어렵게 한다. 결국 소 잃고도 외양간을 못 고치게 함으로써 사회를 대형재난에 더욱 취약한 상황으로 몰고 가게 된다. 세월호 참사의 극단적 정치화가 단지 세월호 참사에만 한정된 문제가 아닌 이유가 바로 여기에 있다. 재난정치의 가장 극단적이면서 역설적인 결과는 이 글에서 재난정치의 역선택(adverse selection)이라고 부르는 것으로, 재난대응과 예방을 책임져야 할 "정치"가 오히려 재난발생의 가능성을 높이게 되는 요인으로 화하는 상황을 일컫는다.

2. 재난정치의 딜레마

이 글은 게임이론에서 개발된 신호게임(signaling game)의 시각에서 재난정치를 분석한다(Spence, 1973; Cho and Kreps, 1987). 논의가 진행되는 정치제도는 대통령제이며 주요 행위자는 대통령과 야당이다. 논의의 단순화를 위해 이들은 각각 두 가지 유형으로만 구분된다. 먼저 대통령은 유능한 대통령과 무능한 대통령으로 나뉜다. 유능한 대통령은 재난발생에 책임이 거의 없고 대응 과정에서도 중대한 실수를 범하지 않았다고 가정되며, 무능한 대통령은 이와 반대로 재난발생 혹은 부실대응에 중대한 책임이 있는 것으로 가정된다. 야당 역시 두 가지 유형이 존재하는데, 비판적인 야당과 기회주의적인 야당이 있다. 비판적 야당은 대통령, 여당, 그리고 행정부를 견제하는 본연의 임무에 충실한 야당이다. 이들의 비판과 견제는 자신의 정치적 이익을 도모함과 동시에 사회적 후생을 높이는 효과를 갖는다. 반면 기회주의적인 야당은 유능한 대통령을 무능한 유형으로 공격하는 야당으로, 야당의 정치적 이익을 도모하기 위해 사회적 후생을 낮추는 행위주체이다.

이 글이 제시하는 신호게임 모형 안에서 대형재난을 둘러싼 심각한 정치적 갈등을 유발하는 주체는 대통령도 야당도 될 수 있으며, 이들은 유능한 유형일 수도 무능하고 기회주의적인 유형일 수도 있다. 여기서 대통령은 행정부의 최고책임자(chief executive)이며 의회에 대해 행정부를 대표한다. 따라서 행정부와 대통령은 이 글에서는 같은 의미로 사용된다. 유권자인 국민들은 재난의 정치화가 진행된다는 점만 보고서는 정치주체의 유/무능 여부를 정확하게 구분할 수 없다고 가정하며, 정치주체는 자신의 유형을 정확하게 알고 있다고 가정한다. 이하에서는 재난정치의 두 가지 유형을 고려해 볼 것이다. 이 글은 세월호 참사와 관련된 두 번째 유형, 즉 당파적 재난정치에 초점을 맞출 것이다.

다음에서는 재난정치의 근본적 딜레마를 맨데이트 재난정치(mandate disaster politics)와 당파적 재난정치(partisan disaster politics)의 경우로 각각 나누어 살펴볼 것이다. 그리고 두 가지 유형의 재난정치가 갖는 딜레마를 각각 살펴본 뒤, 재난정치의 딜레마가 민주주의에 제기하는 위협이 결코 가볍지 않다고 주장한다.

1) 맨데이트 재난정치

재난정치의 첫 번째 유형은 대통령이 대형재난을 주요한 사회적 의제, 즉 맨데이트(mandate)로 간주하는 맨데이트 재난정치이다.[4] 예를 들어 9·11 이후 조지 부시 공화당 대통령이 테러위협에 대한 대응을 정책의 최우선순위로 설정하고 테러와의 전쟁을 시작한 것이 대표적인 예이다. 맨데이트 재난정치의 특징은 (1) 재난발생의 원인에 대한 조사, 대응전략, 그리고 예방을 위한 조치를 행정부가 적극적으로 주도하고, (2) 행정부가 제시하는 방향에 국회와 국민여론이 큰 이견을 보이지 않는다는 점이다. 이를 행정부 적극성(executive assertiveness)과 낮은 이슈 분열성(low issue divisiveness)으로 간단히 요약한다.

맨데이트 재난정치는 대통령과 집권여당이 재난발생에 대한 책임으로부터 비교적 자유로운 경우에 등장할 가능성이 높다. 그 이유는 맨데이트 재난정치가 성공하기 위한 가장 중요한 전제조건이 바로 낮은 수준의 이슈 분열성이기 때문이다. 재난이 외부의 충격에 의한 것이고 그 대응 과정에서 중대한 실수가 없었던 대통령이라면 재난극복과

· · · · ·

4) 맨데이트의 정의에 대해서 "정치학에서는 하나의 통일된 정의가 존재하지 않고, 흔히 역사적으로 중요한 선거(critical election)를 통해 나타나는 유권자들의 특정 정책에 대한 분명한 선호 혹은 압도적인 국민적 지지로 당선된 대통령이 공표하는 정책"으로 정의된다(박종희, 2011: 169).

세월호가 묻고 사회과학이 답하다

예방, 그리고 원인규명의 과정에서 소극적이거나 회피적일 이유가 없다. 그러나 재난에 관한 정보를 대통령이 독점하고 있다는 점 때문에 맨데이트 재난정치는 악용될 가능성이 매우 높다. 대통령은 자신에 대한 지지율을 끌어올리고, 의회에서 반대파를 고립시키며, 국민여론을 통일할 목적으로 재난의 사회적 중요성을 과장하고, 재난발생의 의미, 대응전략, 그리고 예방을 위한 조치를 당파적인 기준에서 설정하려 할 수 있다. 마치 안보에 대한 정보를 독점한 대통령이 안보 이슈를 기회주의적으로 활용하려는 유인이 있는 것과 유사하다.[5]

바로 이와 같은 이유로 재난발생에 대한 책임으로부터 자유로운 대통령은 맨데이트 재난정치를 사용하여 재난을 극복하고자 할 경우, 유권자들이 자신을 기회주의적인 대통령으로부터 구분할 수 있는 방법을 고려해야 한다. 맨데이트 재난정치의 핵심적인 문제는 바로 맨데이트를 주창하는 대통령이 어떻게 자신을 기회주의적인 대통령과 구별지을 수 있는가에 달려 있다.

2) 당파적 재난정치

재난정치의 두 번째 유형은 당파적 재난정치이다. 당파적 재난정치가 맨데이트 재난정치와 갖는 가장 중요한 차이점은 (1) 행정부가

- - - - -

5) 1970년대 이후 미국 정치와 국제정치학에서 미국 대통령의 해외무력 사용의 동기를 둘러싸고 진행된 소위 "정국회피를 위한 전쟁가설(diversionary war hypo-thesis)" 논쟁이 대표적이다. 이에 대해서는 Ostrom and Job(1986); James and Oneal(1991); Fordham(1998; 2002)를 참고하라.

〈표 1〉 당파적 재난정치의 유형들

	비판적 야당	기회주의적 야당
유능(위험회피적)	1. 일상적 정치	2. 당파적 재난정치 1
무능	3. 당파적 재난정치 2	4. 당파적 재난정치 3

재난극복을 위한 제반 조치에 소극적, 회피적, 또는 저항적이라는 점,
(2) 행정부의 대응방식이나 수습방향에 대해 국회와 국민여론 안에서
큰 이견이 존재한다는 점이다. 이를 행정부 소극성(executive defen-
siveness)과 높은 이슈 분열성(high issue divisiveness)으로 요약한다.

　당파적 재난정치의 핵심 문제는 의회와 국민여론에 반하여 행정부
가 재난극복에 적극성을 보이지 않는다는 점이다. 그 이유를 이해하기
위해서는 대통령과 야당의 두 가지 유형이 서로 만나는 방식을 생각해
야 한다.

　비판적 야당과 유능하지만 위험회피적인 대통령이 조우하는 "일
상적 정치"는 당파적 재난정치를 초래하지 않는다. 야당의 문제제기와
정부비판은 견제와 균형이라는 삼권분립의 원칙에서 벗어나지 않으며,
재난발생과 대응에 중대한 과실이 없는 대통령은 야당의 요구와 비판
을 회피하지 않는다.

　당파적 재난정치가 초래되는 첫 번째 사례는 위험회피적 대통령이
기회주의적 야당을 조우하게 될 때이다. 위험회피적 대통령은 가능한
한 재난을 정치적 주제로 만들지 않으려는 태도를 취할 수 있으며,
기회주의적 야당은 위험회피적 대통령의 이러한 태도를 재난발생과
대응 과정에서의 무능과 관련시키려 한다. 〈표 1〉에서 "당파적 재난정

치 1"이라고 부르는 경우이다. 위험회피적 대통령이 재난수습과 사후조사, 예방조치에 소극적·회피적인 이유는 재난을 중요한 정치적 주제로 만드는 것이 여당보다는 야당에게 더 유리하다고 생각하기 때문이다. 이러한 위험회피적 선호는 기회주의적 야당의 전략과 유관한데, 기회주의적 야당은 본질적으로 정부의 사소한 실수를 중대한 실수로, 사후적 편향(hindsight bias)에 의한 의심을 합리적 비판으로 뒤바꾸어 정부를 맹공격하려는 경향이 있다. 야당이 기회주의적 유인을 가지고 재난을 정치적으로 "이용"하려는 것을 사전에 차단하기 위해 위험회피적 대통령은 재난과 관련된 주제에 소극적·회피적·저항적인 태도를 취한다.

당파적 재난정치가 초래되는 두 번째 사례(⟨표 1⟩의 "당파적 재난정치 2")는 무능한 대통령 혹은 무능한 행정부(executive incompetence)에 의해 야기되는 당파적 정치화이다. 이 경우 재난발생의 원인 혹은 재난대응에서의 중대한 실수가 정부실패와 유관하다. 그 재난발생의 책임이 정부 안에 있는 경우, 혹은 외생적으로 발생한 재난을 대처하는 과정에서 행정부의 무능, 실수, 혹은 오판이 재난의 피해를 확대한 경우이다. 재난원인에 대한 조사와 예방을 위한 조치의 핵심은 정부실패의 원인을 밝히고 이를 시정하는 것이 되며, 야당과 비판여론은 정부의 무능과 실패를 중요한 정치적 쟁점으로 제기한다. 재난에 책임이 있는 정부는 야당의 공격에 대해 소극적·회피적·저항적인 태도를 취할 가능성이 높으며 따라서 재난의 정치화가 초래될 가능성이 크다.

당파적 재난정치가 초래되는 마지막 사례(⟨표 1⟩의 "당파적 재난정치 3")는 무능한 대통령과 기회주의적 야당의 결합이다. 기회주의적인 야당은 일견 "당파적 재난정치 2"의 비판적 야당처럼 행동하는 것으로 보이지만 실은 철저하게 자신의 정치적 이익을 사회후생적 이익보다 더 중요하게 간주한다는 점에서 비판적 야당과 구별될 수 있다. 물론 유권자들은 이 둘을 쉽게 구별할 수 없다. 무능한 대통령은 재난이 정치화된 원인을 기회주의적 야당의 부당한 공격에 돌릴 것이며, 기회주의적 야당은 정부의 무능을 가장 중요한 원인으로 제기할 것이다. 그러나 "당파적 재난정치 3"에서 당파적 재난정치의 등장원인이 근본적으로 행정부의 무능에 있다는 점에 비추어 볼 때, 기회주의적 야당의 행정부 비판은 "비판적 야당"의 정부비판과 내용은 다르지만 기능은 유사한 측면이 존재한다.

3) 재난정치의 두 가지 딜레마

유권자의 인지적 혼란을 잘 알고 있는 대통령과 야당은 신호를 통해 자신의 유형을 드러내거나 (유능한 대통령과 비판적 야당) 아니면 인지적 혼란을 더 가중시키고자 할 것(무능한 대통령과 기회주의적 야당)이다. 유능한 대통령과 비판적 야당은 어떻게 자신의 유형에 대한 믿을 만한 신호를 유권자들에게 보낼 수 있을까? 만약 이러한 신호가 유권자들에게 제대로 전달되지 않고 "그놈이 그놈"이라는 혼합균형(pooling equilibrium)이 만연하게 되면 재난정치는 어떤 딜레마를 야기하게 되는가?

먼저 맨데이트 재난정치에서 발생하게 되는 딜레마는 사후적 반응성 편향(bias of post-disaster responsiveness)으로 요약될 수 있다. 그 정의는 다음과 같다.

세월호가 묻고 사회과학이 답하다

〈사후적 반응성 편향〉 사회 전체의 후생을 위해서는 재난예방에 더
    많은 예산이 사용되어야 하지만, 재집권을 염두에 둔 정치인들과
    근시안적 유권자들은 재난예방에 예산을 사용하기보다 재난 발
    생 이후 재난수습에 예산을 사용하는 것을 더 선호한다.

사후적 반응성 편향이 생기는 이유는 두 가지인데, 먼저 유권자들
의 시간지평이 짧다라는 점(myopic voters), 그리고 정치인들은 자신의
기여도를 확인할 수 있는 활동(소위 credit claiming)에 더 집중한다는
점이다. 바로 이러한 두 가지 점을 가정하면 아무리 사회 전체의 후생
을 고려하는 지도자라고 하더라도 선거에서 다시 당선되는 것을 고려
한다면 재난이 미리 발생하기 전에 재난을 예방하는 데에 예산을 쓰기
보다는 재난이 발생한 이후에 예산을 쓰는 것이 더 합리적이라고 판단
하게 된다. 재난예방에 대한 예산지출은 그 목적을 달성하는 한, 즉
재난예방이 성공하는 한, 그 가치가 유권자들에게 쉽게 확인되지 않는
다. 오히려 소모성 예산으로 비난받고 공격당할 수 있다.

반면 재난 발생 이후에 긴급예산을 배정하는 활동은 유권자의 기
억에 상대적으로 훨씬 더 선명하게 기억된다. 따라서 정치인들은 재난
을 미리 막는 데에 노력하기보다는 재난발생 이후에 유권자들의 요구
에 반응하는 것이 더 합리적인 전략이 된다. 정치경제학에서 재난예방에
예산을 쓰는 것이 재난대응에 예산을 사용하는 것보다 훨씬 효율적이
라는 점은 잘 알려진 사실이다. 예를 들어 Healy and Malhotra(2009)
의 연구에 따르면 재난예방에 예산을 사용하는 것이 재난대응에 사용
하는 것보다 15배 더 효율적이라고 한다. 특히 재난이 인명손실과 관련
될 경우, 재난예방의 가치는 돈으로 환산할 수 없다.

사후적 반응성 편향은 어디까지나 비효율성의 문제이다. 그러나

이제부터 논의하게 될 재난정치의 두 번째 딜레마(재난정치의 역선택)는 훨씬 더 심각한 것으로, 단순한 비효율성의 문제가 아니라 재난과 관련된 대의민주주의의 함정이자 민주주의의 실패라고 부를 수 있는 병리적 현상이다.

> 〈재난정치의 역선택〉 정부실패나 정책실패로 인한 재난이 발생하기 쉬운 사회일수록 재난의 정치화가 쉽게 일어나고 이렇게 발생된 재난의 정치화는 다시 재난원인의 근본적 처방과 수습을 어렵게 한다.

재난정치의 역선택은 마치 경제학에서 말하는 보험이나 중고자동차 시장에서의 역선택(adverse selection)과 유사하다(Akerlof, 1970). 재난발생이나 부실한 대응에 책임이 있는 무능한 행정부일수록 재난수습 과정을 당파적 쟁점으로 만들려는 유인이 강하기 때문에 재난수습을 둘러싼 정치적 갈등이 쉽게 발생한다. 이렇게 발생된 당파적 재난정치는 재난원인에 대한 규명이나 수습을 어렵게 하여 궁극적으로 재난발생의 가능성을 더 높이게 된다. 또한 정부실패나 정책실패로 인한 재난이 발생하기 쉬운 사회일수록 야당은 재난발생 시 모든 책임을 정부에게 돌리려는 유인이 매우 강할 수 있다. 따라서 정부실패나 정책실패로 인한 재난이 발생하기 쉬운 사회일수록 당파적 재난정치가 등장하기 쉬우며 그 결과 재난원인의 규명과 처방, 그리고 수습이 매우 어려워진다는 것이다.

세월호가 묻고 사회과학이 답하다

3. 재난정치의 딜레마는 어떻게 극복될 수 있는가?

　　　　　　　재난정치의 딜레마가 발생하는 가장 중요한 이유는 유권자가 대통령과 야당의 유형을 분명하게 구분하기 어렵기 때문이다. 따라서 유권자들은 선거나 여론을 통해 문제가 있는 행위자를 선택적으로 징벌(selective punishment)하지 못하고 정치적 무관심이나 냉소주의라는 집합적 징벌(collective punishment)을 택하는 경향이 있다. 집합적 징벌은 재난정치에 책임이 있는 행위주체(무능한 대통령과 기회주의적 야당)가 추구하는 정치적 결과이자 재난의 정치적 처리를 어렵게 만드는 민주주의 시장실패라고 볼 수 있다. 그렇다면 유능한 대통령과 비판적 야당이 자신들의 유형을 드러낼 수 있는 구별전략(separating strategy)은 무엇인가? 이 절에서는 재난정치에서 유권자들이 대통령과 야당의 유형을 구분할 수 있는 중요한 신호정보가 무엇인지를 살펴보고자 한다.

1) 맨데이트 재난정치에서 구별짓기 균형

　　맨데이트 재난정치에서 유능한 대통령이 자신을 무능한 유형으로부터 구별하는 가장 손쉬운 방법은, 직면한 재난이 왜 맨데이트에 해당하는가에 대한 정보를 야당과 공유하는 것이다. 맨데이트를 주장하는 대통령을 야당은 해당 재난이 왜 맨데이트에 해당하는지, 왜 대통령이 제시한 방식으로 재난에 대한 대응이 이루어져야 하는지 의문을 제기할 것이다. 야당의 비판은 대통령이 재난을 정치적으로 이용하려는 기회주의적인 동기를 차단하려는 정당한 의도가 깔려 있다. 유능한 대통령이 이러한 합리적 비판에 대응하기 위한 최선의 방법은 재난에 대한 정보를 야당과 공유하거나 유권자들에게 공개하여 동기에 대한 의혹을 해소하고 비판의 실마리를 주지 않는 것이다. 이러한 전략이 효과적인 이유는 바로 재난의 사회적 의미를 과장하여 정국을 주도하려는 기회주의적인 대통령은 재난에 대한 주요 정보를 공유하거나 공개하려는 유인이 없기 때문이다. 기회주의적인 대통령이 정국을 주도할 수 있는 유일한 근거는 오로지 대통령이 재난에 대한 정보를 독점하기 때문이다. 따라서 야당이나 언론, 그리고 유권자들은 재난의 사회적 의미를 다르게 해석할 기회를 박탈당하게 된다.

　세월호 참사의 경우, 참사의 사회적 의미에 대한 해석을 두고 대통령과 야당은 시종일관 첨예하게 대립했다. 대통령과 정부는 참사를 불행한 해상사고로, 그 원인을 해상운수업 안전관리와 인허가를 둘러싼 부정부패에 의한 것으로 한정하였다. 참사 한 달 후에 진행된 대국민담화문에서 대통령은 "이번 사고는 오랫동안 쌓여온 우리사회 전반에 퍼져 있는 끼리끼리 문화와 민관유착이라는 비정상의 관행이 얼마나 큰 재앙을 불러올 수 있는지를 보여주고 있습니다. 평소에 선박심사와 안전운항지침 등 안전 관련 규정들이 원칙대로 지켜지고 감독이 이루어졌다면 이번 참사는 발생하지 않았을 것입니다"라고 하면서 "관피아"를 세월호 참사의 핵심 원인이자 참사 재발을 막기 위한 사회적 의제로 설정하고 이를 위해 "해경 해체"와 "부정청탁방지법"의 조속한 국회통과를 부탁하였다.[6]

　이러한 해석에 야당은 동의하지 않았다. 담화문 발표 직후 야당의 입장을 가장 잘 전달하고 있는 것은 대책위원장 우원식 의원의 발언이다. 그는 "세월호가 바다에 쓰러진 것은 사고이다. 그러나 정부의 컨트롤타워 부재로 인한 초동대응의 실패로 인해서 이 사고는 사건이 되었고 참사가 되었다"고 정의하며 "해상사고"에 초점을 둔 정부의 해석을 정면으로 거부하고 있다. 따라서 "세월호 참사에서 무능함과 무책임한 모습만 보여줬던 정부 주도로는 결코 국가안전시스템을 혁신할 수 없다. 세월호 참사의 무능한 정부는 대안 마련의 주체가 아니라 변화의 대상이다. 그래서 이번 세월호 참사에서는 청와대까지 수사가 돼야 한다. 검찰이 할 수 없기에 국회의 진상규명과 특검이 필요하다"고 주장하였다.[7]

참사의 사회적 의미를 둘러싼 높은 이슈 분열성은 대통령이 참사를 하나의 맨데이트로 활용 또는 이용할 수 있는 여지를 박탈하였다. 대통령과 행정부는 참사 정국을 적극적으로 활용 또는 이용하기보다는 수세적 혹은 방어적 입장을 취했다고 보는 것이 더 정확하다. 높은 이슈 분열성과 행정부의 수세적·방어적 입장은 세월호 참사가 전형적인 당파적 재난정치의 형태를 띠었음을 보여준다.

- - - - -

6) "박근혜 대통령 대국민 담화문 전문," 2015년 5월 19일.
7) 우원식 새정치민주연합 세월호 참사 대책위원장, "세월호 참사 관련 상임위원장 및 간사 연석회의 모두발언," 2015년 5월 19일.

2) 당파적 재난정치에서 구별짓기 균형

　유능하지만 위험회피적인 대통령은 재난발생과 대응에 대한 책임을 묻는 야당에 직면하여 자신을 무능한 대통령과 구별지어야 한다. 이 구별짓기 전략이 성공적이지 못하면 유권자는 재난 관련 이슈를 회피하는 대통령을 무능한 유형과 구별하지 못하게 될 것이며, 결국 유능한 대통령은 무능한 유형과 유사한 정치적 비용을 지불해야 한다. 그렇다면 유능하지만 위험회피적인 대통령은 어떻게 자신을 무능한 유형과 구별지을 수 있을까? 유능하지만 위험회피적인 대통령은 취할 수 있는 구별짓기 행위(separating actions)로는 (1) 언론자유의 보장과 언론보도에 대한 적극적 협조와, (2) 의회의 위임을 받은 독립적 전문위원회의 활동에 대한 보장 및 협조를 들 수 있다.

　먼저 언론자유에 대해 살펴보자. 민주주의 국가에서 언론자유에 대한 논의는 불필요하다고 생각할 수 있을지 모르나, 실상 정부의 신뢰에 중대한 영향을 미칠 수 있는 재난이 발생할 경우, 정부는 이에 대한 정보를 통제하려는 유인이 발생하고 이는 곧 언론보도에 대한 직간접적 통제로 이어질 수 있다. 단순히 재난현장에 대한 접근을 제한하거나 재난에 대한 정보를 제한적으로 제공하는 것에서부터 정부가 가지고 있는 다양한 권한을 이용하여 언론보도에 압력을 가할 수 있다.

　예를 들어, 2005년 미국 루이지애나주 뉴올리언즈에서 허리케인 카트리나로 인해 대형 인명사고가 발생했을 때, 미국 연방긴급재난관리국(Federal Emergency Management Agency)의 미흡한 대처로 사상자가 늘어났다는 비판이 언론에 의해 제기되었다. 이 과정에서 CNN은 언론보도의 제한을 금지하는 소송을 제기하여 정부를 압박하였다. 결국 소송제기 바로 다음 날 부시 행정부는 카트리나 사태에 대한 제한 없는 언론보도를 허용한다고 발표하였다.[8] 연방긴급재난관리국이 언론보도를 통제한 이유는 사실상 자신들의 무능함이 드러나는 것을 두려워한 것이었으며 부시 행정부가 이러한 결정을 비판하고 뒤집은 이유는 언론보도를 통제함으로써 얻는 이익(연방긴급재난관리국의 실수를 숨김으로써 얻는 이익)보다 그 비용(부시 행정부 전체가 카트리나 사태에 전적인 책임이 있는 무능한 행정부라는 유권자들의 인식)이 더 크다고 판단해서 일 것이다.

만약 부시 행정부가 연방긴급재난관리국의 언론보도통제를 옹호했다면 부시 행정부는 자신이 단지 부분적으로만 카트리나 사태에 책임이 있다는 점, 나머지 상당 부분의 책임은 연방긴급재난관리국과 지방정부가 각각 나누어져야 한다는 점을 유권자들에게 설득할 수 없었을 것이다. 보도에 대한 제한이 사라진 뒤, 카트리나 사태에 대한 미국 언론의 보도는 미국인들에게 인종 문제와 빈곤 문제에 대한 중대한 사회적 화두를 던졌고 부시 행정부는 카트리나 사태를 하나의 사회적 의제로 받아들여 빈곤퇴치와 도시재건을 위한 일련의 행정조치를 단행했다.[9]

유능하지만 위험회피적인 대통령이 자신을 무능한 유형과 구별지

· · · · ·

8) Madison Gray, "The Press, Race and Katrina," *Time*, Aug. 30, 2006; "Eight Photojournalists Recall the Aftermath of Hurricane Katrina," *Newsweek*, 9/12/2015(http://www.newsweek.com/eight-photojournalists-recall-aftermath-hurricane-katrina-371044, 검색일: 2016년 12월 5일).

9) The White House, *The Federal Response to Hurricane Katrina: Lessons Learned*, February 2006.

을 수 있는 두 번째 방법은 의회의 위임을 받은 독립된 전문위원회의 활동을 보장하고 이에 적극적으로 협조함을 통해서이다. 독립된 전문위원회의 구성과 활동을 둘러싼 정치적 갈등은 유권자들에게 대통령과 야당이 어떤 유형인지에 대한 매우 귀중한 정보를 제공한다. 재난발생에 책임이 없고 재난대응 과정에서 중대한 실수가 없으나 단지 재난에 대한 야당과 비판여론의 문제제기를 피하고자 하는 대통령이라면 여당과 야당이 공동 추천하는 독립된 전문위원회의 활동을 방해하거나 거부할 유인이 없다. "독립"된 전문위원회가 사실상 대통령에게 적대적인 정치적 견해를 가진 이들로 채워져 있다고 할지라도, 여야합의로 구성된 전문위원회의 조사나 활동을 거부하는 것에서 오는 이득(전문위원회가 재난을 사회적 의제로 설정하여 야당과 비판여론에게 유리한 국면을 조성하는 것을 막는 것)이 그 비용(유권자들이 자신을 재난발생과 대응에 중대한 책임이 있는 무능한 대통령으로 오인하는 것)보다 결코 클 수 없다.

유능한 대통령에게 의회에서 합의로 꾸려진 조사위원회의 독립성과 객관성을 문제삼고 협조를 거부하는 것은 정부가 재난발생과 부실대응의 책임이 없는 유능한 유형이라는 신호를 유권자들에게 보낼 수 있는 기회를 스스로 거부하는 "비합리적"인 행위이다. 반대로 재난발생과 부실대응의 책임이 있는 정부에게 조사위원회의 독립성과 객관성을 문제삼고 협조를 거부하는 것은 정치적 이익이 비용보다 더 큰, 지극히 합리적인 행위이다. 따라서 조사위원회의 독립성과 객관성을 문제삼고 협조를 거부하는 정부의 태도는 상당 부분 자신의 무능한 유형을 유권자들에게 알리는 중요한 신호라고 볼 수 있다.

이는 야당에 대해서도 마찬가지이다. 비판적 야당은 유권자들에게 자신이 사회후생과는 별개로 오로지 정치적 목적만으로 대통령을 공격하는 기회주의적 유형이 아니라는 신호를 보내야 한다. 그런데 만약 "독립"된 전문위원회가 사실상 대통령에게 유리한 이들로 채워져 있다고 하여 이들에게 권한위임을 거부하거나 이들의 정통성을 거부한다면, 또 언론의 보도가 야당에게 불리하다는 이유만으로 이를 배척한다면, 비판적 야당은 유권자들이 자신을 기회주의적 야당과 구별지을 수 있는 기회를 스스로 포기하는 것과 같다.

결국 언론자유와 독립된 전문위원회를 둘러싼 대통령과 야당의 갈등은 유권자들이 대통령과 야당이 어떤 유형인지를 "학습"할 수 있는 귀중한 정보를 공급하는 역할을 수행한다. 언론자유와 독립된 전문위원회는 그 활동에 있어서만이 아니라 그 존재만으로도 민주주의의 원활한 작동에 중요한 기능을 하는 것이라고 볼 수 있다.

이상의 논의를 표로 정리하면 〈표 2〉와 같다.

〈표 2〉 재난정치의 두 가지 양상: 맨데이트 재난정치와 당파적 재난정치

	맨데이트 재난정치	당파적 재난정치
특징	적극적 행정부 낮은 이슈 분열성	방어적 행정부 높은 이슈 분열성
행정부	맨데이트 행정부(타입 A)* vs. 기회주의적 행정부(타입 B)*	유능하지만 위험회피적 행정부(타입 A) vs. 무능한 행정부(타입 B)
야당		비판적 야당(타입 A) vs. 기회주의적 야당(타입 B)
타입 A가 B로부터 자신을 차별화 할 수 있는 전략	야당과 정보공유	특별검사, 독립된 조사위원회 등 비당파적 조사/수사기구 설립 수용 그리고 적극적 지원, 재난보도의 자유

딜레마	사후적 반응성 편향: 사회 전체의 후생을 위해서는 재난예방에 더 많은 예산이 사용되어야 하지만, 재선을 염두에 둔 정치인들은 재난예방에 예산을 사용하기보다 재난 발생 이후 재난수습에 예산을 사용하는 것을 더 선호(타입 A와 타입 B에 의해서 모두 발생)	재난정치의 역선택: 정부실패로 인한 재난이 발생하기 쉬운 사회일수록 재난의 정치화가 쉽게 일어나고 이로 인해 재난원인의 근본적 처방과 수습이 어려움(타입 B에 의해서 발생)
사회후생적 결과	비효율성: 재난예방보다는 재난의 사후적 대응에 초점이 맞추어져 예방적 조치를 통한 재산과 인명 손실의 최소화가 어려움	재난의 양극화: 무능한 행정부 혹은 기회주의적 야당에 의해 당파적 재난정치가 자주 등장하는 곳에서는 대형재난이 발생가능성이 더 높거나 재난발생 시 그 피해규모가 더 커짐

* 타입 A는 사회후생적 관점에서 바람직한 유형이며, 타입 B는 바람직하지 않은 유형임

4. 세월호 참사와 재난정치

1) 세월호 참사 이후 당파적 대립의 양상

이 글에서 제시한 재난정치의 이론적 틀로 세월호 참사 이후의 정치과정을 분석하기 위해서 가장 먼저 던져야 할 질문은, 과연 세월호 참사 이후의 정치과정이 맨데이트 재난정치에 가

세월호가 묻고 사회과학이 답하다

까운 것이었는가 아니면 당파적 재난정치에 가까운 것이었는가 하는 질문이다. 〈그림 1〉은 세월호를 언급한 보도자료의 발간 횟수를 청와대, 행정부, 새누리당, 그리고 새정치민주연합에 대해 각각 보여주고 있다. 조사기간은 세월호 참사 발생시점부터 약 1년이 되는 2015년 4월 11일까지이다. 자료는 네이버 뉴스스탠드에서 웹스크래핑을 통해 확보하였다.

가장 먼저 주목할 점은 야당인 새정치민주연합이 여당보다 훨씬 많은 보도자료를 발간했다는 점이다. 특히 선거가 있었던 6월 4일과 7월 30일 전에 세월호 관련 보도자료의 수가 급증했다가 그 이후에 다소 소강하는 양상을 보이고 있음을 알 수 있다. 이는 새누리당의 보도자료에서도 유사하게 관측된다. 야당은 선거 이후에도 거의 모든

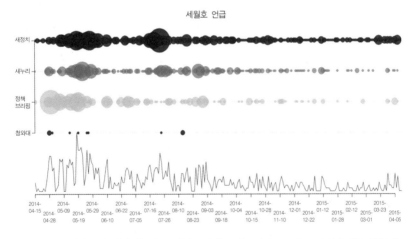

〈그림 1〉 세월호가 언급된 보도자료 발간 횟수

* 그림 아래에서부터 청와대, 정부(정책브리핑), 새누리당, 그리고 새정치민주연합(새정치). 원의 크기는 발간 횟수에 비례(아래 그래프는 일일 총합)

제5장 왜 세월호 참사는 극단적으로 정치화되었는가?

보도자료에서 세월호를 언급하고 있으나 새누리당은 세월호를 언급하지 않는 보도자료의 수가 선거 이후에 점차 증가하고 있으며, 그 횟수도 상당히 줄어들었음을 확인할 수 있다.

정부와 청와대의 변화는 보다 더 극적이다. 청와대는 2015년 8월 10일 이후부터 세월호를 언급한 보도자료를 전혀 발표한 적이 없으며, 행정부가 발간하는 "정책브리핑" 역시 2014년 8월 이후 세월호 참사와 관련된 보도자료의 발간이 현저하게 줄어들었음을 확인할 수 있다.

〈그림 1〉을 통해 세월호 참사에 대한 언급이 주로 국회 내의 야당에 의해 꾸준히 제기된 반면, 행정부와 여당은 참사 이후를 제외하고는 세월호와 관련된 혹은 세월호를 언급하는 보도자료를 야당만큼 자주 발표하지 않았음을 알 수 있다. 또한 야당의 세월호 참사에 대한 보도자료는 선거 전에 급증하다가 선거 이후에 소강상태를 보이는 양상을 보였음을 확인할 수 있다. 즉, 〈그림 1〉은 세월호 참사를 둘러싼 재난정치의 양상이 대통령과 행정부가 주도하는 맨데이트 재난정치보다는 공격적 야당에 의해 주도되는 당파적 재난정치에 더 가까웠음을 시사하고 있다.

단순히 야당이 세월호 참사를 더 많이 언급했다는 사실은 당파적 재난정치의 필요조건은 될 수는 있어도 충분조건은 되지 못한다. 세월호 관련 보도자료의 내용이 여당과 야당 사이에 어떤 차이를 보이고 있는지 구체적으로 살펴볼 필요가 있다.

〈그림 2〉와 〈그림 3〉은 세월호 참사와 관련된 "당파적" 어휘를 정당별로 보여주고 있다. 오직 한 정당에 의해서만 사용된 단어 중에서 세월호 참사와 직접 관련되지 않은 단어(대변인을 포함한 정당관계자 이름, 정당 관련 소식 등)는 삭제한 뒤, 데이터 시각화 기법 중에서 단어구

세월호가 묻고 사회과학이 답하다

름(word cloud)이라는 기법을 사용하여 빈도수가 높은 단어를 더 크게 시각화하고 중심부에 배치하였다.[10] 〈그림 2〉는 새정치민주연합에 의해서는 전혀 언급되지 않은 새누리당의 세월호 참사 관련 발언의 핵심 어휘는 야당과 유가족단체에 대한 부정적 견해로 가득 차 있음을 확인할 수 있다. 특히 새누리당은 참사와 관련된 정치적인 이슈를 제기하는 야당에 대해 "갈등"을 "조장"하고 정치적인 반대를 통해 "국정"의 "발목"을 잡고 있다고 비난하고 있다.

그렇다면 야당이 제기하는 세월호 참사와 관련된 정치적 이슈는 무엇인가? 〈그림 3〉은 새누리당과 명확하게 구분되는 새정치민주연합

• • • • •

10) 당파적 어휘 선택에 대한 자세한 논의는 박종희(2016)를 참조하라.

의 당파적 어휘를 보여주고 있다. 새정치민주연합은 대통령의 "책임"과 "국정조사" 그리고 "언론"에 대한 정부의 "통제"를 강하게 문제제기하였다. 특히 대통령의 독선과 불통, 그리고 무능함을 직접 지적하는 내용이 다수 포함되어 있다.

당파적 재난정치를 보여주는 증거는 이외에도 매우 다양하다. 예를 들어, 2014년 9월 16일 기소권과 수사권이 배제된 세월호 특별법을 유가족이 거부한 상황에서 대통령은 "세월호법도 순수한 유가족을 마음을 담아야 하고 희생자들의 뜻이 헛되지 않도록 외부 세력이 정치적으로 이용하는 일이 없어야 한다. 지금의 세월호법과 특검 논의는 이런 본질을 벗어나고 있다"고 언급하면서 세월호 특별법을 둘러싼 유가족들의 주장을 "외부세력"의 정치적 선동에 의해 야기된 것으로 간주하였다. 더 나아가 새누리당 "전략 브레인"이자 청와대 정무특보로 야당과의 협상을 이끌었던 김재원 새누리당 의원은 야당에 의해 세월호 문제가 정치화된 배경을 "광우병 사태"에 비유하며 세월호 참사가 정치화된 원인을 야당에게 돌렸다(〈표 3〉 참조). 김재원 의원은 야당의 세월호 참사에 대한 일련의 비판과 공격은 "광우병 사태"와 마찬가지로 정치적 동기에 의해 야기된 것이며, 그 사실적 근거가 빈약하다고 주장했다.

〈표 3〉 새누리당 김재원 의원 인터뷰

신동아: [야당과의] 협상 때 청와대와의 조율은 없었나.

김재원: 청와대는 전적으로 (우리한테) 맡겨놓고 걱정스러운 눈길로 보고 있었다. 청와대 지침을 받아 협상했다면 오히려 장애요인이 됐을 거다. 협상 당시 '청와대 지침' 운운한 (야권) 사람들은 대통령에게 책임을 전가하며 조롱하고, 정권 탈환 수단으로 세월호 참사를 이용한다는 느낌을 강하게 받았다. 초기에는 이명박 정부 시절 광우병 사태 때와 양상이 비슷했다.

신동아: 어떤 점에서?

김재원: "광우병 사태 때 '전문가'로 자처하는 사람들과 언론이 맹공을 퍼붓고, 수백 개의 시민사회단체가 결성되고, 소셜네트워크서비스(SNS)로 갖가지 설을 전파하면서 이명박 정권이 치명상을 입었지 않나. 하지만 세월호 참사가 광우병 사태와 다른 점은 국민이 전혀 다른 판단을 했다는 사실이다. 7·30 재보선에서 그걸 보여줬다. '광우병 학습효과' 때문인지 야당 뜻대로 되지 않았다.

* "세월호 특별조사위는 탐욕의 결정체," 새누리당 전략가 김재원 의원이 털어놓은 '협상의 사선(死線),' 『신동아』 2015년 3월호

박근혜 대통령이 오늘 국무회의에서 세월호 특별법에 대해 대단히 잘못된 인식을 드러내고 야당과 유가족을 맹공격했다. 대한민국 대통령이 이렇게 하셔도 되는 것인가. 박근혜 대통령이 세월호 참사의 진상규명을 할 의지가 전혀 없음을 드러낸 것으로 분노하지 않을 수 없다. 오늘로부터 꼭 5개월 전인 4월 16일 세월호 승객 304명이 도대체 왜 희생됐는지 박근혜 대통령은 벌써 잊은 것인가. 박근혜 대통령 이하 이 정부의 무능하고 무책임한 대응이 수많은 어린 생명을 희생시킨 것이다. 박근혜 대통령과 청와대도 성역 없는 진상조사의 조사대상이다. 그런데도, 대통령이 나서서 진상조사위원회에 수사권 기소권을 줄 수 없다고 강변하고 있다. 진상조사의 대상이 진상규명을 하지 않겠다고 가이드라인을 설정한 것이다. 박근혜 대통령이 틀렸다. 진상조사위원회에 수사권 기소권을 주는 것은 삼권분립과 사법체계의 근간과는 아무런 상관이 없다. 입법권자인 국회가 필요하다면, 법률로 정해 수사권과 기소권을 부여할 수 있다. 수많은 헌법학자와 법률가들이 이 견해에 찬성하고 있다. 세월호 특별법을 결단하라고 호소했더니 박근혜 대통령이 오히려 가이드라인을 만들어 국회의 협의를 근본부터 부정하고 있다. 이것은 국회와 국민을 정면으로 무시하는 것이다. 박근혜 대통령이 2차 합의안이 '마지막 결단'이라고 함으로써 세월호 특별법 제정은 물론 국회정상화도 더 어렵게 되고 말았다. 박근혜 대통령이 2차 협상으로 끝내라고 하는데 새누리당이 어떻게 협상을 할 수 있겠나. (중략) 지난 5개월 동안 유가족과 야당은 박근혜 대통령께 세월호 참사의 진실을 밝히자고 수없이 호소했다. 최소한 박 대통령이 유가족을 만나 직접 이야기를 들어볼 것을 촉구했다. 그런데도 오늘 박근혜 대통령은 '순수한 유가족'과 '외부세력'이라는 발언을 함으로써 유가족을 폄하하고 국민을 분열시키고 말았다. 박근혜 대통령은 자신의 눈물과 약속을 기억하셔야 한다. 세월호 참사의 최종책임이 자신에게 있다던 박근혜 대통령이 세월호 참사 진상규명을 위해 그동안 도대체 한 일이 무엇인가. 거듭 밝히지만, 세월호 특별법의 핵심은 성역 없는 진상조사이다. 국민은 제대로 된 특별법을 원하고 있다. 박근혜 대통령이 더 이상 세월호 특별법 제정을 반대하지 말고 유가족과 국민이 원하는 특별법 제정에 마음을 열고 함께 하기를 촉구한다. 그래야 새로운 대한민국 안전한 나라를 만들 수 있기 때문이다.

* "박근혜 대통령, 세월호 참사 진상규명의 의지가 없다! 국회 무시, 국민 분열 도를 넘었다," 2014년 9월 16일 새정치민주연합 공보실

세월호 참사 이후 정부의 수세적 태도는 광우병 사태의 재현을 우려한 위험회피적 선호에 있었다는 것이다.

　2014년 9월 16일, 대통령 담화와 같은 날 발표된 새정치민주연합의 보도자료는 위와 같은 대통령과 여당의 주장을 정면으로 반박하고 있다(〈표 4〉 참조). 야당은 수사권과 기소권이 포함된 특별위원회를 출범시키자고 주장하였고 진상규명과 성역없는 수사를 촉구하였다. 특히 "진상조사의 대상이 진상규명을 하지 않겠다고 가이드라인을 설정한 것이다"라고 주장하며 수사권과 기소권을 거부하는 여당과 대통령은 사실상 "참사의 진상규명을 할 의지가 전혀 없음을 드러낸 것"이며 참사에 책임이 있음을 실토하고 있다고 비판하였다.

2) 세월호 참사의 당파적 재난정치화: 무능한 행정부

　세월호 참사 이후의 과정이 당파적 재난정치로 흘러갔다는 점에 대해서 크게 이의를 달기는 어려울 것이다. 그렇다면 다음 질문은 세월호 참사를 둘러싼 당파적 재난정치가 무능한 대통령에 의해서 야기되었는가 아니면 기회주의적 야당에 의해서 야기되었는가라는 것이다. 이 글은 대통령과 행정부, 여당, 그리고 야당이 세월호 참사 이후의 정치적 갈등 과정에서 유권자들에게 보낸 신호를 분석함으로써 그에 대한 답변을 유추하고자 한다. 그 신호에 대한 분석은 언론자유와 독립된 전문위원회에 대한 정부와 야당의 태도가 행위주체의 유형에 대한 귀중한 정보를 제공한다는 이 글의 이론적 시사점을 중심으로 전개된다.

　가장 먼저 세월호 참사를 둘러싼 언론보도환경에 대해 살펴보도록 한다. 세월호 참사 이후 언론보도에 대한 정부통제나 정보독점에 대한 많은 비판이 전개된 바 있다.[11] 그중에서 현재 사실여부가 확인된 가장 중요한 자료는 세월호 참사 직후 청와대 홍보국장과 KBS 보도국장의 통화내용이다. 2016년 6월 30일 언론에 공개된 통화내용은 세월호 언론보도의 내용을 정부 의도에 맞게 바꾸려는 의도가 적나라하게 드러나 있다(〈표 4〉와 〈표 5〉 참조).

참사 직후에 진행된 〈표 4〉의 대화는 세월호 참사 과정에서 정부 대응을 보도하는 언론에 대한 대통령의 불만을 잘 보여주고 있다. 청와대 홍보수석은 세월호 참사에서 해양경찰의 책임을 보도했던 뉴스에 대해 "과장"이라고 지적하며 "정부를 이렇게 짓밟아"도 되느냐고 항의하고 있다. 홍보수석은 지속적으로 "직접 원인"이 선장과 선원들에 있음을 강조하며 정부의 책임으로 해석될 수 있는 보도에 대해 자제해 달라고 강력하게 부탁하고 있다. 홍보수석은 계속해서 정부비판을 며칠만 자제해서 정부책임에 대한 여론이 더 이상 커지지 않게 해달라고 보도국장에게 매우 구체적으로 압력을 넣고 있다.

그 후에도 청와대의 KBS에 대한 압력은 계속되었다. 〈표 5〉는 참사 14일 후에 진행된 대화를 녹취한 것이다. 여기서 홍보수석은 노골적으로 정부책임을 선명하게 보여줄 수 있는 보도내용(해경과 계약관계

· · · · ·

11) "언론전공 대학교수 144명 "언론통제 중단하라"," 『연합뉴스』, 2014년 5월 22일; "'KBS 세월호 보도' 통제한 이정현 수사해야," 『한겨레신문』, 2016년 7월 1일; "세월호 진실 은폐, 청와대의 언론통제 끝내야 한다," 『전국언론노동조합』, 2016년 7월 1일; "김기춘 前 실장, 세월호 책임 … 정부→유병언 '언론 탄압 정황도'," 『이데일리』, 2016년 12월 5일; "청와대, 도 넘은 '언론 입막음'," 『한겨레신문』, 2014년 12월 9일.

세월호가 묻고 사회과학이 답하다

에 있는 언딘의 투입을 위해 민간잠수사의 투입을 제한했다는 주장)을 삭제할 것을 요구한다. 그런데 그 근거가 다소 충격적이게도 대통령이 정부 비판적 보도내용을 보았기 때문이라고 분명하게 언급하고 있다:

> "고거 좀 한번만 도와주시오. 국장님 나 요거 한번만 도와주시오. 아주 아예 그냥 다른 걸로 대체를 좀 해 주던지 아니면 한다면은 말만 바꾸면 되니까 한번만 더 녹음 좀 한번만 더 해주시오. 아이고 … 진짜 요거 하필이면 또 세상에 (대통령님이) KBS를 오늘 봤네 아이고 한번만 도와주시오 자~ 국장님 나 한번만 도와줘 진짜로."

보도국장은 국방부가 보도자료를 낸 이상 보도는 막을 수 없다고 주장하자 홍보수석은 욕설을 퍼부으며 보도내용 교체를 요구한다. 청와대 홍보수석이라는 중요한 지위와 대통령의 마음을 읽는다는 이정현 수석의 독보적인 위치, 그리고 대통령이 직접 뉴스를 보고 불쾌했다는 사실을 종합적으로 고려하면 위의 통화내용은 사실상 대통령의 언론보도 통제에 대한 직접 증거라고 볼 수 있다.

청와대가 세월호 참사에 대한 언론보도에 영향을 주는 방식은 위와 같은 직접적인 압력 외에도 법원을 통한 명예훼손소송이 있었다. 청와대는 한겨레신문과 기독교방송, 세계일보, 그리고 동아일보를 세월호 참사 보도와 관련하여 대통령에 대한 명예훼손으로 고소하였으며 산케이신문의 서울지국장은 참사 당시 대통령의 소재에 의문을 제기하는 기사를 작성한 것을 이유로 검찰에 의해 출국금지되었다.[12]

· · · · ·

12) "청와대, 도 넘은 '언론 입막음'," 『한겨레신문』, 2014년 12월 9일, 급기야는 "대통령의 7시간"을 보도한 산케이신문이 한국의 민간단체에 의해 대통령 명예훼손으

〈표 5〉 세월호 참사 5일 후 청와대의 KBS에 대한 보도통제 외압

[2014년 4월 21일 오후 9~10시 무렵 (RT: 7분 24초)]

이정현: … 라고 치더라도 지금 이 저기 뭡니까. 지금 이 전체적인 상황으로 봤을 때 그 배에 그 배에 있는 그 최고의 전문가도 운전하고 있는 놈들이 그 뛰어내리라고 명령을 해야 뛰어내리고 지들은 뛰어내릴 줄은 몰라서 지들은 빠져나오고 다른 사람들은 그대로 놔두고 그러는데 그걸 해경을 두들겨 패고 그 사람들이 마치 별 문제가 없듯이 해경이 잘못이나 한 것처럼 그런 식으로 몰아가고. 이런 식으로 지금 국가가 어렵고 온 나라가 어려운데 지금 이 시점에서 그렇게 그 해경하고 정부를 두들겨 패야지 그게 맞습니까? 아니 그래서 그 사람들이. (중략)

이정현: 지금 그런 식으로 9시 뉴스에 다른데도 아니고 말이야. 이 앞의 뉴스에다가 지금 해경이 잘 못 한 것처럼 그런 식으로 내고 있잖아요. 지금 이 상황이 나중에 이쪽 거 한 열흘 뒤에 뭔지 밝혀지고 이렇게 했을 때는 해경이 아니라 해경 할애비도 하나씩 하나씩 따져가지고 다 작살을 내도.

이정현: 솔직히 말해서 의도 있어 보여요. 지금 이거 하는 것 봐보면. (중략)

이정현: 이상한 방송들이 하고 있는 것과 똑같이 그렇게 지금 몰아가고 있는 것 같아요. 그렇지 않고는 어떻게 공영방송이 이런 위기 상황에서 아니 지금 누구 잘못으로 이 일이 벌어져 가지고 있는데. (중략)

이정현: 그게 지금부터 오늘부터 10일 후에 어느 정도 정리된 뒤에 하면 안 됩니까? 지금 저렇게 사투를 사력을 다해서 하고 있는 거기다가 대고 지금 정부를 그런 식으로 그걸 그것도 본인이 직접 하고 한 것도 아닌데도 불구하고 그

• • • • •

로 고발되었으며 검찰은 산케이신문 기자를 출국금지조치시켰다. "美 기자 "靑산케이 지국장 고소, 사태 키웠다"," 『중앙일보』, 2015년 6월 29일, 산케이신문에 대해 재판부는 "세월호 침몰 사고 당시 대통령직에 있는 사람이 박근혜가 아니었다면, 피고인은 처음부터 이 사건 기사를 작성하지 않았거나 문제되는 표현을 기재하지 않았을 것. 피고인이 기사에서 비판하고자 하였거나 일본 국민에게 전달하고자 했던 정치상황의 중심 대상은 세월호 침몰 사고 당시 대한민국의 '대통령'이지, 남녀관계 소문이 있는 대한민국의 일반적 여성 '개인'이라고 보기 힘들다. 피고인이 사인 박근혜를 해하려고 이 기사를 작성했다고 보기 어렵다"고 판결했다. "가토 다쓰야의 무죄와 세 가지 결정적 장면," 『경향신문』, 2015년 12월 20일.

렇게 과장을 해서 해경을 지금 그런 식으로 몰아가지고 그게 어떻게 이 일을 극복하는 데 도움이 됩니까? 실질적으로 그 사람들이 잘못해서 그런 거고 방송을 멀리서 목소리만 듣고 그런 뛰어내리지 않아서 일이 벌어진 것처럼 그렇게 몰아가는 것이 이 위기를 극복하고 하는 데 도움이 되냐고요. (중략)

이정현: 씹어 먹든지 갈아 먹든지 며칠 후에 어느 정도 극복한 뒤에 그때 가서는 모든 것이 밝혀질 수 있습니다. 그때 가서 해경이 아까 그런 부분에 포함해서 저 잘못도 있을 수 있어요. 그렇지만 지금은 뭉쳐가지고 정부가 이를 극복해 나가야지. 공영방송까지 전부 이렇게 짓밟아가지고 직접적인 잘못은 현재 드러난 것은 누가 봐도 아까 국장님께서 말씀하셨지만은 누가 봐도 그때 상황은 그놈들이 말이야. 이놈들이 뛰쳐나올 정도로 그 정도로 상황이었다고 그렇다고 하면 배를 그렇게 오랫동안 몰았던 놈이면 그놈들한테 잘못이지 마이크로 뛰어내리지 못하게 한 그 놈들이 잘못이지.

이정현: 그러면요. 그러면 무엇 때문에 지금 해경이 저렇게 최선을 다해서 하고 있는 해경을 갖다가 지금 그런 식으로 말이요. 일차적인 책임은 그쪽에 있고 지금 부차적인 것이라고 한다면 이것은 어느 정도 지난 뒤에 할 수도 있는 거잖아요. 아니 이렇게 진짜 이런 식으로 전부 다 나서서 방송이 지금 해경을 지금 밟아놓으면 어떻게 하겠냐고요. 일반 국민들이 봤을 때 솔직히 방송의 일은 너무 잘 알잖아요. 저놈들까지 화면 비쳐가면서 KBS가 저렇게 다 보도하면은 전부 다 해경들이 잘못해가지고 이 어마어마한 일이 일어난 것처럼 이런 식으로 다들 하잖아요. 생각하잖아요. 거기서 솔직히 선장하고 아까 그 뛰어내렸던 배 운영했던 XX들이 거기서 보트 내려가지고. (중략)

이정현: 정부를 이렇게 짓밟아 가지고 되겠냐고요. 직접적인 원인이 아닌데도. (중략)

이정현: 극복을 하도록 해주십시다, 예? 직접적 원인도 아닌데 솔직히 말해서 …
(중략)

이정현: 그게 그 저기 그거하고 그 다음에 아까 또 그 이원화는 뭐예요, 이원화는?

이정현: 일이 터져서 이렇게 저렇게 하다보니까는 이렇게 됐지만은 다 그 - 아휴 정말 - 하여튼요. 조금 부탁합니다. 지금은요 다 같이 극복을 해야 될 때구요. 얼마든지 앞으로 정부 조질 시간이 있으니까 그때 가지고 이런 이런 문제 있으면 있다고 하더라도 지금은 좀 봐주세요. 나도 정말 정말 이렇게 아니 진짜 정말 저렇게 사력을 다해서 하고 있는데 진짜 이 회사를 이 회사 이놈들 …

김시곤: 무슨 말씀인지 알구요. 아니 이 선배, 솔직히 우리만큼 많이 도와준 데가 어디 있습니까? 솔직히 …

이정현: 아이 지금 이렇게 중요할 땐 극적으로 좀 도와주십시오. 극적으로 이렇게 지금 일적으로 어려울 때 말이요. 그렇게 과장해가지고 말이야. 거기다대고 그렇게 밟아놓고 말이야.

김시곤: 아니, 무슨 과장을 해요, 과장을 하긴요?

이정현: 과장이지 뭡니까? 거기서 어떻게 앉아서 뛰어내려라 말아라 그거 잘못해가 지고 이 일이 벌어진 것처럼 그렇게 합니까? 응? 뭐 선장이고 뭐고 간에 자기들이 더 잘 아는 놈들이 자기들이 뛰어 도망나올 정도된다 그러면 그 정도로 판단됐으면 거기서 자기들이 해야지 뛰어내려라 명령 안 했다고 그 래 가지고 거기서 그렇게 합니까?

김시곤: 아니 그건 말이죠. 그걸 비난한 이유는 그만큼 책임도 막중하고 역할이 있기 때문에 그런 거예요. 또 기대를 하는 것도 있는 것이고. 해경은 국민들의 안전이 제일 중요한 거 아닙니까, 경찰인데. 네, 승객 안전 문제 생각해야죠. 몇 명 탔는지 파악하고 그 배가 50도 정도 기울었다면 무조건 탈출시키고 이렇게 하는 것이 맞는 거지요. 그걸 갖다가 선장 네가 알아서 판단하라고 하면 안 되죠. (중략)

이정현: 국장님 아니 내가 진짜 내가 얘기를 했는데도 계속 그렇게 하십니까? 네? 아니 거기 선장이 뛰쳐나오고 자기 목숨 구하려고 뛰쳐나올 정도 되면 배를 몇십 년 동안 몰았던 선장이 거기 앉아 있는데 보지도 않고 이거 마이크를 대고 그거 뛰어내리라고 안 했다고 뉴스까지 해 가지고 그렇게 조지고 그래 야 될 정도로 지금 이 상황 속에서 그래야 되나고요. 지금 국장님 말씀대로 20% 30% 그게 있다고 한다면은 그 정도는 좀 지나고 나서 그렇게 해야지. … (중략)

이정현: 아 진짜 국장님 좀 도와주시오. 진짜 너무 진짜 힘듭니다. 지금 이렇게 말이 요, 일어서지도 못하게 저렇게 뛰고 있는 이 사람들을 이렇게 밟아놓으면 안 됩니다. 아 좀 진짜 죽도록 잡혀 있잖아요, 지금. 이렇게 저렇게.

---

* "이정현 전 청와대 홍보수석·김시곤 전 KBS 보도국장 녹취록 공개," 『중앙일보』, 2016년 6월 30일(http://news.joins.com/article/20245825)

〈표 6〉 세월호 참사 14일 후 청와대의 KBS에 대한 보도통제 외압

[2014년 4월 30일 오후 10시경 (RT: 4분 49초)]

이정현: 나 요거 하나만 살려주시오. 국방부 그거. (중략)

이정현: 그거 그거 하나 좀 살려주시오. 이게 국방부 이 사람들이 용어가 용어를 이 이거 미치겠네 하~ 어쩌요? 오늘 저녁뉴스하고 내일 아침까지 나가요?

김시곤: 일단은 라인까지는 나가죠. 뉴스라인까지 잡혀있을 거야 아마. (중략)

이정현: 좀 바꾸면 안 될까? 이게 그게.

김시곤: 네~

이정현: 말하자면 이거야 이게 어디든지 누가 전체적으로 작전이라고 하는 것은 누가 우사든 어찌든 간에 일단 거기는 해군이 통제를 하는 것까지는 맞잖아요. 아니 해경이~

김시곤: 해경이 하는 거죠.

이정현: 해경이 일단 통제하는 것은 맞죠.

김시곤: 아니 근데 어떻게 된 게 국방부 놈들이 말이지 아니 그런 자료를 내냐고 도대체가.

이정현: 그러니까 내가 그래서.

김시곤: 한심해 죽겠어 보면 진짜로.

이정현: 야이 XXX들아 내가 그랬어 야이 느그 XXX들아 잠깐 벗어나려고 세상에.

김시곤: 그러니까~

이정현: 같은 다른 부처를 어떻게 그렇게 해서 해경이 그걸 어쨌든 그 지역이 해경이 통제하는 지역이니까 이렇게 하고 그 다음에 이제 그렇게 되면은 일단은 거기를 선이 생명줄이 선이 있으니까 이 인도선을 설치해 가지고 내려가야 하는데 먼저 도착한 순서대로 가야 되니까 아마 거기 그 저 해경이 먼저 들어오고 그 다음에 어쨌든 간에 민간이 들어오고 그 다음에 해군이 들어오고 하니까 거기에서 아까 뭐 급하고 이런 상황이니까 온 순서대로 이렇게 투입을 아마 시키는 그런 통제를 했나봐요. 근데 용어를 통제가 아니라 순서대로 이렇게 들어간다는 얘기를 해야 되는데 이렇게 통제를 하고 못 들어가게 했다 그래버리니까 야당은 당연히 이걸 엄청 주장을 해버리지 이게 아주 어마어마한 신뢰의 문제가 되기 때문에~ 아~ 정말 아~ 근데 이제 KBS뉴스가 이걸 아주 그냥 완전히 그 일단은 조금 약간 그런 해군의 국방부의 해명이 좀 빨리 좀 안 됐나봐 난 다 못 읽어봤어.

김시곤: 해군의 반응이요?

이정현: 응~ 저기 해군이 해군이 국방부가 자기들이 아까 그렇게 보내기는 했지만은 이제 아까 그런 순서나 그게 실질적으로 자기들이 뭐 들어가려는 것을 방해 해가지고 그 사람들을 먼저 집어넣으려고 자기들이 뺀 것처럼 그게 아니라 순서대로 넣으려고 말하자면 기다린 건데 이 답변대로만 하면 쭉 나오네 YTN도 해경 언딘 위해서 그쪽 수요 막아 이렇게 근데 저게 아니다는 거지 순서라는 거지 이게 (아니 근데 하여간 난 답답한 게 어떻게 정부 부처 내에 서 이렇게 충돌이 나고 이렇게 엉터리 서로 비난하는 이런 보도자료가 나오 냐고 도대체) 아이고 나 이거 이거 정부보고 하이고 정말~ 아이고.

김시곤: 그것도 국방부에서 말이야.

이정현: 아이고 정말 아이고 아이고~ 그 투입이 돼서 다 일을 했거든 근데 순서대로 들어갔을 뿐이지 그 사람들이 영원히 안 들어간 게 아니라 그날 저녁에 다 투입이 됐는데 순서대로 시간에 딱딱 그거 맞춰가지고 그렇게 한 거거든 철 저히 대기를 한 거거든 근데 왜 그렇게.

김시곤: 근데 그렇게 자료를 딱 내놓으니까.

이정현: 그러니까 통제라고 이렇게 써 버리니까 못 들어가게 한 것처럼 딱 순서대로 기다린거거든 그게 아이고~

김시곤: 저기 뉴스라인 쪽에 내가 한번 얘기를 해볼게요.

이정현: 네 그렇게 해가지고 고거 좀 이게 너무 이 군 우선은 뭐 저기 쯤 저기 보도 자료를 잘못 줘서 거기다가 자료를 잘못 줘서 그렇지 완전히 이건 순서를 기 다리는 거였거든요. 그래서 고거 좀 한번만 도와주시오. 국장님 나 요거 한번 만 도와주시오. 아주 아예 그냥 다른 걸로 대체를 좀 해 주던지 아니면 한다면 은 말만 바꾸면 되니까 한번만 더 녹음 좀 한번만 더 해주시오. 아이고.

김시곤: 그렇게는 안 되고 여기 조직이라는 게 그렇게는 안 됩니다. 그렇게는 안 되고 제가 하여간 내 힘으로 할 수 있는데까지 해볼게요 내가.

이정현: 그래 한번만 도와줘 진짜 요거 하필이면 또 세상에 (대통령님이) KBS를 오 늘 봤네 아이고 한번만 도와주시오 자~ 국장님 나 한번만 도와줘 진짜로.

김시곤: 하여간 어렵네 어려워.

이정현: 국장님 요거 한번만 도와주시오 국장님 요거 한번만 도와주고 만약 되게 되면 나한테 전화 한번 좀 해줘~ 응?

김시곤: 편하게 들어가세요.

이정현: 그래 나 오늘 여기서 잘~ 나 여기 출입처잖아 전화 좀 해줘.

---

* "이정현 전 청와대 홍보수석·김시곤 전 KBS 보도국장 녹취록 공개," 『중앙일보』, 2016년 6월 30일(http://news.joins.com/article/20245825)

세월호가 묻고 사회과학이 답하다

앞서 언급한 바와 같이 정부의 재난보도에 대한 통제는, 그 이유가 무엇이든, 또한 그 수단이 합법적이든 그렇지 않든, 당파적 재난정치에서 무능한 대통령의 유형을 유권자에게 스스로 드러내는 행위라고 볼 수 있다. 참사의 원인에 일정한 책임이 있고 대응 과정에서 정부실패가 드러나게 되어 심각한 당파적 불이익을 예상할 때만이 언론의 재난보도가 가진 사회후생적 이익보다 언론보도를 통제함으로써 오는 당파적 이익이 더 크기 때문이다. 만약 청와대 홍보수석과 김재원 의원이 주장하는 바와 같이, 참사의 원인에 정부책임이 없고 대응 과정에서 중대한 정부실패가 없었으며 다만 광우병 사태의 재발만을 우려하는 것이었다면, 정부의 재난보도에 대한 통제는 실익보다는 비용이 훨씬 큰 "비합리적"인 행동이다.[13)]

다음으로는 언론통제와 함께 정부와 야당의 유형을 이해하는 데에 중요한 특별조사위원회(이하 특조위)에 대한 태도를 살펴보자. 세월호 특조위는 "4·16세월호참사 진상규명 및 안전사회 건설 등을 위한 특별법"(2015년 1월 1일 시행)에 의해 여야합의로 설립된 독립된 조사위원회이다. 특조위는 출범과정에서부터 여당과 정부의 반대로 기소권과 수사권이 없는 위원회로 출발하였다. 출범 이후에 예산과 인력을 확보하는 과정은 출범 과정만큼 지리한 소모적 대립을 반복했다. 특히 여당과 정부는 특조위를 "세금도둑", "탐욕의 결정체"(새누리당 김재원 의원)로

· · · · ·

13) 여기서 비용이라 함은 유권자들에게 언론통제가 들통날 가능성과 그로 인한 정치적 손해를 함께 고려한 것으로 이해되어야 한다. 언론통제가 들통날 가능성이 아무리 작다 하더라도 0보다 크고 언론통제가 들통나서 입게 될 정치적 손해가 막대하다면, 위험회피적인 유능한 대통령은 언론통제를 선택할 유인이 매우 약하다.

규정했으며 특조위가 청구한 예산을 집행하는 것을 다양한 수단을 동원하여 지체시켰다. 특조위가 참사에 책임이 있는 정부 부처 공무원의 특조위 파견을 독립성 우려로 거부하자, 최경환 경제부총리는 "책임자가 없는 기관에 어떻게 예산을 편성·지원할 수 있겠는가. 정상적인 조직 운영과 활동이 가능하다고 판단되면 돈을 안 줄 리가 없다"라는 입장을 고수하며 예산편성을 지체시켰다.[14]

특조위에 대한 정부의 방어적, 비협조적 태도는 정부시행령을 두고 노골화되었다. 정부는 세월호 특별법에 대한 정부시행령을 마련하는 과정에서 특조위가 요구한 10개 사안 중 7개는 수용하고 나머지 3건은 반영하지 않는 '세월호 특별법 정부 시행령안'을 제정했다. 이에 대한 야당과 유가족이 반발이 거세지면서 논점은 시행령에서 국회법개정으로 옮겨갔고 대통령은 개정발의된 국회법에 거부권을 행사하여 '세월호 특별법 정부 시행령안'을 강행하였다. 여당의 중재를 통해 특조위와 유가족의 의견이 반영된 시행령을 만들고자 했던 국회의 노력이 행정부, 보다 정확히는 대통령의 노골적 거부로 무산된 것이다.

특조위 활동에 대한 행정부의 태도는 특조위 활동이 끝나는 시점까지 계속되었다. 특조위에 따르면 정부기관에 대한 자료제출 요구는 수시로 거절되고[15] 여당 추천 위원들이 특조위의 활동을 내부에서 방해하는 등 특조위 활동에 대한 장애물이 정부와 여당에 의해 주로 제기

• • • • •
14) "세월호 특조위는 누명을 썼다," 『한겨레21』, 2015년 8월 3일; "끝까지 벽만 쌓은 여당 … '세월호 특조위' 종료," 『경향신문』, 2016년 6월 29일.
15) "세월호 특조위 "해경이 자료 제출 거부" … 세월호 특별법 위반 등 조사 방해 논란," 『경향신문』, 2016년 5월 28일.

되었다고 밝히고 있다. 〈표 7〉에서 특조위위원장은 특조위 조사활동에 대한 정부의 태도를 다음과 같이 요약하고 있다.

특조위에 대한 정부의 비협조적인 태도는 언론통제와 마찬가지로 당파적 재난정치에서 무능한 정부의 유형을 유권자에게 스스로 드러내는 행위이다. 재난발생에 책임이 없고 대응 과정에서 중대한 실수가 없는 (위험회피적) 대통령이라면 여야합의로 출범한 독립된 조사위원회의 활동에 비협조적인 태도를 취할 유인이 약하다. 설사 대통령 입장에

〈표 7〉 4·16세월호참사 특별조사위원회 성명서

지금까지 정부는 세월호 특조위가 독립적 조사기구로서 정상적으로 활동할 수 있도록 지원하기보다는 오히려 활동을 방해하는 행위들을 해 왔습니다. 정부는 특조위가 작년 1월 1일에 출범했다고 주장하고 있지만, 조직의 체계와 틀을 규정한 시행령은 5월에 제정하였고, 사업비 항목을 대폭 삭감한 예산은 8월에 들어서야 마지못해 지급하였습니다. 별정직 직원 최고직인 진상규명국장을 끝끝내 임명하지 않아 진상규명 업무에 막대한 지장을 주었으며, 19명이나 되는 공무원도 파견하지 않아 조사활동에 전념해야 할 조사관들이 일반 행정 업무에 과도하게 투입됨으로써 업무 스트레스를 가중시켰습니다. (중략)
그럼에도 불구하고 정부는 지난 6월 30일로 특조위 활동기간이 끝났다고 하면서, 조사활동을 일방적으로 종료시키려 하고 있습니다. 조사활동을 위한 예산을 편성하지 않았으며, 조사를 위한 출장비와 조사관들의 급여마저 지급하지 않는 등 조사의지를 꺾고 있습니다. 뿐만 아니라 정부 각 기관은 자료 제출을 거부하고 조사에 불응하는 등 조사 방해와 무력화를 시도하고 있습니다. 29명의 파견 공무원 중 12명을 원 소속 기관으로 복귀시키기도 하였습니다. 특조위 조사활동 자체가 대단히 어려운 현실에 직면한 것입니다.

* "정부는 특조위 조사활동 보장하라," 2016년 7월 27일, 4·16세월호참사 특별조사위원회 위원장 이석태(http://www.416commission.go.kr/sub2/active/Read.jsp?ntt_id=2242, 검색일: 2016년 12월 5일)

서 볼 때, 특조위가 정치적으로 매우 편향되어 있다고 할지라도 특조위의 활동을 지속적으로 방해하고 제약하는 것은, 특조위의 활동을 통해 자신의 과오가 드러나는 것을 우려하는 것이 아니라면 매우 비합리적인 행위이다. 특조위의 활동이 국회에서 설정한 특별법의 범위를 넘어서는 경우 국회가 얼마든지 특조위의 활동을 제한할 수 있다. 따라서 특조위의 활동에 대한 정부의 비협조적 태도는 세월호 참사에 대한 특조위의 활동이 대통령과 정부의 무능과 실수를 밝히는 것을 방해하고 제한하겠다는 의도 외의 다른 것으로 해석하기 어렵다. 특히 정부시행령을 둘러싸고 국회 내의 여당과 청와대가 정면으로 충돌하고 여당이 제시한 절충안인 국회법 개정안에 대해 대통령이 거부권을 행사한 것은, 표면적으로 상시청문회에 대한 위헌여부가 쟁점이 되었지만, 실질적으로는 세월호 참사 조사활동에 대한 정부의 불편한 태도를 그대로 드러낸 것으로 해석할 수 있다.

예산지원의 지연, 증인출석 거부, 자료제출 거부, 그리고 정부시행령을 통한 제약 등, 특조위를 둘러싼 정부의 태도는, 정부의 유형이 특조위의 활동을 방해함으로써 오는 이익이 그 비용을 초과하는 경우에 해당된다는 신호를 유권자들에게 보내는 것이다. 다시 말해 신호게임의 관점에서 볼 때, 특조위의 정상적 활동을 통해 자신의 과오가 드러나게 될 것을 우려하는 무능한 유형의 정부라는 것이다.

세월호 참사 이후 대통령과 행정부가 언론자유와 특조위의 활동과 관련하여 보여준 일련의 모습은, 세월호 참사의 극단적 정치화의 근본적 원인이 기회주의적인 야당이나 유가족단체에 있는 것이 아니라 참사의 발생 혹은 대응 과정에서 드러난 무능과 정부실패를 감추고자 하는 대통령과 정부의 전략적 선택의 결과에 의해서 진행된 것임을

세월호가 묻고 사회과학이 답하다

보여준다. 대통령과 정부가 스스로를 재난에 책임이 있는 무능한 유형으로 드러낸 이상, 야당의 유형(비판적 야당, 기회주의적 야당)은 중요한 차이를 가져오지 않는다. 무능한 대통령, 정부실패를 감추고자 하는 행정부가 사회 전체의 후생보다는 자신의 협소한 정치적 이익을 위해 움직이는 곳에서는 재난예방은 물론이요, 재난의 수습조차 제대로 진행되기 어렵다. 이러한 당파적 재난정치가 유권자들에 의해 제대로 심판되지 않는 곳, 언론이 여당과 야당, 정부와 유가족, 대통령과 야당 지도부의 책임을 나누어서 따지지 않고 정치인 전체를 문제삼는 곳에서는 제2, 혹은 제3의 세월호 참사를 예방하는 것이 어렵다.

5. 나가며

당파적 정치화는 흡사 윌리엄 블레이크(William Blake)가 말한 악마의 맷돌(satanic mills)과도 같다. 일단 돌기 시작하면 모든 주제를 빨아들여 정치적 상대화의 소용돌이로 내뱉는다. 민주정치의 핵심원리인 책임정치의 원리는 이 과정에서 완전히 분해되고 희석되어 흔적조차 남지 않는다. 대형재난이 발생한 경우, 그리고 그 재난의 발생 혹은 대응 과정에서 중대한 책임을 가진 정부의 입장에서 당파적 재난정치화라는 악마의 맷돌은 매우 매력적인 선택이다. 마찬가지로 재난발생과 대응에 특별한 귀책사유가 없는 정부를 흠집내고 공격하여 정치적 이익을 얻고자 하는 기회주의적 야당에게도 당파적 재난정치화라는 악마의 맷돌은 매우 매력적이다. 유권자들에게 전달될 정보는 혼란된 소음(noise)이 될 것이며, 이 소음으로부터 신호(signal)를 분리해 내는 것은 일상에 지친 유권자들에게 매우 고단하고 지루한 작업이 될 것이기 때문이다. 바로 이런 이유로 당파적 정치화가 민주정치에 가하는 위협은 결코 가볍지 않다. 특히 해당 주제가 대형재난의 예방, 대응, 수습이라는 중요한 것일 경우, 더더욱 그러하다.

이 글은 재난정치를 정의하고 재난정치가 제기하는 딜레마를 신호게임의 이론적 틀을 활용하여 일반화하였다. 그 뒤에는 재난정치의 두 가지 유형을 소개한 뒤, 세월호 참사 이후의 정치적 갈등 과정이 당파적 재난정치의 모습을 보였음을 설명하였다. 이 글이 제시한 재난정치 이론에 따르면 당파적 재난정치는 무능한 대통령 혹은 기회주의적 야당이 재난으로부터 사회의 안전을 도모하기보다는 자신의 당파적 이익을 실현할 목적으로 전략적으로 선택된다. 세월호 참사 이후 대통령과 행정부가 언론자유와 특조위의 활동과 관련하여 보여준 일련의 모습은 세월호 참사의 극단적 정치화가 기회주의적인 야당이나 유가족 단체가 아니라 대응 과정에서 정부실패를 감추고자 하는 대통령과 행정부의 전략적 선택에 의해서 추동되었음을 보여주는 중요한 신호라는 것이 이 글의 핵심주장이다.

당파적 재난정치가 민주주의에 가하는 중대한 해악은 재난에 대한 책임소재를 불투명하게 하여 유권자들이 책임정치를 구현하기 어렵게 만든다는 점이다. 재난에 대한 당파적 논쟁과 책임전가에 지친 유권자들은 정치적 냉소주의의 함정에 빠져 정치참여를 기피할 수 있다. 무능한 행정부를 비판하는 야당과 기회주의적인 야당에 맞선 유능한 대통령은 당파적 재난정치로 인해 정치권 전체가 비난받게 되면서 심각한 무력감에 빠져들게 된다.

그러나 당파적 재난정치가 한 사회에 가할 수 있는 더욱 심각한 해악은 책임정치의 약화나 정치적 무력감만이 아니다. 당파적 재난정치는 재난의 근본 원인에 대한 논의를 마비시킴으로써 재난에 대한 근본적 수습이나 예방을 어렵게 한다. 그리하여 당파적 재난정치가 빈번히 발생하는 곳에서 다시 대형재난이 발생하는 악순환이 이루어질 가능성이 높아진다. 대통령과 정부(혹은 야당)가 재난으로부터 사회 전체의 안전을 도모해야 할 책무보다 재난에 대한 사후적 조사과정에서 잃게 될 (혹은 얻게 될) 당파적 이익을 더 우선시했을 때, 당파적 재난정치의 악순환은 기정사실화된다.

이 글은 당파적 재난정치의 악순환을 끊을 수 있는 중요한 도구로 정치인들이 유권자들에게 보내는 신호에 주목하였다. 신호에 대한 해석을 통해 유권자들은 "좋은" 정치인과 "나쁜" 정치인을 구분할 수 있으며 이를 통해 책임정치가 살아나고, 유능한 정치인들이 인정받을 수 있으며, 당파적 재난정치의 악순환이 사라질 수 있다.

• 참고문헌

감사원. "감사진행상황: 세월호 침몰사고 대응실태." 2014년 7월 8일.

_____. "감사결과보고서 세월호 침몰사고 대응 및 연안여객선 안전관리·감독실태." 2014년 10월.

대검찰청. "세월호 침몰사고 관련 수사 설명자료 — 사고원인·구조과정·실소유주 및 해운비리·각종 의혹." 보도자료. 2014년 10월 6일.

박종희. 2016. "세월호 참사 1년 동안의 언론보도를 통해 드러난 언론매체의 정치적 경도."『한국정치학회보』50집 1호, 239-269.

서울대학교 사회과학연구원. 2015.『세월호가 묻고, 사회과학이 답하다』. 세월호 참사 1주기 추모 심포지엄 자료집.

서울대학교 사회발전연구소. 2015.『세월호가 우리에게 묻다: 재난과 공공성의 사회학』. 한울아카데미.

Akerlof, George A. 1970. "The market for lemons: Quality uncertainty and the market mechanism." *Quarterly Journal of Economics* 84: 488-500.

Cho, In-Koo, and David M. Kreps. 1987. "Signaling Games and Stable

세월호가 묻고 사회과학이 답하다

Equilibria." *Quarterly Journal of Economics* 102: 179-222.

Conley, Patricia Heidotting. 2001. *Presidential Mandates: How Elections Shape the National Agenda.* Chicago: University of Chicago Press.

Fordham, Benjamin O. 1998. "Partisanship, Macroeconomic Policy, and U.S. Uses of Force, 1949-1994." *Journal of Conflict Resolution*, Vol.42, No.4: 418-439.

_____. 2002. "Another Look at 'Parties, Voters, and the Use of Force Abroad'." *Journal of Conflict Resolution*, Vol.46, No.4: 572-596.

Healy, Andrew, Alexander Kuo, and Neil Malhotra. 2014. "Partisan Bias in Blame Attribution: When Does It Occur?" *Journal of Experimental Political Science* 1(2): 144-158.

Healy, Andrew, and Neil Malhotra. 2009. "Myopic Voters and Natural Disaster Policy." *American Political Science Review* 103(3): 387-406.

James, Patrick, and John R. Oneal. 1991. "The Influence of Domestic and International Politics on the President's Use of Force." *Journal of Conflict Resolution*, Vol.35, No.2: 307-332.

Malhotra, Neil. 2008. "Partisan Polarization and Blame Attribution in a Federal System: The Case of Hurricane Katrina." *Publius: The Journal of Federalism* 38(4): 651-670.

Malhotra, Neil, and Alexander G. Kuo. 2008. "Attributing Blame: The Public's Response to Hurricane Katrina." *Journal of Politics* 70(1): 120-135.

Malhotra, Neil, and Jon A. Krosnick. 2007. "Retrospective and Prospective Performance Assessments during the 2004 Election Campaign: Tests of Mediation and News Media Priming." *Political Behavior*

29(2): 249-278.

Malhotra, Neil, and Yotam Margalit. 2014. "Expectation Setting and Retrospective Voting." *Journal of Politics* 76(4): 1000-1016.

Oneal, John R., and Anna Lillian Bryan. 1995. "The Rally round the Flag Effect in U.S. Foreign Policy Crises, 1950-1985." *Political Behavior*, Vol.17, No.4: 379-401.

Ostrom, Charles W., Jr., and Brian L. Job. 1986. "The President and the Political Use of Force." *American Political Science Review*, Vol. 80, No.2: 541-566.

Samuels, Warren J. 1980. "Two Concepts of 'Politicization.'" *Social Science*, Vol.55, No.2, pp.67-70.

Spence, A. Michael. 1973. "Job Market Signaling." *Quarterly Journal of Economics* 87(3): 355-374.

세월호가 묻고 사회과학이 답하다

제6장

기억의 영토화:

세월호 기억공간* 형성 과정을 사례로

신혜란
서울대학교 지리학과 교수

1. 서론

어떤 공간을 통해, 누가, 어떻게, 세월호를

* * * * *

* 이 글에서 '기억공간'은 '기억의 장소(place of memory)'와 같은 뜻이다. 특정 사건
으로 인해 생긴 집단기억(collective memory)을 물질적으로 재현한 장소를 뜻한다.
기존에 많이 사용되던 기념공간, 기념화사업이란 말보다 '기억공간'이란 개념이 근
래 대중적으로 자리 잡았기 때문에 이 논문에서는 기억공간이라 쓴다. '장소기억
(place memories)(전종한, 2009: 793)'이 "장소를 통해 다양한 인간과 장소 간 관계
의 본질을 사유하는" 것을 뜻하는 것에 비해 '기억공간'은 "인간과 장소의 관계가
적극적으로 나타난 결과물"이다.

말하는가? 이 질문을 통해 2014년 세월호 사건[1] 이후 대표적인 기억 공간을 형성한 과정, 즉 세월호 기억의 영토화를 분석하는 것이 이 글의 목적이다. 이 글에서 '기억의 영토화(the territorialization of memory)'는 점유, 물리적 구성, 담론생산을 통해 특정 기억의 공간적 경계를 창출하고 재구성하는 활동을 뜻한다. '기억의 탈영토화(the de-territorialization of memory)'는 그러한 기억의 공간적 경계를 허물고 기억의 재현이 그 영토를 떠나는 과정을 뜻하며, '기억의 재영토화(the re-territorialization of memory)'는 다른 곳으로 옮겨가 기억의 영토화를 하는 과정이다. 기억공간(place of memory)은 과거사건의 상징성을 현재와 미래에 공간적/물질적으로 재현한 장소이다. 기억공간은 기억의 영토화의 핵심 성과물이다.

이 연구는 문헌자료 분석, 심층면담, 현장방문을 통해 세월호 기억 공간 세 곳(안산 단원고 기억교실, 서울 광화문 광장과 서울시 기억공간, 제주 기억공간)의 형성 과정을 '기억의 영토화'라는 분석틀에서 살핀다. 연구결과를 통해 이 글은 기억의 공간정치에 관한 학술논의에 기여하고 초기 단계에 있는 세월호 기억공간에 관한 사회적·정책적 함의를 제시할 것이다.

이 연구는 세월호 기억의 영토화를 보기 위해 다음의 분석틀을 제시한다. 1) 특정 장소의 위치와 물질적 특징의 기억과의 연관성, 2)

---

1) 2014년 4월 16일부터 18일까지 3일간 한국 전라남도 진도군 조도면 부근 바다에서 청해진해운 세월호가 침몰한 사고이다. 인천에서 제주로 향하던 연안 여객선 세월호가 완전히 침몰하여 2016년 2월 현재 탑승했던 476명 중 295명이 사망하고 9명이 실종된 상태이다.

기억의 영토화 주체들의 장소 점유와 갈등, 3) 슬픔 관광을 통한 영토의 확인과 확장이 그것이다. 첫 번째는 특정 장소의 위치와 그곳의 물질적 특징이 가지는 기억과의 연관성이다. 이 연관성은 기억의 영토화의 첫 단초를 제공하지만 고정된 것은 아니며, 해석에 따라 다양한 연관성이 구성, 정당화될 수 있다.

두 번째는 기억의 영토화 주체들이 기억공간을 만들고 활동을 통해 의미를 부여하는 등의 점유과정에서 발생하는 갈등이다. 희생자 가족, 생존자, 중앙정부, 지방정부, 시민단체, 전문가, 언론, 시민 등 다양한 참여자들은 '누가 그 기억을 논할 자격과 권력을 가졌는가'를 두고 경쟁하는데, 이 과정에서 애도, 기억, 치유, 기념화 활동과 망각, 일상회귀, 공감피로의 욕구 간 갈등이 곧잘 나타난다.

세 번째로 슬픔 관광(dark tourism)(Lennon and Foley, 2010)은 기억공간에 외부인을 초대하여 기억의 영토화를 확정하고 확장하는 활동에 관한 것이다. 이 세 가지 분석틀은 서로 밀접한 관계를 가지고 있음에도 불구하고, 지금까지 기억공간 형성의 정치적 과정을 다룬 지리학, 도시연구, 사회학을 위시한 사회과학 연구에서 종합적으로 다뤄지지 않았다.

기억공간을 기억의 영토화의 결과물로 보고, 기억공간 형성 과정을 그 공간의 선택, 생산, 점유, 확산의 과정으로 본다면, 기억공간 형성의 초기 단계에서 뚜렷이 나타나는 공간과 주체의 역동적 관계를 잘 이해할 수 있다. 집단적 기억(collective memory)[2])에 관한 그간의

• • • • •

2) 집단이 같은 경험을 했을 때 타인과의 관계 속에서 이루어지는 의사소통과 상징적인 재현의 과정을 집단기억이라고 한다(Hałas, 2008: 105, 107). 집단적 기억에

사회과학적 연구 흐름 안에서는 사회적 구성주의에 기반해 기억의 상징성에 초점을 맞추거나 심리적인 측면에서 장소의 정체성에 주목하는 접근이 큰 흐름이었다(Stone and Hirst, 2014: 314). 하지만 근래에는 도시 공간 내부에서의 갈등과 슬픔 관광(dark tourism) 사례들을 통한 기억공간 연구가 더욱 중요한 흐름으로 떠오르고 있다. 이러한 흐름은 다양한 장소 만들기(place-making) 활동에서 행위자와 장소의 상호작용에 대한 관심이 증가한 것과 그 맥을 같이 한다.

도시개발, 재개발, 도시재생, 젠트리피케이션 등에서 현재 살고 있는 주민과 미래의 공간을 개발하려는 주체가 일으키는 갈등은 도시 연구, 지리학 연구에서 중요한 주제이다. 특히 특정 장소에 의미를 부여함으로써 '기억되는 과거'의 문제가 '미래의 기억을 생각하는 현재 행위자'의 문제로 전환되는 과정인 기억공간 형성 과정에서 행위자와 장소의 상호작용은 극대화된다. 사건과의 연관성을 가진 장소의 물질적 특성(장소의 생김새, 전시해 놓은 물건 등)이 중요하고, 행위자의 이해관계가 절실하고 명확하기 때문이다. 다양한 참여자들이 특정 사건에 대해 기억(혹은 망각)하고 싶은 측면, 기념하고 싶은 측면, 의미를 부여하고 싶은 측면 등이 구체적인 장소를 통해 드러나기 때문에 기억공간 형성 과정에는 공간/장소와 주체의 관계가 응집되어 나타난다.

세월호 기억공간 연구의 초기 단계에 위치한 이 연구는 한 사례에 집중하기보다는 기억의 영토화를 보여주는 세 사례를 보려고 한다.

• • • • •

대해 collective memory, social memory, public memory 등의 용어들이 혼용되기도 한다. 한편, 이와 관련해 집단기억이나 사회적 기억(collective memory)이란 없고 기억을 개인이 가질 뿐(Olick and Robbins, 1998: 111)이라는 주장도 있다.

주체인 피해자 가족들과 시민들이 주요하게 기억의 영토화 활동을 벌인 곳인 안산 기억교실, 서울 광화문 광장, 제주 리본 기억공간이 그 사례들이다. 지금도 세월호 기억공간 형성 과정은 진행 중이고, 넓은 의미에서 세월호 기억공간에 포함되는 곳은 많다. 우선적으로 영토화의 대상이 되는 곳은 보통 사고현장이기 마련인데, 세월호 사고현장인 바다와 현재(2017년 2월 기준) 인양이 이루어지지 않은 세월호 선박은 일단 그 대상에서 비껴서 있다. 이 연구에서는 택하지 않았지만 눈에 띄고 중요성에서 떨어지지 않는 곳들도 많다. 피해자 가족들이 생사소식을 기다렸고 정부의 공식 분향소가 있는 진도 팽목항,3) 안산 기록저장소, 기억의 숲과 같은 곳들이다. 하지만 이 연구는 기억공간 형성 과정의 주체들의 활동과 네트워크가 장소의 특징과 상호작용하여 기억의 영토가 형성, 협상, 경쟁, 단합되는 과정을 보여주는 곳에 초점을 맞추고자 한다. 이 세 사례는 또한 주체와 기억의 의미 확장 및 변용을 보여주기도 한다.

세 기억공간은 다음과 같은 의미와 주체들의 특성으로 인해 형성되었다. 첫째, 기록 활동가와 유가족은 단원고 학생 희생자들이 사용하던 교실을 학생들이 생전에 사용하던 물품으로 점유하고 해당 교실에 대한 적극적인 슬픔 관광을 통해 영토확장 실천을 벌였다. 이후 이러한 기억의 영토화로 인해 탈영토화되었던 학습권 담론과 물질적

• • • • •

3) 이민영(2015)은 세월호 다크 투어리즘에 관한 연구에서 세월호 참사 관련 관광지화가 시작된 장소를 진도 팽목항, 안산 단원고 부근, 서울 시청과 광화문 주변으로 꼽았다. 이 연구에서는 진도 팽목항을 안산, 서울과 떨어진 위치와 접근성의 한계 때문에 안정된 영토화를 겪은 곳으로 본다. 이곳은 세월호 담론이 정치적으로 예민해지고 터부시된 후에도 비교적 중립적이고 공식적인 장소로 자리 잡았다.

환경(공부할 수 있는 교실처럼) 등에 대한 재영토화 시도가 이루어지면서 각 주체들 간 갈등이 발생했다.

둘째, 청와대로 가는 길목에 위치한 공공공간인 광화문 광장에서는 유가족들이 정부를 상대로 한 단식농성 등 직접 존재/활동하는 방식으로 광장을 점유하면서 정치적 영토화가 이루어졌다. 진상규명을 주장하는 유가족이 직접 점유하고 지지자들이 점유활동을 확대했으며, 공공공간의 점유를 비판하는 보수단체나 중앙정부의 지시로 차벽을 세운 경찰도 광장을 직접 점유하여 영토화를 해체하려 했다. 광장을 관리하면서 영토화를 간접 지원했던 서울시 지방정부와 집단행동에 무력으로 대응한 중앙정부는 이후 서서히 주체로 등장했다.

셋째, 제주도 기억공간은 이용할 수 있는 공간을 먼저 마련한 후 그곳을 기억공간화한 재영토화(re-territorialization)의 사례라 할 수 있다. 세월호의 도착지이면서 대안적 삶을 상징하는 제주에서 제주 문화 이주자 네트워크, 희생자 네트워크, 관광객에 의해 이루어진 느슨한 네트워크형 영토화 사례이다.

위의 주장을 위해 이 연구는 다음과 같이 전개된다. 문헌연구에서는 집단적 비극과 기억공간에 관한 기존문헌을 비판적으로 검토하고 '기억의 영토화' 분석틀을 제시한다. 그 다음 연구방법을 간단히 소개한다. 사례분석에서는 안산 단원고 기억교실, 서울 광화문 광장, 제주 기억공간의 각 사례를 중심으로 영토화, 탈영토화, 재영토화의 과정을 분석한다. 첫 번째 사례인 단원고 기억교실은 단원고 학생 희생자 유가족과 학교당국, 교육청의 갈등과 협상을 중심으로 분석한다. 두 번째 사례 서울 광화문 광장은 청와대와 가깝고 서울의 중심지인 이곳에서 유족을 지지하는 국민들과 공감피로를 주장하는 국민들 간에 발생한 담론과 점유의 충돌을 중심으로 분석한다. 세 번째 사례인 제주 기억공간은 갈등보다는 대안공간이자 세월호가 도착하지 못했던 곳으로서의 문화적 특성과 연결지어 분석한다. 마지막으로 결론에서는 기억의 영토화를 비롯한 기억의 공간정치에 관한 논의로 논지를 확장할 것이다.

2. 문헌 연구: 기억의 영토화와 기억공간

집단기억과 기억공간에 대한 기존 사회과학적 연구는 시간과 공간에 대한 개념을 비판적으로 발전시키는 데 기여했다. 사회 문제로서 비극적 기억은 기억의 정치에서 핵심적인 위치를 차지했는데(Hałas, 2008: 115), 초기 문헌들은 비극적 사건에 대해 심리학적·신경학적 접근(Kansteiner, 2002)을 통해 희생자들의 트라우마에 초점을 맞추었다(Radstone, 2008). 후기 인문사회과학 문헌은 기억의 공유나 기억공간이 생산되는 사회적인 측면을 중심으로 분석하였다 (Hoelscher and Alderman, 2004). 사회적 기억에 관한 사회학 연구는 지식 사회학과 사회적 구성주의의 영향을 받아 기억을 지식과 의식을 구조화하는 사회적인 활동으로 보았다(Olick and Robbins, 1998: 108). 역사적인 기억공간을 분석한 지리학 문헌은 분절된 시간과 공간의 감각, 집단기억의 불안정성과 배격(Crang and Travlou, 2001)에 주목하였다. 보다 구체적으로 관련 연구들은 포함과 배제, 주류와 비주류의 갈등(Dwyer, 2000), 기억공간의 젠더화(McDowell, 2008: 337), 기억 형성에서 매체의 역할(이희상, 2009: 312) 등 기억과 해석이 선별적이고 의도적으로 이루어지는 기억정치의 특징을 밝혔다. 특히, 지리학과 도시학에서 많은 사상자가 나온 비극적인 사건으로 인해 형성되는 '집단적 기억'을 기념화한 기억공간에 대한 관심이 높았다. 전쟁이나 광주 5·18 민주화운동 등의 사례에서처럼 기억공간은 집단적인 기억과 망각을 통해 구성된다(Till, 2008).

이 연구는 기억장소의 형성 과정에서 주체와 공간의 관계와 그 역동성을 분석하기 위해 '기억의 영토화' 개념을 제안한다. '기억의 영토화' 개념(Smith, 1999)은 국가의 정체성 확립과 신화창출에 대한 설명을 위해 활용되었다. 비슷한 맥락에서 레비와 스네이더(Levy and Sznaider, 2006)는 세계화 시대에 기억을 국가의 경계를 벗어나 공유함으로써 세계적 기억으로 만드는 것을 '기억의 탈영토화(the de-territorialization of memory)'라고 개념화했다. 탈영토화한 기억은 다른 곳으로 옮겨 기억의 재영토화(the re-territorialization of memory)[4]를 한다는 것이다. 공간연구뿐 아니라 사회과학 전체에서 경계가 흔들리고 재협상되는 현상이 큰 화두가 되고 있는데, 이때 영토는 사회적 실천

• • • • •

4) 이진경(2002), 이민경·김경근(2014)에서 나온 것처럼 들뢰즈, 가타리의 탈영토화, 재영토화 개념은 영토화, 영토성 논의에 큰 영향을 끼쳤다. 이 글의 개념도 영토화, 탈영토화, 재영토화의 필연적인 공존과 연속성을 이해하는 면에서 그들의 개념과 같이 한다. 그러나 이 연구는 기억공간 초기 형성단계에 관한 것이므로, 영토를 처음 구성하는 국민국가의 형성시기에서 보인 것처럼 정체성, 차별성을 구축하는 단계에 초점을 맞추었다. 그들의 접근에서는 탈영토화와 재영토화에서 보이는 실천, 즉 차이를 생성하고 경계를 벗어나는 것이 핵심이다.

과 과정의 물질적·정신적 결과를 뜻하는 개념으로 사용된다(Delaney, 2005; Storey, 2012). 이러한 개념에 기반한 '기억의 영토화' 개념은 주체들의 사회적 실천과 권력투쟁의 결과물로 기억공간을 바라본다.

'기억의 영토화'의 개념틀은 다음 두 가지 면에서 유용하다. 첫째, 기억공간을 형성하는 과정에서 핵심적인 '주체와 공간의 상호작용'을 잘 드러낸다. 샤자드(Shahzad, 2012)의 주장대로 기억공간은 사회적일 뿐만 아니라 물질적이다. 기억공간 형성 과정은 과거에 일어난 사건의 상징이 기억공간의 물리적 위치와 특정한 물질로 전환되는 과정이고, 이는 곧 주체와 공간의 상호작용이 극대화되는 과정이다. 기존연구들에서는 기억공간 자체 또는 갈등 및 권력투쟁을 포함한 주체의 활동에 초점을 맞추다보니 양자 간의 상호작용이 흐릿해진 반면, 영토화 개념은 그 갈등의 기반이자 결과로 기억공간을 분명하게 제시한다.

둘째, 끊임없이 변하고 재해석되는 영토성의 개념에 기반하고 있어, 이희상(2009)의 주장대로 기억과 장소 둘 다 변화를 거듭하며 조작 가능하다는 의미를 효과적으로 전달한다. 문화적인 방법으로 집단적 기억을 재해석하는 과정에서는 서로 다른 지식, 이해, 접근이 만나고 충돌하고 협상, 진화해간다(Zhurzhenko, 2013; Till, 2012; Bassett et al., 2002). 그렇기에 이 과정은 기억의 정치(Jasiewicz, 2015), 기억 전쟁 (Bernstein, 2015), 다투는 기억(Martin, 2016) 등으로 표현되기도 한다. 기억의 영토화에서 주체 간 갈등은 걸림돌이라기보다는 영토화, 기억 공간 형성 과정 그 자체이다. 갈등은 자신의 입장을 최대한 구체적으로 표현하는 과정을 통해 상대방과 스스로에게 그 맥락이 명확해지고 (Eshuis and Stuiver, 2005) 영토화에 있어서 경계가 명확해지는 기회를 제공한다(Termeer and Koppenjan, 1997). 그러한 혼란과 갈등이 공공

영역의 가능성을 열어주기도 한다(Sennett, 2000).

본 연구는 비극적 기억의 영토화를 분석하기 위한 개념틀을 다음과 같이 제시한다. 1) 장소의 물리적 재현을 통한 기억의 영토화, 2) 기억의 영토화 주체들 간의 점유, 경쟁, 갈등, 3) 기억의 영토화의 확장으로서 슬픔 관광(dark tourism)이 그것이다. 기억공간 형성 과정에서 이 세 가지는 서로 다른 단계를 나타내므로 시간순으로 나타나는 것이 일반적이다. 그 과정은 다음과 같다.

첫째, 기억의 핵심을 나타낼 수 있는 은유적인 물질과 장소(Wright, 2005: 55)를 선점, 선택하여 기억의 영토화가 시작된다. 장소의 개연성은 주어지는 것이 아니라 참여하는 주체들 간의 정당화 경쟁을 통해 형성된다. 또한, 장소의 개연성은 기념을 위해 전시된 물질에 따라 달라진다. 특정한 장소 만들기 프로젝트는 과거에 일어난 일에 대한 해석, 현재의 권력관계, 미래에 대한 욕구 등이 그 장소의 물질적인 요소로 변환됨으로써 표현되는 과정이기 때문이다. 이 과정에서 공간의 상징성은 집단기억을 반영하는 해당 장소의 중요성에 대한 정당화 논리, 기억공간을 만드는 기념물과 상징물, 그 기억공간을 둘러싼 도시발전의 논리 등에 따라 형성되고 재해석된다. 그래서 기억공간은 정치적 사건의 재현과 재해석(re-inscription)의 공간일 뿐만 아니라 갈등의 장소이자 갈등 자체가 된다(Yea, 2002: 1571).

둘째, 어떤 주체가 어떤 장소를 왜 선택하고 어떻게 해석하는지, 어떤 식으로 바꾸는지가 기억의 영토화의 핵심이다. 이 점유(occupancy)의 경쟁에서는 그 사회의 정치경제적 특성, 정치적 권력관계, 사회문화적 분위기, 기술적 발전단계가 중요하다(Lennon and Foley, 2010). 기억은 과거에 관한 것인 듯 하지만 실제로는 '현재 누가 그 과거를 이야기할 자격이 있는가(Till, 2005; Hodgkin & Radstone, 2003)를 둘러싼 현재 주체들 간의 갈등(Muzaini and Yeoh, 2005; Rose-Redwood, 2008)에 관한 문제이다. 이때 기억공간 형성에서 더 이상 과거에 일어난 사건의 본질이 초점이 아니라 현재 주체들의 이해관계가 핵심이 된다. 마찬가지로 기억공간 형성도 기념하는 장소와 과거의 사람들에 관한 것이기보다는 그 기념물을 짓는 사람들(Till, 2005: 18) 중 누가 이것을 점유할 수 있는가에 관한 문제이다. 많은 사례에서 보듯 희생자들과 생존자들은 기술과 자원이 부족하여 점유의 경쟁에서 성공하지 못했다(Lewis, 2002). 그 결과 점유의 갈등을 통해 형성된 기억공간에서 희생자들의 요구는 반영되지 못한 채 집단적 기억이 형성된다(Forest et al., 2004).

5·18 희생에 대한 기억의 장소인 광주시의 문화적 도시재생처럼, 비극적인 공동기억과 관련한 도시개발은 희생자와 그들의 가족, 정부, 전문가들의 기억 전쟁터가 되곤 한다(Shin and Stevens, 2013; Flew, 2009; Yúdice, 2003; Du Gay and Pryke, 2002). 특히 기억을 문화예술적으로 재현하는 과정에서 논쟁이 발생했다. 어떻게 집단이 트라우마를 기억하고 해석할 것인가 하는 문제는 끊임없는 긴장을 가져왔다(Robben, 2012, 2005). 하지만 애도의 단계가 끝나고 공식적 기념화의 단계로 넘어가는 과정에서 결국 기억의 영토화는 전문성 위주로 이루어진 경우가 많았다(Owens et al., 2006; Fraser and Lepofsky, 2004). 공간 창출에서 정보공유와 교류적 지식(interactive knowledge)이 중요하게 인식되고 있지만(Kelman, 1996; Innes and Booher, 1999; Merkel, 2013), 여전히 많은 경우 비전문가들의 지식(lay knowledge)은 무시된다(Walker, 2014; Shin, 2016; Petts and Brooks, 2006; Flyvbjerg,

1998). 또한, 기억화 작업에는 기억하고 기념하고자 하는 욕구뿐만 아니라 잊고 넘어가자는 망각의 욕구가 수반된다. 망각의 욕구는 이익집단의 이해관계(예를 들어, 책임을 져야 하는 주체의 욕구)에서 나오기도 하고 기억해야 하고 기억하고 싶은 주체의 타협으로 이루어지기도 한다.

기억의 영토화는 주체의 권력투쟁과 밀접하게 관련되어 있다. 푸코의 말대로 기억은 투쟁의 중요한 요인이어서, 누군가가 사람들의 기억을 통제한다면 그들의 활동(dynamism)을 통제할 수 있다(Olick and Robbins, 2008: 126). 정부나 기업에서 기념화 건물을 만들고 역사적인 장소를 정립하는 등의 공간적 재현을 진행하는 경우, 희생자들은 기억의 영토에 관한 투쟁에서 지는 경우가 많았다. 민주적으로 토론할 수 있는 분위기에서도 주로 권력이 약한 참여자가 중요하게 여기는 것이 전체의 아젠다가 되기는 어렵기 때문이다(Bachrach and Baratz, 1963에서 다룬 2차원적 권력의 문제). 또한, 기억공간을 만들 때의 담론경쟁이나 정당화 갈등에서 일반 시민들의 지지가 중요한데, 그때 그 사회를 관통하는 이데올로기, 신화, 상식 등이 드러나지 않지만 강력한 역할을 한다. 사회적 약자인 주체는 자발적으로 어떤 것을 지지하도록 강요받으며, 이후 이를 회상하는 과정에서만 강요를 알아차릴 수 있다(Speer and Hughey, 1995; Tauxe, 1995; Eliasoph, 1996; Boonstra and Bennebroek Gravenhorst, 1998; Norgaard, 2006; Culley and Hughey, 2008).

'제3의 권력' 이론(Lukes, 1974; Dowding, 2006; Swartz, 2005)에서 강조한 것처럼, 굳이 눈에 보이게 권력을 행사하지 않아도 대부분의 사람들이 그 영향하에 있게 되는 권력이 존재하는 것이다. 예를 들어, 도시성장, 학업성취와 같이 사회에서 상식처럼 되어버린 이데올로기가 있다면 그것에 도움이 되는 아젠다로, 그런 방식의 기억공간화는 쉽게

세월호가 묻고 사회과학이 답하다

이루어지지만, 그렇지 않은 경우에는 사회구성원들이 납득하지 못하고 푸코의 이론대로 '정상적이지 않다'고 느낄 수 있다. 이 과정에서 발생하는 타협은 일종의 적응기호(adaptive preferences)이다(Elster, 1983; Sen, 1997, 1999; Teschl and Comim, 2005). 이는 해당 사건의 특정한 측면을 기억하는 것이 현실적으로 불가능하고 어렵다고 느껴질 때 취하는 전략이다. 또한, 현대사회에서는 비극과 폭력의 과다노출에서 오는 동정피로(compassion fatigue)[5])나 감정 습관이 문화의 한 부분이 되었다(Moeller, 1999).

셋째, 기억공간이 형성되는 과정에서 희생자를 추모하는 외부인들의 슬픔 관광은 기억의 영토화를 공고히 하고 나아가 영토를 확장하게 한다. 슬픔 관광이 방문객이 느끼는 기억공유의 의무감(Kang et al., 2012)을 기반으로 추모, 성찰, 애도를 사업화하여 기억공간 유지의 정당화 논리를 제공하기 때문이다. 20세기 말과 21세기 초에 세계적으로 증가하고 있는 슬픔 관광은 포스트모던한 현상으로 해석되었다. 로젝(Rojek, 1993)은 무덤가, 죽음의 장소가 비디오·오디오·미디어의 발달 때문에 상업적으로 발달되었다고 보았다. 슬픔 관광은 외부인에게 심리적 위안과 화해라는 사회적 혜택을 주면서(Braithwaite and Lee, 2006), 기억의 영토화가 대결과 긴장으로부터 한 걸음 나아가게 하는 기능이 있다. 슬픔 관광에서는 교육적이고 정치적인 메시지와 관광 생산품의 상업성 사이의 간극이 시간이 갈수록 더 엷어지기 때문이다(Stone and Sharpley, 2008). 그런 이유로 이민영(2015: 32)은 망각을

• • • • •
5) 심리학에서 사용되는 이 용어는 동정피로는 주로 돌봐주는 사람이 지속되는 동정에서 느끼는 과로로 다른 사람들의 고통을 공감하는 용량이나 관심을 줄인다.

주장하는 사람들을 설득하는 한 방법이 관광지화라고 주장한다. 많은 경우, 정부가 성찰의 의미로 기억공간을 만들고 나아가 그 기억공간이 슬픔 관광으로 발전하길 추구하기 때문이다.

한편, 레논과 폴리(Lennon and Foley, 2000)는 슬픔 관광이 통신기술발달에 기인하며 근대사회의 진보, 합리성, 질서에 대한 회의와 성찰을 드러낸다고 보았다. 세월호 사건도 한국사회의 문제, 특히 근대한국사회에서 양적 성장에 집중한 것에 대한 근본적인 성찰을 불러일으켰다. 침몰의 이유였던 조타 미숙, 불량 개조, 화물 과적, 고박 불량뿐만 아니라 선장의 명령, 해경 구조에서 나타난 문제까지 조직의 여러 단계의 문제를 드러냈기 때문이다.[6] 학계와 언론은 세월호를 '한국의 자화상,'[7] '한국사회 총체적 안전시스템'[8]의 문제로 진단했다. 무고한 생명들이 수장되어 가는 과정을 무력하게 바라보면서 "지금 우리는 어떠한 사회에 살고 있는가"를 자문하기도(김수미, 2015) 했다. 법적 측면을 기록한 문헌에서도 세월호 사건은 "'돈'과 '권력'을 성공의 잣대로 평가하고 사람의 안전과 생명마저 비용의 문제로 취급해온 정부의 정책과 제도 그리고 그에 편승한 기성세대가 빚어낸 사회구조적 재앙"(민주사회를 위한 변호사모임, 2014)이었다.

· · · · ·

6) "세월호는 '조직사고'다,"『한겨레21』, 2015년 4월 14일, http://h21.hani.co.kr/
   arti/cover/cover_general/39328.html(검색일: 2016년 2월 17일).
7) "원로 재미 언론인 '세월호는 한국의 자화상' 비판,"『조선닷컴』, 2014년 5월 6일,
   http://news.chosun.com/site/data/html_dir/2014/05/06/2014050601820.html?
   Dep0=twitter&d=2014050601820(검색일: 2016년 2월 26일).
8) "세월호 500일 "한국사회 총체적 안전시스템 점검해야,""『불교포커스』, 2015년
   8월 28일, http://www.bulgyofocus.net/news/articleView.html?idxno=74173

세월호가 묻고 사회과학이 답하다

또한 죽음 자체에 대한 슬픔을 넘어 사건 후의 책임전가, 무반응의 모습으로 인한 무력감이 컸다(오준호, 2015). 국민의 안전을 보장하지 못하는 정부에 대한 비판과 분노로 인해 해난 사고가 정치사회적 사건으로 변화(안병우, 2015)한 것이다. 또한 세월호 사건은 이윤을 위해 개인의 생명을 방치하는 신자유주의의 현실을 보여주었고(지주형, 2014), 다른 안전사고들에 비해 정부의 대처에서 무능, 무책임이 특징적으로 드러났다(김수미, 2015). 이런 담론들이 다양한 매체들을 통해 재빨리 확산되었던 것도 슬픔 관광의 특징이 나타나는 지점이다. 세월호의 세 기억공간은 한국사회와 정부에 대한 총체적인 회의를 확인하는 슬픔 관광지로 자연스럽게 발전했고, 이를 통해 기억의 영토화가 이루어졌다.

3. 연구방법

이 연구는 기억공간 형성 과정의 역동성을 풍부하고 효과적으로 볼 수 있는 연구방법인 주요 주체들과의 심층면담, 문헌자료, 현장조사 등과 같이 다양한 경로로 수집된 자료를 종합하고 비교분석하는 방식으로 이루어졌다. 분석을 위한 문헌자료로는 기억장소 세 곳의 형성 과정에 관한 주요일간지, 주간지를 이용하였다. 현장조사는 기억장소 세 곳에서 총 30시간 정도 머무르며 기억공간의 상징을 나타내는 물리적 특징을 보는 경관분석 위주로 이루어졌다.

세 곳의 기억공간을 형성한 관계자들과의 심층면담도 진행하였다. 심층면담은 각 장소의 특성에 따라 다른 방식으로 진행되었다. 역동적인 과정에 관한 것은 각 기억장소의 형성을 이끈 핵심 참여자들과의 반구조화된 심층면담(semi-structured in-depth interviews)을 주로 활용하여 파악하였다. 각 인터뷰는 피면담자의 동의하에 녹음을 하고 녹취를 하였다. 많은 경우 녹음을 거부하여 그 경우 손으로 기록하거나 듣는 것으로 마무리하였다. 면담질문은 기억공간을 마련하게 된 계기, 장소선택의 이유, 그 장소의 의미, 형성 과정의 전개 과정, 협력과 갈등관계 등을 중심으로 구성되었다. 이렇게 얻어진 자료들은 이 연구의 개념틀인 장소의 특성과 주체의 상호관계, 슬픔 관광을 중심으로 해석되었다.

4. 물질적 변환을 통한 기억의 영토화:
안산 기억교실

단원고 기억교실은 기억의 물질적 변환을 중심으로 기억의 영토화가 이루어진 사례이다. 기억공간의 전형적인 모습과 갈등을 보여준 곳이고, 담론경쟁에서 밀려 나중에 탈영토화 (de-territorialization)된 곳이다. 사고 직후 단원고등학교 피해자들의 교실 8개에 친구와 선후배들이 책상을 비롯한 교실 다양한 곳에 꽃을 놓고 소망을 담은 포스트잇을 붙이기 시작하면서 기억의 영토화는 시작되었다. 희생자 유족들이 대다수 학생들이 사망해 텅 빈 교실을 임시묘지(spontaneous shrines)(Grider, 2007: 7)로 만든 것이기도 하다.

한 기록저장 활동가가 '참사의 현장', '다른 교육의 실천'[9]으로 의미를 부여하며 교실을 보존할 것을 제안했고 경기도 교육감이 그 희생자 학생들이 졸업하는 시기가 올 때까지 보존했다가 외부로 이전하겠다는 발언을 하며 공식화되었다. 나중에 학교운영위원회는 교육공간이 추모로 방해받아서는 안 된다는 담론을 발전시켰고, 갈등은 극대화되었다. 결국 유가족은 단원고 기억교실을 철수하는 결정, 즉 탈영토화 결정을 내렸다.

단원고가 세월호 피해자의 대표성을 띠게 된 이유는 다음과 같다. 첫째, 세월호 피해자 304명 중 86%인 261명이 단원고 학생 250명과 교사 11명이었다. 단원고 재학생 4분의 1이 희생된 것이다. 이 사건 후에 생존자였던 단원고 교감은 죄책감에 자살을 했다(권창규, 2014). 그래서 세월호 참사는 '단원고의 비극'으로 규정되었다(김수미, 2015). 둘째, 젊은 고등학생들이 "가만히 있으라"는 안내방송을 잘 따른 결과 구조받지 못했다는 사실은 그들의 부모뿐 아니라 아이를 키우는 부모들을 비롯한 많은 사람들에게 감정적 동요를 일으켰다. 셋째, 학생들의 전화, 카카오톡 메시지 등이 그 침몰 과정의 언론 역할을 하여 희생자로서 그들의 존재감이 커졌다. 대표적으로 조난신고를 한 최덕

• • • • •

9) 2015년 1월 25일 '(사)4·16세월호참사 진상규명 및 안전사회 건설을 위한 피해자 가족협의회'가 창립되었다. 그 전에 단원고등학교 유가족들은 2014년 4월 18일 '세월호 실종자 학부모대책본부'라는 이름으로 대국민호소문을 발표했고, 4월 25일에 '단원고 유가족대책위'를, 그 후에 5월 6일에 '세월호사고 희생자/실종자/생존자 가족대책위원회'로 명칭을 변경한 바 있다(안병우, 2015).

하 군, 대기하라는 안내방송 동영상을 촬영한 김시연 양, 세월호가
100도 넘게 기울었고 선장과 직원이 모두 탈출을 마친 후 "기다리래"
란 마지막 카톡 메시지를 보낸 단원고 학생 등이 있다.[10]

　　단원고 기억교실에서 기억의 물질적 변환은 큰 역할을 했다. 기
억교실에서 기억의 영토화는 물질로 변환된 기억이 교실을 점유하여
이루어졌다. 기억교실에 유가족이 없어도 그곳에 놓여 있는 물건들과
그 교실들 자체가 큰 메시지를 주었기 때문이다. 당시 2학년 교무실과
교실에 피해자들의 이야기를 집단적으로 보고 느낄 수 있도록 꽃, 희
생자 사진, 좋아하던 과자, 일상적인 소재의 쪽지들, 노란색 추모리본
이 놓여 있었다. 달력은 세월호 사건이 일어난 2014년 4월에 멈춰 있
고, 전국 대학 지도도 걸려 있어서 이 희생학생들이 대학진학을 꿈꾸던
평범한 고등학생이었던 것이 실감나도록 되어 있었다. 기억교실의 사
물함과 책상은 희생자와 생존자를 확연히 구분할 수 있도록 꾸며져
있었다. 그리고 기록저장소에서 마련한 각 피해자들에 대한 방명록이
놓여 있었다. 홍콩에서 보낸 대자보, 일본에서 보낸 천 마리 종이학,
일본 히로시마 원폭 돔을 배경으로 한 세월호 추모제와 그 사진이 있었
다. 아침 8시부터 밤 10시 반까지 일상을 보내던 이곳은 부모들에게
'그리움'의 장소였다. 현장조사 중에도 희생 학생의 부모가 아이 친구
들의 책상도 둘러보며 그 친구들에 대해서 이야기를 하는 장면을 관찰
할 수 있었다.

• • • • •

10) 4월 15일 저녁 9시에 출발한 후, 4월 16일 오전 8시 48분에 급격한 변침부터
　　사고가 발생하였다. Daum 세월호 72시간의 기록, http://past.media.daum.net/
　　sewolferry/timeline/(검색일: 2016년 2월 18일).

　　　　세월호가 묻고 사회과학이 답하다

사진 1··· 단원고 기억교실 내부

이 기억교실의 형성 주체는 기록 활동가들과 유가족이다. 한 피면담자에 따르면, 유가족은 유품을 전하고 보러 오는 정도의 소극적인 역할에 머물렀다고 한다. 유가족들은 서울을 오가면서 진상규명에 집중하느라 기억교실에 신경을 많이 쓰지 못했기 때문이다. 또한, 유가족이 비난여론을 받을까봐 우려한 기록활동가들의 권유로 유가족은 운영위원회와 직접 부딪치지 않았다. 그럼에도 불구하고 그들이 갖는 상징성 때문에 존치를 주장하는 쪽과 철거를 주장하는 쪽에 존재감이 있었다. 416가족협의회는 학교의 정상적인 교육이 이뤄져야 한다는 원론에는 동감하지만 250명의 아이들과 12명 선생님들이 가장 많이 생활했던 공간을 영원히 보존해야 한다고 강조했다. 이들은 "우리들은 너무 쉽게 잊는 경향이 있다"고 비판하기도 했다. 전국교직원노동조합은 조합원 1,695명의 서명을 통해 "단원고 교실은 세월호 참사의 기억 그 자체이기 때문에 교실을 치우면 기억도 지워져 간다"며 단원고 교실은 역사공간으로서 그대로 보존되어야 한다고 주장했다.[11]

　한국사회에서 미미했던 기록 활동을 하는 활동가들이 주체였던 것도 눈여겨볼 점이다. 이들은 단원고 근처에서 기억저장소와 기억전시관을 운영하고, 기억교실을 포함한 슬픔 관광의 프로그램을 마련하여 진행했다. 2015년 2월부터 시작한 '기억순례,' 이후 '기억과 약속의 길'로 바뀐 방문자 프로그램은 기억저장소, 기억전시관, 단원고 기억교실, 유가족과의 만남을 포함한 4시간 정도의 프로그램이었다. 매주 토요일 오후 1시 단원고 정문 앞에서 출발해서 단원고 교실을 방문하는 이 슬픔 관광(dark tourism)에 약 7천여 명의 방문객이 참여했다고 한다. 기록 활동가들은 기억교실이 이전되어도 이 프로그램은 유지할 계획이지만 일상의 생생함으로 인해 핵심적이었던 기억교실이 빠지면 많이 다를 것이라고 예상했다.

　기억교실 담론 경쟁에서 결국 밀린 기록 활동가들은 심층면담에서 공통적으로 교육청, 단원고, 더 나아가 한국사회 전체의 기억에 대한 태도에 대해 깊은 실망을 나타냈다. 유가족에게 불리하도록 여론을 몰아가는 사람들을 비판하면서 연구자에게도 기억교실 존치 논쟁에 관해 시간별로 정리된 기록을 보도록 권유했다.[12] 그들은 학습권 침해

● ● ● ● ●

11) "세월호 '단원高 교실 10개'를 비워 두자는데 …," 『조선일보』, 2015년 12월 8일 전교조, http://news.chosun.com/site/data/html_dir/2015/12/08/20151208002 25.html?Dep0=twitter&d=2015120800225(검색일: 2016년 2월 21일).

를 염려하는 재학생 학부모들의 심정은 이해하지만 경기도 교육청과 단원고가 조정의 역할을 하지 않고 지키지 못할 약속으로 유가족에게 실망을 주었다고 비판했다. 특히 한국사회의 기억에 대한 태도가 선진적이지 못하다고 비판하면서, 일본 쓰나미 재해로 피해받은 오카와초등학교를 지진에 대한 반성을 전하기 위해 현장으로 남겨둔 사례와 JR후쿠치야마선 열차 탈선사고 후 아파트 건물을 영구 보존하기로 한 사례13)를 들었다. 세월호의 경우 기억교실이 유일한 '사회적 거울'인데 이런 공간을 보존해야 하는 걸 아무도 동의하지 않았다고 한다. 시민단체의 태도도 마찬가지였다고 했다.

철거를 주장한 단원고 학교운영위원회, 조정역할을 가지고 기억교실 이전을 약속했던 경기도 교육청은 기억의 영토화의 매개자이며 참여 행위자였다. 2014년 11월 경기도 교육감이 '아픔도 교육이다'라며 희생학생 명예졸업까지 교실을 보존한다고 발언해 기억교실의 일시적 존치가 공식화되었다. 경기도 교육청은 2015년 11월, 유가족 측에 교실 모습을 학교 밖에 재현하는 것을 제안했다. 단원고 진입로 옆 시유지(도로부지)에 5층 규모의 추모/교육 공간을 마련하여 2016년 1월 명예졸업식 이후 단원고 학생들이 사용하던 10개 교실의 책걸상, 칠판,

- - - - -

12) http://www.todayhumor.co.kr/board/view.php?table=bestofbest&no=232973 &s_no=232973&kind=search&search_table_name=bestofbest&page=1&keyfie ld=subject&keyword=%EA%B5%90%EC%8B%A4(검색일: 2016년 4월 14일).

13) 이 사건에 대해서 다음 기사를 참고할 수 있다. "일본은 지진 현장 '기억교실' 보존키로 … "가만 있으라", "지시에 큰 피해본 학교 남겨두기로," 『경향신문』, 2016년 3월 27일, http://m.khan.co.kr/view.html?artid=201603272029051&c ode=970203&med_id=khan(검색일: 2016년 4월 14일).

유품, 비품을 이전한다는 방안이었다. 그 건물을 짓는 2년 동안에는 안산교육지원청 별관에 임시 보관하는 것도 방안에 포함되었다. 하지만 시간이 지나면서 경기교육감이 약속한 대안 공간 마련과 조정에 진척이 없자 기억교실을 둘러싼 갈등이 심화되었다.[14]

단원고가 세월호 사건으로 인해 혁신학교로 특별 지정되고 장학금 등의 지원을 받게 되면서 단원고 1지망 지원자가 증가했는데,[15] 이 입학생 수를 조정하지 않고 오히려 반 정원을 줄여 교실이 부족한 문제가 증폭되었다. 특히 유족들과 학교 측의 대화, 협상이 순조롭지 않아서 문제는 더욱 커졌다.[16] 그 후 9명의 실종자 수습, 진상규명과 책임자 처벌 등의 진전이 더뎌지면서 기억교실의 존치 문제를 둘러싼 갈등은 계속되었다.[17] 416가족협의회는 명예졸업식을 거부하고,[18] 2015년 10월 26일부터 2016년 4월 8일까지 매일 경기도 교육청 앞에서 피켓 시위를 벌였다.[19]

• • • • •

14) 『연합뉴스』, 2015년 11월 18일, http://www.yonhapnews.co.kr/bulletin/2015/
11/18/0200000000AKR20151118192600061.HTML(검색일: 2016년 2월 21일).

15) "'기억교실' 존치 논란 단원고 신입생 모집 예정대로," 『연합뉴스』, 2015년 12월
11일, http://www.yonhapnews.co.kr/bulletin/2015/12/11/0200000000AKR20
151211122100061.HTML(검색일: 2016년 4월 10일).

16) 팟캐스트 "단원고 교실, 유지될 이유," https://podfanatic.com/podcast/-11209/e
pisode/35-2-8(검색일: 2016년 3월 4일).

17) 민 선, "단원고 '기억교실'," 『미디어스 오피니언』, 2015년 10월 31일, http://me
diaus.co.kr/news/articleView.html?idxno=50949(검색일: 2016년 2월 21일).

18) 세월호에 탔으나 생존한 75명과 수학여행에 불참하여 사고를 당하지 않은 11명은
2016년에 졸업을 했다. 이 중에 대학에 합격한 79명에게 경기도에서 지원하기로
했다("단원고 졸업생 79명 대학등록금 전액 지원," 『경향신문』, 2016년 2월 10일,
http://news.khan.co.kr/kh_news/khan_art_view.html?artid=20160210084046
1&code=620109, 검색일: 2016년 2월 17일).

한편 단원고 학교운영위원회는 기억교실 철거, 즉 탈영토화의 적극적인 주체로 나선 행위자다. 학교운영위원회는 "방과후 학습은 지금도 하지만 옆에 추모교실이 있으니 학생들이 복도를 오가다 매일 보게 되고, 야간 자율학습은 하지 못하게" 되어 "단원고가 전국 최하위 등급의 학업성취도가 나왔다"며 학습권을 주장했다.[20] 이들은 기억교실 철거를 주장하며 신입생 오리엔테이션을 막거나 기물을 파손하는 등 물리적인 행동도 했다.[21] 또한, 이들은 2016년 2월 19일까지 해법을 내놓지 않으면 학교 폐쇄를 하겠다고 최후통첩을 하였지만, 다시 2월 18일 안산교육지원청에서 가진 기자회견에서 3월 2일까지 "다른 학교 학생들과 동일한 학습권을 보장"하는 조건이 이루어지면 세월호 희생자 추모사업과 진상규명 활동을 적극 지원하겠다고 밝혔다.[22]

조정의 역할이 부재한 상황에서 결국 막판에 종교인들의 조정을 통해 세월호 사건 2주기를 맞아 기억교실을 이전한다는 결론이 내려졌다. 합의가 이루어졌다기보다는 학교운영위원회 측의 강경한 태도와 국민여론에 유가족이 두려움을 느낀 것이라고 피면담자인 한 기록 활

• • • • •

19) http://www.newshankuk.com/news/content.asp?fs=1&ss=3&news_idx=2016 04081540281901(검색일: 2016년 4월 2일).

20) 『국민일보』, 2016년 2월 19일, http://news.kmib.co.kr/article/view.asp?arcid= 0923433452&code=11131300&sid1=soc(검색일: 2016년 2월 21일).

21) 2016년 2월 20일에 기억교실 철거를 주장하는 운영위원회와 학부모 20여 명은 이 문제가 해결되지 않은 채 3월 1일 자로 교장 전보 인사가 단행된 것에 반발하여 교감, 교사 등과 몸싸움도 벌이고 교무실 집기와 비품 일부를 파손했다. 『조선일보』, 2016년 2월 21일, http://news.chosun.com/site/data/html_dir/2016/02 /21/2016022101715.html(검색일: 2016년 2월 22일).

22) 『경기일보』, 2016년 2월 19일, http://www.kyeonggi.com/?mod=news&act=ar ticleView&idxno=1130508&page=2&total=149886(검색일: 2016년 2월 20일).

동가가 말했다. 이 피면담자는 기억교실 철거는 유가족들에게 '아이들을 놓아 준다'는 큰 포기의 의미라고 했다. 기억교실 철거는 세월호 기억의 영토화가 일시적인 실천으로 남고 기억의 탈영토화로 마무리되었다는 것을 뜻한다.

5. 직접점유를 통한 기억의 정치적 영토화:
광화문 광장

　　　　　　서울시의 광화문 광장은 세월호 기획단과 정부, 보수단체가 직접 점유하여 갈등하고 타협하며 재구성된 정치적 장소이다. 이곳에서는 다양한 주체들이 이 공공공간을 자신의 몸으로 직접 점유하는 방식으로 기억의 영토분쟁을 일으켰다. 광화문 광장과 참여자들의 점유라는 방식의 특성상 이 장소의 갈등은 한국사회 진보 대 보수진영의 대결로 담론이 발전했고 기억의 정치적 영토화가 이루어졌다.

서울시 광화문 앞 세종대로 한가운데에 위치한 트인 공공공간인 광화문 광장은 그 근처에 청와대와 정부서울청사, 서울시청 도서관, 시청을 두고 있다. 한 유가족이 "안산에서 일주일 하는 것보다 광화문 광장에서 하루 하는 게 더 효과적"이라고 할 만큼 장소의 위치가 가져오는 가시성이 있었다. 이곳은 또한 정치적 실천의 공간적 흐름이 막히고 정리된 매듭과 같은 곳이다. 광화문 광장은 다양한 곳에서 출발한

세월호가 묻고 사회과학이 답하다

시위대가 결집한 곳, 청와대로 행진을 하려다가 막히고 돌아와 농성을 벌인 곳이었다. 앞선 단원고 기억교실이 학습권 담론에 부딪쳤다면 이곳에선 세월호에 대한 피로의 담론으로 맞선 보수단체의 활동이 있었다.

　이 과정의 주된 행위자는 세월호 연장전 기획단, 보수단체, 정부이다. 각 행위자들의 활동은 다음과 같다. 첫째, 세월호 연장전 기획단은 광화문 광장을 세월호 참사에 관한 저항의 장소로 만들었다. 세월호 유가족 및 시민단체들로 구성된 4월16일의약속국민연대(416연대)에 예술가 단체가 합쳐져 구성된 단체가 세월호 연장전 기획단이다. 416가족협의회는 광화문 광장을 "싸움의 장소가 아니라 세월호 참사를 잊지 않고 함께 하겠다는 의지를 보이는 상징적 공간"으로 해석했다.[23] 이곳이 세월호 사건의 진상규명을 촉구하는 행동을 상징하는 공간으로 인식된 결정적인 계기는 이 광장에 천막을 치고 진행된 유가족들의 단식이었다. 세월호 사건이 일어난 해인 2014년 7월에 유민아빠 김영오 씨 등 유가족들이 시작한 단식에 시민단체와 노동, 종교계 인사들이 동참해 진상규명을 위한 특별법 제정을 주장한 것이다.[24] 이 단식농성은 국외 인사들의 지지도 끌어냈다. 2014년 8월에 있었던 노암 촘스키 교수의 편지와 프란치스코 교황의 방한은 이 단식을 위로하고 지지했

<hr />

23) "광화문 세월호 농성 1년 … 추모 여론·시민피로 시각 교차," 『연합뉴스』, 2015년 7월 12일, http://www.yonhapnews.co.kr/bulletin/2015/07/11/0200000000AKR20150711028600004.HTML(검색일: 2016년 2월 22일).

24) 단식 농성의 타임라인이 잘 소개되어 있다. 경향신문 미디어기획팀, "[뉴스 따라 잡기] 세월호 유가족의 단식 농성의 기록," SNS http://khross.khan.kr/280(검색일: 2016년 4월 18일).

다. 교황의 광화문 광장 방문은 국외에 세월호 소식을 더욱 알리는 기회가 되었다.[25]

　둘째, 보수단체는 세월호 기억이 광화문 광장을 영토화하는 것에 반대해 광장을 '기억 대 망각의 갈등'의 장소로 전환하였고, 그 과정에서 세월호 기억은 정치화되었다. 인터넷사이트 '일간베스트' 회원들은 유가족의 단식농성을 조롱하기 위해 피자 100판과 맥주, 육개장을 먹는 폭식 이벤트를 벌이기도 했다.[26] 이 이벤트 당시 단식투쟁 참가자들과 충돌이 생길 것을 우려해 세월호 참사 국민대책회의가 광화문 광장 한 구석으로 현수막, 평상, 밥상을 차려 공간적인 분리를 시킨 것도 흥미롭다. 기억 대 망각의 상징적 주장이 단식 대 폭식이라는 행동으로 형상화되었다. 그런 점에서 세월호 연장전 기획단과 보수단체는 스스로를 기억공간, 망각공간의 중심적인 전시물로 만든 셈이다.

　보수단체는 또한 세월호 기획단의 광화문 광장 이용이 장기화되자 그것을 문제시하는 담론을 주도하였다. 보수단체 '정의로운 시민행동'은 "서울시가 세월호 농성장에 천막을 지원한 것은 직무유기"라며 서울시장을 검찰에 고발했다. 바른사회시민회의, 대한민국애국시민연합과 같은 보수단체들은 유가족들이 과도한 정치행위를 하고 있으며 다양한 시민이 표현의 자유를 누려야 하는 광장을 세월호가 독점했다고 비판했다. 동아일보 건물 앞에는 세월호 기억에 반대하는 천막이

• • • • •
25) "광화문 세월호 농성 1년 … 추모 여론·시민피로 시각 교차," 『연합뉴스』, 2015년 7월 12일, http://www.yonhapnews.co.kr/bulletin/2015/07/11/0200000000AKR20150711028600004.HTML(검색일: 2016년 2월 22일).
26) "단식투쟁 앞에 피자 100판 '일베,' 광화문 광장서 무슨일이?" 『중앙일보』, 2014년 9월 6일, http://news.joins.com/article/15756943(검색일: 2016년 4월 28일).

사진 2 ··· 광화문 광장

사진 3 ··· 광화문 광장에 있는 전시실, '아이들의 방'

처져 "세월호 척결"이란 구호를 내세웠다. 서울시 관계자에 따르면 광장에서 세월호 기획단 천막을 철거시킬 것을 주장하는 시민들에게서 전화, 고발도 많았다고 한다. 서북청년단은 천막을 강제 철거하겠다고 예고하여 100여 명 시민들이 지킴이를 자청하기도 했다.[27]

셋째, 광화문 광장 기억공간에서 중앙정부와 서울시 지방정부의 위치와 역할을 생각해볼 만하다. 세월호 사건의 책임을 묻는 과정에서 중앙정부가 중요한 주체로 등장했고, 세월호 사건은 정치적인 사건으로 국가적 스케일로 확장되었다. 중앙정부는 기억공간 형성 주체들에게는 주어진, 그래서 대응을 한 대상인 환경인 동시에 진상규명과 지위 진압의 주체로서 세월호 기억의 정치적 영토화에 결과적으로 기여한 행위자다. 세월호 1주기가 다가올 무렵 세월호 특별조사위원회 활동을 제약할 수 있는 정부 시행령 입법 예고가 있었고 1주기 기념일에 박근혜 대통령이 남미로 떠난다는 사실이 알려지면서 세월호 추모 행사의 분위기는 추모에서 행동하는 분위기로 바뀌었다. 2015년 4월 11일 오후 7시쯤 행사를 마친 시민 수천 명은 청와대로 행진하다가 차벽에 막혀 종로와 을지로 일대로 시가행진을 벌인 후 광화문 광장으로 다시 모였다. 경찰과 유가족, 대학생, 시민 사이에 캡사이신 난사, 몸싸움, 물병 던지기 등 물리적인 충돌도 있었다.[28] 이후 팽목항부터 광화문까

• • • • •

27) "'강제철거' 예고한 서북청년단 결국 안 나타나,"『오마이뉴스』, 2015년 01월 31일, http://www.ohmynews.com/NWS_Web/View/at_pg.aspx?CNTN_CD=A0002077884(검색일: 2016년 2월 25일).

28) "두 번 눈물 흘린 유족들 "다음엔 8만·80만 모아달라","『오마이뉴스』, 2015년 4월 11일, http://www.ohmynews.com/NWS_Web/View/at_pg.aspx?CNTN_CD=A0002098101(검색일: 2016년 2월 22일).

지 111일간의 삼보일배도 있었다.[29]

　중앙정부에 비교해 보면, 서울시 정부는 처음에 소극적 관리역할을 하다가 점점 영토화 중개자의 역할이 커져 주체들 중 하나가 된 경우이다. 광화문 광장이 추모공간에서 기억공간으로 전환되는 과정에서 광화문 광장의 사용허가권[30]을 가진 서울시 정부가 중요한 역할을 했다. 한 서울시 피면담자에 따르면, 처음에는 2014년 7월 14일에 중앙정부의 범대책위원회가 서울시에 광화문 유가족을 지원해 달라고 요청했기 때문에 시립병원 간호사와 소방관을 위한 천막을 제공하였다. 8월이 되어 천막이 지저분해지고 농성장 분위기가 나니 시민, 관광객의 불편을 야기한다는 민원이 들어와 주제별로 공공미술 작가들이 참여하여 디자인해 4동으로 만들게 되었다. 1년간 'ㄷ'자 형태로 배치됐던 농성장 천막들을 대로를 따라 양 옆으로 길게 늘어서게 하여 중앙 통로를 개방한 것은 시민과 함께 소통하겠다는 의지의 표현이었다.[31] 서울시는 세월호 유가족들에게 천막을 철거할 수 있게 2015년 2월 31일까지 비품을 정리해달라는 공문을 보냈다. 유가족들은 서울시의 의

• • • • •

29) "'팽목항서 광화문까지' 111일 삼보일배 대장정 마무리," 『연합뉴스』 2015년 6월 13일, http://www.yonhapnews.co.kr/bulletin/2015/06/13/0200000000AKR20 150613052500004.HTML(검색일: 2016년 2월 25일).

30) 서울시의 '광화문 광장의 사용 및 관리에 관한 조례'는 광장을 사용하려면 7일 전에 사용 목적 등이 기재, "세월호 광화문 농성 1년 … "이제 그만" vs "의미 여전"," 『한국일보』, 2015년 7월 12일, http://www.hankookilbo.com/v/9633d3 e5bf7448d090f96050e28eed03 2016년 2월 22일 확인된 신청서를 시장에게 제출해 허가를 받도록 하고 있다.

31) "세월호 광화문 농성 1년 … "이제 그만" vs "의미 여전"," 『한국일보』, 2015년 7월 12일, https://www.hankookilbo.com/v_print.aspx?id=9633d3e5bf7448d090f 96050e28eed03(검색일: 2016년 2월 1일).

견은 존중한다는 입장을 표명하되 요청을 받아들이지 않고 천막 농성을 계속했다.[32]

광화문 광장의 정치적 중요성과 박원순 서울시장에 대한 정치적 관심은 상승작용을 하며 세월호 기억의 정치적 영토화에 기여했다. 심층면담에 응한 서울시 관계자들은 경계하는 태도를 취했는데, 시민 사회 활동가 출신인 박원순 서울시장이 유가족을 배려한 측면이 박 시장의 정치적 중요성 때문에 확대 해석되었던 경험 때문이었다. 서울시가 광장 사용허가를 받지 않은 유가족들에게도 광장 사용을 허가한 것과 관련해 서울시장과 시의회 사이에 공방이 있었다. 2015년 10월 6일에 열린 서울시 국정감사에서도 한 새누리당 의원은 박원순 시장에게 천안함 폭침 추모는 안 하면서 세월호 추모 천막을 둔다는 추모할 기억의 선택성에 대해 정치적 비판을 가했다. 광화문 광장 사용 여부를 결정하는 '서울시 열린광장운영위원회' 위원들의 정치성향이 편향되어 있다는 공세도 있었고,[33] 3개의 변호사 단체들도 서울시가 세월호 단체의 불법시설물들을 철거해야 한다고 비판했다.[34]

2014년 10월에 서울시 분향소가 무너진 후 그 자리에 표지석을

• • • • •

32) "광화문 세월호 농성장, 철거 요청에 "서울시 입장 존중"," 『뉴스토마토』, 2015년 02월 01일, http://www.newstomato.com/readNews.aspx?no=532302(검색일: 2016년 2월 25일).

33) "세월호만 추모하는 서울시, "천안함 폭침은 추모 안 하나?"," 『뉴데일리』, 2015년 10월 07일, http://www.newdaily.co.kr/news/article.html?no=277503(검색일: 2016년 2월 25일).

34) "보수 성향 변호사단체 "광화문 세월호 천막 철거하라"," 『연합뉴스』, 2015년 07월 13일, http://www.yonhapnews.co.kr/bulletin/2015/07/13/0200000000 AKR20150713136500004.HTML(검색일: 2016년 2월 25일).

만들었는데,35) 한 서울시 피면담자의 해석에 따르면, 조그만 세월호 표지석도 강한 비판을 받은 것은 서울시장에 대한 정치적 공세가 깔려 있었기 때문이었다. 세월호가 정치적으로 민감한 주제가 되고 박원순 시장이 정치적으로 주목받는 상황이어서 "시청 도서관에 새롭게 기억 공간을 열면서 광고도 하지 못할 만큼 조심해야 했다"고 말하기도 했다. 2015년 10월 13일에 라디오에 출연한 박원순 시장은 세월호 천막을 거둬야 한다는 여당의 주장에 대해 철거불가론을 폈다.36)

광화문 광장의 슬픔 관광은 외부인이 행사를 같이 만드는 적극적 관광의 형태로 관광객과 함께 이 공간을 점유하여 기억의 영토화를 공고히 하는 역할을 했다. 예를 들어, 액풀이 몸굿을 포함한 한가위 한마당이 열렸고,37) 유가족과 함께하며 세월호 현장에서 선교를 벌이기도38) 했다. 이곳은 다른 이슈와 참여자들을 연결시키는 플랫폼 역할도 했다. 다른 행사의 메시지가 세월호와 연결되면서 광화문에서 집회가 열리기도 한 것이다. 2015년 5월 15~17일 동안 '한반도 통일과 세계평화를 위한 기원대회' 행사에 참석한 국내외 종교지도자들은 분

• • • • •

35) "서울광장 세월호 합동분향소 자리에 표지석 설치(종합)," 『연합뉴스』, 2015년 4월 15일, http://www.yonhapnews.co.kr/bulletin/2015/04/14/0200000000A KR20150414180951004.HTML(검색일: 2016년 2월 22일).

36) "박원순 시장 '세월호천막 철거 불가'," 『한겨레신문』, 2015년 10월 13일, http://www.hani.co.kr/arti/society/area/712750.html(검색일: 2016년 2월 25일).

37) 2015년 9월 29일 『공무원U신문』, 2015년 10월 1일, ""모시삼베 포대기서 살아난 아이들" … "모여야 진실 밝힐 수 있다"," http://www.upublic.co.kr/news/articleView.html?idxno=3190(검색일: 2016년 2월 25일).

38) ""세월호 현장에서 단기 선교 중이에요"," 『뉴스앤조이』, 2014년 11월 9일, http://www.newsnjoy.or.kr/news/articleView.html?idxno=197877(검색일: 2016년 2월 25일).

향소를 방문했다.[39] 국정교과서 반대와 지지집회가 광화문 광장에서 열릴 때에도 "국가가 기억을 통제하는 문제"로 국정교과서와 세월호 이슈는 연결되었다.[40]

　광화문 광장 기억공간은 끊임없이 변화하는 공간이며, 미래의 모습이 열려 있는 곳이다. 광화문 광장에서는 세월호 기억의 영토화·탈영토화의 움직임이 정치적 환경에 따라 끊임없이 변화하며 나타났다. 경찰의 진압이 강경했던 1주기 행사 때와 달리, 여소야대 결과를 가진 2016년 총선 직후의 세월호 참사 2주기 문화제 행사는 차벽과 물대포 없이 평화롭게 진행되었다.[41] 한시적 공간 점유와 퍼포먼스 중심인 기억의 정치적 영토화의 한 사례이다.

· · · · ·

39) "'세월호'부터 '세계평화까지' … 광화문에 울려퍼진 불심 염원," 『한겨레신문』, 2015년 5월 17일, http://www.hani.co.kr/arti/society/religious/691547.html (검색일: 2016년 2월 25일).

40) "국정교과서 반대·지지 … 연일 불붙은 광화문 집회," *Money Week*, 2015년 10월28일, http://mnb.moneyweek.co.kr/mnbview.php?no=2015102808418026541(검색일: 2016년 2월 25일).

41) "세월호 참사 2주기 문화제 — 비 오는 광화문 광장, 추모 물결 넘쳐," 『레디앙』, 2016년 4월 16일, http://www.redian.org/archive/98474(검색일: 2016년 4월 28일).

세월호가 묻고 사회과학이 답하다

6. 대안공간으로 옮긴 기억의 재영토화:
제주도 리본 기억공간

제주시 조천읍 선흘리, 눈에 잘 띄지 않는 장소에 생긴 '리본(re-born)' 세월호 기억공간은 대한민국 전체에 대한 실망과 동의어가 된 세월호 기억이 제주로 옮겨 재영토화(re-territorialization)한 사례이다. 앞서 본 광화문 광장에서 열린 세월호 집회에 있다가 경찰과 국가의 대응에 절망한 개인이 서울을 떠나 제주로 이주하여 세운 기억공간이다. 서울 출신인 그는 세월호 사고 당시 제대로 구조하지도 못하고[42] 진상규명과 대책을 요구하는 시민들에게 물리적인 억압을 한 국가에 대해 분노했다. '내가 죽을 수도 있었는데 살았구나'[43]라고 생각한 그는 주변사람들에게도 서울에서 떠나라고, 외국으로 이주를 하지 못한다면 차라리 시골로 가라고 권한다고 했다. 리본 기억공간을 만든 이 개인을 중심으로 보면 광화문 광장에서 탈영토화한 기억이 제주로 옮겨 재영토화한 셈이다. 제주는 세월호가 오지 못한 아쉬움의 공간이자, 귀촌과 대안의 공간이다. 세월호가 도달하지 못한

• • • • •

42) "세월호를 왜 기억해야 하냐고요? 우린 살아 있잖아요,"『프레시안』, 2015년 4월 8일, http://www.pressian.com/news/article.html?no=125409(검색일: 2016년 2월 23일).

43) "내가 죽을 수도 있었는데 … 여기 온 게 왜 오버인가요?"『오마이뉴스』, 2015년 4월 4일, http://www.ohmynews.com/NWS_Web/View/at_pg.aspx?CNTN_CD=A0002094022&PAGE_CD=ET000&BLCK_NO=1&CMPT_CD=T0000(검색일: 2016년 2월 23일).

곳이고, 바다를 두고 한반도와 떨어져 있어 대한민국을 탈출하는 정서를 조금은 주는 곳이다. 희망으로 다시(re) 태어나길(born) 바라는 뜻으로 리본이란 이름이 붙여진 이 기억공간은 조용히 치유를 꿈꾸는 공간으로 마련되었다.

이때 이 제주라는 공간의 특성이 기억이 재현되는 방식을 구성했다. 특히 제주도 문화이주의 측면과 긴밀히 얽혀 있다. 리본 기억공간의 설립자는 산과 자연이 좋아서 제주도에 곧잘 왔었고 나이 50이 되면 귀촌하겠다고 일찌감치 마음먹고 있었다. 제주에 이미 귀촌한 그의 지인이 버려진 소 외양간을 3년간 무상으로 빌려 작은 도서관을 준비하고 있던 중 제주 이주를 앞당긴 그의 요구와 만나 세월호 기억공간과 도서관이 공존하는 공간이 만들어지게 된 것이다.

이 기억의 재영토화 과정에서 '세월호 사건에 대한 절망적인 기억'은 치유와 대안적 삶을 보여주는 '소박하며 창조적인 전시물'로 전환되었다. 소 외양간이었던 창고를 리모델링한 것도 "제주에 오면, 다들 자기 공간을 갖고 싶어 해서 뭔가를 만드는"[44] 문화예술인 이주자들의 방식이었다. 외진 곳에 있는 작은 공간이라는 한계도 제주의 특성으로 극복된다. 제주에 유명한 식당이나 카페, 박물관들도 이렇게 한적한 곳에 숨어 있기 일쑤라서 인터넷 정보에 의존해 차로 찾아다니는 것이 일반적이기 때문이다.

• • • • •

44) "내가 죽을 수도 있었는데 … 여기 온 게 왜 오버인가요?" 『오마이뉴스』, 2015년 4월 4일, http://www.ohmynews.com/NWS_Web/View/at_pg.aspx?CNTN_CD=A0002094022&PAGE_CD=ET000&BLCK_NO=1&CMPT_CD=T0000(검색일: 2016년 2월 23일).

세월호가 묻고 사회과학이 답하다

사진 4 … 리본 기억공간 건물

▶ 인근 음식점은 손님에게 이곳 소개를 해준다

이러한 재영토화를 이끈 주체는 설립자 개인에서 시작했지만 문화와 예술적 정서, 전문성을 공유하는 제주 이주자들, 공동체 조직, 피해자들 간의 유기적인 네트워크로 확대되었다. 이 네트워크는 온라인과 오프라인을 넘나들면서 느슨하게 연결되어 있다. 아름다운가게에서 근무했던 설립자가 가진 인적 네트워크는 바람도서관(기억공간과 공존), 폐목재재활용기업, 블랙푸드육성사업단, 희망나눔동작네트워크, 지역공동체 회복을 위한 복지관 네트워크 등과 같은 대안적 공동체/공간 조직이다. 슬픔 관광이라기보다 슬픔 공유를 위해 찾아오는 피해자들의 네트워크도 존재했다. 단원고 희생자 유가족뿐만 아니라 제주 4·3 항쟁, 간첩단조작사건 피해자들이 찾아왔다. 세월호 사고 1주기에는 이곳에서 서울과 안산에서 진행된 '4·16 세월호 참사 기억 프로젝

사진 5 ··· 리본 기억공간 내부

트, 아이들의 방' 전시회를 가졌다. 2주기를 맞아 단원고 희생자 형제자
매들이 이곳에서 문화인들과 청소년 토크콘서트[45]를 열기도 하고, 평
소에도 영화를 보고 토론하는 자리를 가졌다. 따라서 이 공간은 세월호
를 넘어 국가에게 희생당한 기억을 공유하는 장소로 재해석되었다.

　이 제주 리본 기억공간에는 표면적인 갈등이 없었다. 주변 주민들
중에 불편함을 표현하는 사람들도 있어서, 설립자는 기억공간을 만들
면서 조심스러웠다고 한다. 하지만 안산, 서울의 사례와는 달리 다른

• • • • •

45) "세월호 참사 2주기 맞아 제주서 토크콘서트·문화행사,"『연합뉴스』, 2016년 3
　월 29일, http://www.yonhapnews.co.kr/bulletin/2016/03/29/0200000000AK
　R20160329051600056.HTML(검색일: 2016년 4월 18일).

　　　　　　세월호가 묻고 사회과학이 답하다

용도와 경쟁을 할 일이 없었다. 오히려 옆에 있는 유명한 식당을 들르는 사람들에게 식당 주인이 이 기억공간 홍보를 해주기 때문에 연계 관광효과를 누린다. 제주의 관광이 한층 더 발전하고 있고, 안산과 광화문 기억공간이 밀려나면 적어도 한시적으로 이 제주 기억공간이 네트워크의 중심이 될 가능성이 있다. 한국 육지를 외면하려고 섬으로 온 개인이 향후 세월호 슬픔 관광의 중추적 역할을 하게 될 수도 있는 것이다.

7. 결론과 함의

이 연구는 세월호 기억공간 세 곳의 형성 과정을 '기억의 영토화' 개념을 통해 분석하였다. 그 결과, 단원고 기억교실은 기억의 학생들의 생전 물품으로의 물질적 변환이 중심이 된 기억의 영토화로 보았고, 광화문 광장은 유가족이 직접 점유하여 이루어진 기억의 정치적 영토화로 보았으며, 제주 기억공간은 제주라는 대안공간으로 옮긴 기억의 재영토화로 보았다. 또한, 기억의 영토화의 세 가지 요소, 즉 첫째, 물리적 재현을 통한 기억의 영토화, 둘째, 기억의 영토화 주체들 간의 점유를 둘러싼 경쟁과 갈등, 셋째, 슬픔 관광을 통한 기억의 영토화의 확장을 중심으로 세 곳의 세월호 기억공간을 분석한 결과는 다음과 같다.

첫째, 물리적으로 재현된 기억은 특정 장소의 위치와 접근성, 물질적 특성과 깊은 관련이 있었다. 기억교실의 경우, 피해학생들의 일상 용품이 그 공간을 점유하여 생생하고 강렬한 메시지를 통해 영토화를 이루었다. 광화문 광장은 시위를 하던 시민들과 유가족이 정치적 메시지를 전하기에 효과적인 장소로 선택한 사례이다. 제주는 개인 행위자의 움직임과 같이 했고, 이 경우, '제주'라는 것이 중요하기 때문에 제주이기만 하면 위치는 크게 구애받을 필요가 없었다.

둘째, 기억교실의 기억의 영토화 과정에서 재현된 물질의 공간 점유가 큰 역할을 했고, 주체는 이 장소를 해석하고 의미를 부여하는 담론갈등을 담당하는 역할을 했다. 광화문 광장에서는 유가족이 직접 광장을 점유하여 세월호 기억을 위한 임시적 저항영토를 만들었다. 이곳을 떠나 제주에서 재영토화한 제주 기억공간은 인적네트워크로 주체를 확산시킨 경우이다.

셋째, 슬픔 관광은 외부인의 승인, 지지, 참여를 통해 기억의 영토화를 공고히 하는 단계이다. 기억교실은 방문 프로그램을 마련해 외부인과 기억을 공유하였고, 광화문 광장은 저항에의 참여와 관광이 만나는 행사가 많았다. 제주 기억공간은 관광객뿐만 아니라 다른 사건의 피해자들이 모여 네트워크를 이루었다.

이 연구가 가지는 학술적 함의는 기억공간을 만드는 행위자와 공간이 어떻게 상호작용하는지를 영토화 개념을 통해 밝혔다는 점에 있다. 기억공간의 주체가 개별 물질을 배치함으로써 연결하고 기억과 관련한 의미를 부여하는 코드를 줄 때 기억의 영토성이 성립된다. 기억의 영토화는 기억의 욕망에 기반하고 있으므로 기억의 영토싸움은 서로 다른 욕망들 간의 권력투쟁이다. 국민국가의 형성과 규제를 위해, 그 국가의 욕망을 위해, 국가 위주의 역사를 기억하는 박물관이 생기는

식이다. 한국사회에는 식민지, 전쟁의 역사 속에서 경관이 파괴된 경험이 있고 사람이 다치고 죽으면 그것을 빨리 잊고 미래를 위해 나아가려는 근대식 발전주의가 지배적이었다. 급속하게 이루어진 도시개발에서 국가의 정체성을 세우는 것 이외의 기억과 유물에 대한 중요성은 최소화되었고 슬픔 관광은 생소한 편이었다. 하지만 근래에 나타난 기억공간을 둘러싼 갈등은 기억의 욕망이 다양해졌다는 것을 의미한다.

기억의 영토화에서 중요한 함의는 기억의 영토화가 탈영토화, 재영토화와 긴장을 품고 필연적으로 공존한다는 것이다. 물리적 기억공간에 한정시켜보아도 기억공간은 그 형성 과정에서는 물론이고 안정화 후에도 경계와 의미가 계속 변화하며 다른 공간으로 옮겨 다시 나타나기도 한다. 세월호 기억공간도 앞으로 진화를 거듭할 것이다. 그 안에서 새로운 갈등과 새로운 주체, 새로운 영토가 생길 것이다. 한국의 다른 기억공간의 형성 과정도 그러한 역동성과 갈등을 보여주었다. 2015년에 개관한 광주 아시아문화전당 설립 과정에서도 1980년 광주 민주항쟁의 기억공간(전 전남도청 별관)의 보존 문제로 갈등이 있어 건설이 중단되고 여러 번의 협상이 거듭되었다. 대구 지하철 참사 기억공간에 대해서도 합의점을 찾지 못하다가 사건 12년 만에 기념공간이 중앙로역에서 문을 열었다. 이 연구에 나온 세월호 기억공간들에서도 계속해서 새로운 긴장과 갈등, 통합이 나타났다. 앞으로 기념공원, 세월호 선박, 온라인 기억공간 등은 새로운 역동성을 가져올 것이다.

이 연구는 기억공간 형성 과정에서 발생하는 갈등을 중요하게 다루고 있는데, 갈등은 기억공간 형성의 걸림돌이 아니라 추진력이라고 주장한다. 사회의 관심과 담론활동을 활발하게 해주고 다양한 행위자들의 입장을 명확하게 하는 데 도움을 주기 때문이다. 오히려 우려스러운 단계는 공식적이고 큰 규모로 기억공간을 제도화, 공식화할 때, 즉 갈등이 크게 표면에 일지 않을 때이다. 제도적으로, 큰 도시개발의 한 부분으로 기억공간이 발전할 때, 기억의 측면에서 희생자와 유족들의 역할보다 전문지식을 가진 전문가들의 역할이 커진다. 예산이 커지고 공식적인 기억의 영토화가 진행될 때 흔하게 나타나는 현상이다. 슬픔 관광이 본격적으로 추진되고 전문가들이 세련되고 예술적인 형태를 제시하는 과정에서 희생자가 소외되고 기억이 박제화될 수 있는 것이다. 이 단계에서의 관건은 피해자, 생존자, 유족과 기억공간 형성의 과정을 함께 하려는 공감의 욕망이 전문지식으로 슬픔 관광을 성공시키고 싶은 욕망을 이길 수 있느냐 하는 문제이다.

권창규. 2014. "어떤 죽음을, 어떻게 슬퍼할 것인가." 『진보평론』 제61권, 22-36쪽.

김수미. 2015. "고통의 재현, 그 정치성에 대한 단상." 『언론과 사회』 제23권 제4호, 67-119쪽.

민주사회를 위한 변호사모임. 2014. 『416세월호 민변의 기록』. 생각의 길.

안병우. 2015. "세월호 사건 기록화의 과정과 의의." 『기록학연구』 제44권, 217-241쪽.

오준호. 2015. 『세월호를 기록하다: 침몰 출항 구조 선원, 150일간의 세월호 재판 기록』. 한영문화사.

이민경·김경근. 2014. "미등록 이주노동자 가정의 탈영토화 재영토화 과정 분석: 자녀양육과 교육을 중심으로." 『한국교육학연구』 제20권, 101-133쪽.

이민영. 2015. "세월호 다크 투어리즘(dark tourism): 관광지화를 통한 '잊지 않겠습니다'의 실천." 《앤쓰로피아》 제1권, 17-35쪽.

이진경. 2002. 『노마디즘』. 휴머니스트.

이희상. 2009. "(비-)장소로서 도시 기계 공간." 『대한지리학회지』 제44권 제3
호, 301-322쪽.

전종한. 2009. "도시 뒷골목의 '장소 기억'." 『대한지리학회지』 제44권 제6호,
779-796쪽.

지주형. 2014. "세월호 참사의 정치사회학." 『경제와 사회』. 14-55쪽.

Bachrach, P., and MS. Baratz. 1963. "Decisions and nondecisions: An
analytical framework." *American Political Science Review*, Vol.57,
pp.632-642.

Bassett, K., R. Griffiths, and I. Smith. 2002. "Cultural industries, cultural
clusters and the city: The example of natural history film-making
in Bristol." *Geoforum*, Vol.33, pp.165-177.

Bernstein, S. 2015. "Remembering war, remaining Soviet: Digital com-
memoration of World War II in Putin's Russia." *Memory Studies*,
Vol.9, No.4, pp.422-436.

Boonstra, J. J., and Bennebroek K. M. Gravenhorst. 1998. "Power dynamics
and organizational change: A comparison of perspectives." *Euro-
pean Journal of Work and Organizational Psychology*, Vol.7,
pp.97-120.

Braithwaite, D., and Y. L. Lee. 2006. "Dark tourism, hate and reconcilia-
tion: The Sandakan experience." *International Institute for Peace
Through Tourism Occasional Paper*, Vol.8.

Crang, M., and P. S. Travlou. 2001. "The city and topologies of memory."
Environment and Planning D, Vol.19, No.2, pp.161-177.

Culley, M. R., and J. Hughey. 2008. "Power and public participation in
a hazardous waste dispute: A community case study." *American
Journal of Community Psychology* 41, pp.99-114.

세월호가 묻고 사회과학이 답하다

Delaney, D. 2005. *Territory: A Short Introduction.* Malden, MA: Blackwell.

Dowding, K. 2006. "Three-Dimensional Power: A Discussion of Steven Lukes' Power: A Radical View." *Political Studies Review*, Vol.4, pp.136-145.

Du Gay, P., and M. Pryke. 2002. *Cultural Economy: Cultural Analysis and Commercial Life.* London: Sage Publications.

Dwyer, Owen J. 2000. "Interpreting the civil rights movement: place, memory, and conflict." *The Professional Geographer*, Vol.52, No.4, pp.660-671.

Eliasoph, N. 1996. "Making a fragile public: A talk-centered study of citizenship and power." *Sociological Theory*, Vol.14, pp.262-289.

Elster, J. 1983. *Sour Grapes: Studies in the Subversion of Rationality.* Cambridge: Cambridge University Press.

_____. 1989. *Nuts and Bolts for the Social Sciences.* Cambridge: Cambridge University Press.

Eshuis, J., and M. Stuiver. 2005. "Learning in context through conflict and alignment: Farmers and scientists in search of sustainable agriculture." *Agriculture and Human Values*, Vol.22, pp.137-148.

Flew, T. 2009. "The cultural economy moment?" *Cultural Science*, Vol.2, pp.1-11.

Flyvbjerg, B. 1998. *Rationality and Power: Democracy in Practice.* Chicago: University of Chicago Press.

Forest, B., J. Johnson, and K. Till. 2004. "Post-totalitarian national identity: Public memory in Germany and Russia." *Social & Cultural Geography* 5, pp.357-380.

Fraser, J., and J. Lepofsky. 2004. "The uses of knowledge in neighbourhood revitalization." *Community Development Journal*, Vol.39, pp.4-12.

Grider, S. A. 2007. "Collection and Documentation of Artifacts Associated with Roadside Memorials and Spontaneous Shrines." 41-55.

Hałas, E. 2008. "Issues of social memory and their challenges in the global age." *Time & Society*, Vol.17, No.1, pp.103-118.

Hodgkin, K., and S. Radstone. 2003. *Contested Pasts: The Politics of Memory*. Routledge.

Hoelscher, S., and D. H. Alderman. 2004. "Memory and place: geographies of a critical relationship." *Social & Cultural Geography*, Vol.5, No.3, pp.347-355.

Innes, J. E., and D. E. Booher. 1999. "Consensus building and complex adaptive systems: A framework for evaluating collaborative planning." *Journal of the American Planning Association*, Vol.65, No.4, pp.412-423.

Jasiewicz, J. 2015. "When the past matters: memory politics and ethnic relations in Poland." *Ethnic and Racial Studies*, Vol.38, No.9, pp.1573-1590.

Kang, E. J., N. Scott, T. J. Lee, and R. Ballantyne. 2012. "Benefits of visiting a 'dark tourism' site: The case of the Jeju April 3rd Peace Park, Korea." *Tourism Management*, Vol.33, No.2, pp.257-265.

Kansteiner, W. 2002. "Finding meaning in memory: A methodological critique of collective memory studies." *History and Theory*, 41(2), pp.179-197.

Kelman, HC. 1996. "Negotiation as interactive problem solving." *International Negotiation*, 1(1), pp.99-123.

Lennon, J. J., and F. Malcolm. 2000. *Dark Tourism*. Cengage Learning EMEA.

세월호가 묻고 사회과학이 답하다

Levy, D., and N. Sznaider. 2006. *The Holocaust and Memory in the Global Age*. Temple University Press.

Lewis, LS. 2002. *Laying Claim to the Memory of May: A Look Back at the 1980 Kwangju Uprising*. Honolulu: University of Hawaii Press.

Lin, C-Y., and W-C. Hsing. 2009. "Culture-led urban regeneration and community mobilisation: The case of the Taipei Bao-an temple area, Taiwan." *Urban Studies*, 46(7), pp.1317-1342.

Lukes, S. 1974. *Power: A Radical View*. London: Macmillan.

Martin, A. M. 2016. "Moscow after Napoleon: Reconciliation, Rebuilding, and Contested Memories." *War, Demobilization and Memory*, pp.287-302.

McDowell, S. 2008. "Commemorating dead 'men': gendering the past and present in post-conflict Northern Ireland." *Gender, Place and Culture*, 15(4), pp.335-354.

Merkel, J. 2013. Book review. Stefan Kra¨tke 2011. The Creative Capital of Cities. Interactive Knowledge Creation and the Urbanization Economies of Innovation. Malden and Oxford: Wiley-Blackwell. *International Journal of Urban and Regional Research* 37: 357-358.

Mitchell, D. 2000. *Cultural Geography: A Critical Introduction*. New Jersey: Blackwell.

Moeller, S. D. 1999. *Compassion Fatigue: How the Media Sell Disease, Famine, War and Death*. Psychology Press.

Muzaini, H., and B. S. Yeoh. 2005. "War landscapes as 'battlefields' of collective memories: reading the Reflections at Bukit Chandu, Singapore." *Cultural Geographies*, 12(3), pp.345-365.

Norgaard, K. M. 2006. "We don't really want to know: Environmental justice and socially organized denial of global warming in Norway." *Organization & Environment*, 19(3), pp.347-370.

Olick, J. K., and J. Robbins. 1998. "Social memory studies: From "collective memory" to the historical sociology of mnemonic practices." *Annual Review of sociology*, pp.105-140.

Owens, S., J. Petts, and H. Bulkeley. 2006. "Boundary work: Knowledge, policy, and the urban environment." *Environment and Planning C*, 24(5), pp.633-643.

Petts, J., and C. Brooks. 2006. "Expert conceptualisations of the role of lay knowledge in environmental decisionmaking: challenges for deliberative democracy." *Environment and Planning A*, 38(6), pp.1045-1059.

Radstone, S. 2008. "Memory studies: For and against." *Memory Studies*, 1(1), pp.31-39.

Robben, A. C. 2005. "How traumatized societies remember: The aftermath of Argentina's dirty war." *Cultural Critique*, 59(1), pp.120-164.

_____. 2012. "From dirty war to genocide: Argentina's resistance to national reconciliation." *Memory Studies*, 5(3), pp.305-315.

Rojek, C. 1993. *Ways of Escape: Modern transformations in Leisure and Travel*. London: Macmillan Press Ltd.

Rose-Redwood, R. S. 2008. "From number to name: symbolic capital, places of memory and the politics of street renaming in New York City." *Social & Cultural Geography*, 9(4), pp.431-452.

Sen, A. 1997. *Resources, Values, and Development*. Massachusetts: Harvard University Press.

세월호가 묻고 사회과학이 답하다

_____. 1999. *Development as Freedom.* Oxford: Oxford University Press.

Sennett, R. 2000. "Reflections on the public realm." In G. Bridge and SA. Watson, eds. *Companion to the City* (pp.380-387), Oxford: Blackwell.

Shahzad, F. 2012. "Collective memories: A complex construction." *Memory Studies*, 5(4), pp.378-391.

Shin, HaeRan. 2016. "Re-making a Place-of-memory: The Competition between Representativeness and Place-making Knowledge in Gwangju, South Korea. *Urban Studies*, 53(16), pp.3566-3583.

Shin, H., and Q. Stevens. 2013. "How Culture and Economy Meet in South Korea: The Politics of Cultural Economy in Culture-led Urban Regeneration." *International Journal of Urban and Regional Research*, 37(5), pp.1707-1723.

Smith, A. D. 1999. *Myths and Memories of the Nation.* Oxford: Oxford University Press.

Speer, P. W., and J. Hughey. 1995. "Community organizing: An ecological route to empowerment and power." *American Journal of Community Psychology*, 23(5), pp.729-748.

Stone, C. B., and W. Hirst. 2014. "(Induced) Forgetting to form a collective memory." *Memory Studies*, 7(3), pp.314-327.

Stone, P., and R. Sharpley. 2008. "Consuming dark tourism: A thanatological perspective." *Annals of tourism Research*, 35(2), pp.574-595.

Storey, D. 2012. *Territories: The Claiming of Space. 2nd ed.* London: Routledge.

Swartz, D. 2005. "Recasting power in its third dimension: Review of Steven Lukes." *Power: A Radical View.* New York: Palgrave Macmillan.

Tauxe, C. S. 1995. "Marginalizing public participation in local planning: An ethnographic account." *Journal of the American Planning Association*, 61(4), pp.471-481.

Termeer, C., and J. F. Koppenjan. 1997. "Managing perceptions in networks." *Managing Complex Networks: Strategies for Public Sector*, pp.70-97.

Teschl, M., and F. Comim. 2005. "Adaptive preferences and capabilities: Some preliminary conceptual explorations." *Review of Social Economy*, 63(2), pp.229-247.

Till, K. E. 2005. *The New Berlin: Memory, Politics, Place*. Minneapolis: University of Minnesota Press.

_____. 2008. "Artistic and activist memory-work: Approaching place-based practice." *Memory Studies*, 1(1), pp.99-113.

_____. 2012. "Wounded cities: Memory-work and a place-based ethics of care." *Political Geography*, 31(1), pp.3-14.

Walker, E. T. 2014. *Grassroots for Hire: Public Affairs Consultants in American Democracy*. Cambridge: Cambridge University Press.

Wright, E. A. 2005. "Rhetorical spaces in memorial places: The cemetery as a rhetorical memory place/space." *Rhetoric Society Quarterly*, 35(4), pp.51-81.

Wu, W. 2004. "Cultural strategies in Shanghai: Regenerating cosmopolitanism in an era of globalization." *Progress in Planning*, 61(3), pp.159-180.

Yea, S. 2002. "Rewriting rebellion and mapping memory in South Korea: The (re) presentation of the 1980 Kwangju uprising through Mangwol-dong Cemetery." *Urban Studies*, 39(9), pp.1551-1572.

Yeoh, B. S. 2005. "The global cultural city? Spatial imagineering and

세월호가 묻고 사회과학이 답하다

politics in the (multi) cultural marketplaces of South-east Asia." *Urban Studies*, 42(5-6), pp.945-958.

Yúdice, G. 2003. *The Experience of Culture: Uses of Culture in the Global Age*. North Carolina: Duke University Press.

Zhurzhenko, T. 2013. "Memory wars and reconciliation in the Ukrainian-Polish borderlands: Geopolitics of memory from a local perspective." *In History, Memory and Politics in Central and Eastern Europe*, pp.173-192.

색인

세월호가 묻고 사회과학이 답하다

세월호가 묻고 사회과학이 답하다

색인

지은이 소개
(원고 게재순)

⊡ 이재열

서울대 사회과학대학 사회학과 교수이자 동대학교 아시아연구소 한국사회과학 자료원 원장. 사회조직론과 네트워크의 관점에서 재난과 안전의 문제를 분석하는 데 관심을 가지고 있으며, 최근 연구결과로는 『사회적 경제와 사회적 가치: 자본주의의 오래된 미래』, 『아시아는 통한다: 흐름과 관계로 본 지도』, 『한국사회의 질: 이론에서 적용까지』, 『세월호가 우리에게 묻다: 재난과 공공성의 사회학』, 『당신은 중산층입니까』 등의 공동 저서들이 있다.

⊡ 홍찬숙

서울대 여성연구소 책임연구원. 이론사회학과 여성학 전공이다. 루만·벡 등 독일 현대 사회이론에 대해 연구하였고, 특히 개인화 및 사회불평등 문제를 중심으로 사회학과 여성학의 프레임을 연결하고자 시도하고 있다. 현재는 사회학 및 여성학에서 물질적 전환 또는 신유물론에 대한 연구를 진행 중이다. 저서로『울리히 벡 읽기』, 『울리히 벡』, 『개인화: 해방과 위험의 양면성』, 『한국사회 정의 바로세우기』(공저), 『독일 통일과 여성』(공저), 『여성주의 고전을 읽는다』(공저) 등이 있다.

⊕ 이현정

서울대 사회과학대학 인류학과 부교수. 중국과 한국을 연구하는 의료인류학자로서 정신질환 및 사회적 고통의 지역적 맥락 및 문화적 특성을 파악하는 데 관심을 가지고 있으며, 중국 농촌 여성의 자살, 한국인의 자살과 우울증, 고령화시대 치매와 노인 돌봄의 문제 등을 연구해왔다. 2014년 5월부터 안산과 진도를 오가며 세월호 참사에 관한 현장연구를 꾸준히 진행해왔으며, 공동저서로 *Chinese Modernity and the Individual Psyche*, 『팽목항에서 불어오는 바람』(공저), 『침몰한 세월호, 난파하는 대한민국』(공저), 『의료, 아시아의 근대성을 읽는 창』(공저) 등이 있다.

⊕ 강원택

서울대 사회과학대학 정치외교학부 정치학전공 교수. 한국정치, 선거, 정당, 의회 정치를 가르치고 있다. 이슈, 세대, 소통, 저항 등 최근 한국 정치에서 나타나는 변화의 의미에 주목하고 있으며, 권력 구조 개편이나 선거제도와 정당 개혁 등 정치제도를 보다 민주적이고 개방적으로 바꾸는 문제에 대해서도 관심을 갖고 있다. 주요 저서로는 『한국의 민주화와 민주화추진협의회』, 『정당은 어떻게 몰락하나: 영국 자유당의 역사』, 『한국 선거정치의 변화와 지속』 등이 있다.

박종희

서울대학교 사회과학대학 정치외교학부 외교학전공 교수. 국제정치경제와 정치제도, 그리고 정치학 방법론을 연구하고 있다. 국제제도가 국가행위자에, 정치제도가 정치행위자에 미치는 영향을 연구하는 것에 관심이 있으며 다양한 사회과학 자료를 베이지안 통계방법으로 분석하는 것에 초점을 둔 연구를 진행해 왔다. 주요 연구주제로는 정치제도와 농업보조금 수준에 대한 비교연구, 경제제도와 산업보조금 수준에 대한 비교연구, 미국 대통령의 해외 무력사용에 대한 연구, 역사적 전환점 연구, 북한 신년사 텍스트분석 등을 진행해 왔다. 해롤드 가즈널상을 수상한 "A Unified Method for Dynamic and Cross-Sectional Heterogeneity: Introducing Hidden Markov Panel Models" 외에 다수의 논문이 있다.

신혜란

서울대 사회과학대학 지리학과 교수. 정치 지리와 이주자 연구 분야에서 지정학적 권력관계, 도시개발, 일상생활 공간의 교차점을 중심으로 연구하고 있다. 특히 집단기억의 정치 속에서 어떻게 기억공간이 등장하고 행위자의 참여 양상과 담론이 재구성되는지 분석해 왔으며, 이주자 밀집 지역에서 일상과 지정학적 권력이 만나는 갈등, 적응 협치 과정에 주목해왔다. 런던대(University College London) 도시계획학과(Bartlett School of Planning)에서 2005년에서 2013년까지 도시정치, 환경정치, 질적연구방법을 가르쳤고, 2013년부터 서울대 사회과학대학 지리학과에서 정치지리, 질적연구방법, 젠더와 다문화, 사회지리 등을 가르치고 있다. 주요 저서로는 『우리는 모두 조선족이다』가 있다.

세월호가 묻고 사회과학이 답하다